민법총칙

민법총칙

박희호 · 심우영

HU:iNE

서문

민법은 사람들 사이에 재산관계나 가족관계와 같은 모든 생활관계에 있어서 서로 충돌하는 이해관계를 조절하고 다툼을 해결하는 규범이다. 우리 법에서 민법보다 조문이 많고 방대한 법은 없다. 민법이 이렇게 방대한 이유는 그만큼 사람들 사이의 사회생활 관계를 규율하는 법으로 가장 중요하고 기본적인 법이기 때문이다.

이 중 민법총칙은 물권편, 채권편, 친족편, 상속편에 공통되는 규정들을 추출하여 민법전의 제일 앞에 모아 민법 전체에 공통으로 적용되도록 한 것이다. 특히 민법총칙은 민법의 기본적인 원리와 추상적인 법리를 담았다는 점에서 사법의 이해를 돕는 가장 중요한 영역이라 할 수 있다.

민법총칙 중 제1편의 총칙은 세부적으로 통칙, 인(人), 법인, 물건, 법률행위, 기간, 소멸시효의 7장으로 구성되어 있으며, 통칙(제1장)에서는 민법의 법원과 기본원칙에 관하여 명시하고 있다. 이어서 권리가 귀속되어 법적 힘을 가지는 권리주체로 인(제2장)과 법인(제3장)에 관해 규정하고 있으며, 이러한 권리의 대상이 되는 권리객체로 물건(제4장)에 관해 규정하고 있다. 그리고 권리의 득실변경 및 권리변동 사유와 관련하여 법률행위(제5장), 기간(제6장), 소멸시효(제7장)를 두고 있다.

이 책은 민법총칙의 이론과 판례 및 법조문을 체계적으로 엮어 강의에 적합하게 구성하여 설명하고 있다. 법률에 대하여 기본적인 지식이 있는 경우뿐만 아니라, 그러한 지식이 없는 경우에도 어려움이 없이 이해할 수 있도록 하면서도 현재의 법률 상황을 쉬우면서도 정확하게 전달하려고 노력하였다. 특히 법률의 해석이나 시사적으로 중요한 문제에 대하여 대법원의 견해를 소개함으로써 민법총칙을 통해 개인의 권리보호가 어떻게 이루어지고 있는지를 잘 보여주고 있다고 생각한다. 민법총칙에 관심이 있는 학생은 물론 일반인에게도 도움이 되었으면 하는 바람이다.

이 책의 집필을 도움을 주신 많은 분들과 편집에 공을 들인 이근영 선생님을 비롯한 한국외국어대학교 지식출판콘텐츠원 관계자 여러분들께도 이 자리를 빌려 깊은 감사를 드린다.

2021. 2.
이문동에서
박희호/심우영

목차

민법총칙

박희호·심우영

제1편

민법 일반론

제1장

민법의 의의

민법이란 민사에 관한 법규범을 말한다(제1조). 민사란 사람이 다른 사람과 갖는 일정한 생활관계를 지칭한다. 민법은 이러한 생활관계 중에서 법적으로 의미가 있는 법률관계만을 규율한다. 결국, 민법은 사람들 사이의 법률관계를 규율하는 법규범이라고 말할 수 있다.

Ⅰ. 개인 사이의 관계에 관한 법규범

민법은 사람과 사람 사이의 평등한 관계를 규율하는 법규범이다. 개인이 대등한 경제주체로서 다른 개인과 계약을 맺고 거래를 하는 경우가 그 대표적인 예가 될 것이다. 나아가 부모가 아직 미성숙한 자녀를 양육하면서 자녀의 복리를 위하여 갖는 권리·의무도 민법이 규율하는 범위에 포함된다. 미성년 자녀가 보호와 양육의 대상이 된다고 하더라도 그들도 독립한 인격체로서 부모나 기타 친권자에 대하여 대등한 관계에 있다고 볼 수 있기 때문이다.

반면 국가나 지방자치단체가 국민에게 과세하고 여러 가지 행정적인 업무를 수행하는 것은 공법의 영역에 해당한다. 사회나 개인에 대하여 범죄를 저지르면 국가가 사회나 개인의 보호를 위하여 일정한 형벌을 부과하는데 이는 형법의 규율대상이다. 이러한 공법이나 형법은 사인 간의 관계와 달리 불평등한 명령, 복종의 관계에 있다는 특징을 갖는다. 다만 국가나 지방자치단체의 업무이더라도 개인과 대등한 위치에서 사경제의 주체로 거래를 하는 공공계약의 경우에는 사

인 간의 거래관계로 인정되어 민법의 규율대상이 된다.[1)]

Ⅱ. 법적으로 의미 있는 관계에 관한 규범

민법은 법적으로 의미 있는 법률관계만을 규율대상으로 한다. 법적으로 의미가 있다는 것은 당사자 사이의 생활관계를 법률에 따라 강제할 수 있다는 것을 의미한다. 즉 일정한 행위를 하여야 하는 법률상 의무자가 그 의무를 이행하지 않으면 권리자는 법원을 통하여 직접 권리를 실현하거나 그 의무의 불이행으로 인한 손해를 배상받을 수 있다. 반면 친구와 특정 시간에 특정 장소에서 만나 함께 영화를 보기로 하였는데, 그 친구가 약속장소에 나타나지 않았더라도 이를 이유로 법원에 그 이행이나 손해배상을 구하지 못한다. 이러한 관계는 법률적으로 의미가 없는 친구 사이의 문제에 불과하기 때문이다. 나아가 윤리적이거나 도덕적인 문제도 법률문제와 구별된다. 잘 알지 못하는 사람이 위험에 처한 것을 보고도 모른 척 지나치거나, 화재 현장에서 소방작업에 참여하는 대신에 사진을 찍어 친구에게 전송해 주는 행위에 대해 윤리적인 비난을 할 수는 있지만 이에 대하여 법률에 위반된다는 판단을 하지는 못한다.

1) 대결 2006. 6. 19., 2006마117.

Ⅲ. 권리·의무관계

1. 권리 및 의무를 매개로 하는 생활관계

민법은 개인 사이의 법률관계를 규율한다. 그런데 관계라고 하는 것은 그 주체 사이에 일정한 매개체가 있을 것을 전제한다. 법률관계에 있어서 이러한 매개체는 바로 권리 및 이에 대응하는 의무이다. 법률관계를 권리·의무관계라고 말하는 것도 바로 이런 연유이다.

2. 권리

(1) 권리의 본질

법률관계의 핵심을 이루는 권리의 실체가 무엇인가에 대하여 종래부터 의사설과 이익설의 대립이 있다.

의사설은 권리를 의사의 지배로 보는 견해로 권리를 개인의 자유로운 영역으로 본다. 의사설을 대표하는 사비니(Savigny)는 권리를 "개인에게 속한 힘으로, 그 영역에서 그는 우리의 동의하에 자신의 의사를 지배한다"[1]고 보았다. 동일한 입장에서 빈트샤이트(Windscheid)도 권리를 "법질서에 의하여 부여된 의사의 힘 혹은 의지적 지배"[2]라고 이해했다. 이러한 견해에 의하면 법질서는 자유 영역의 질서라고 이해된다. 하지만 의사설은 의사능력이 없는 유아나 의식불명의 사람도 권리의 주체가 될 수 있다는 점을 설명하지 못한다.

1) Savigny, System des heutigen römischen Rechts, Bd. I, 1840, S. 7.
2) Windschid/Kipp, Lehrbuch des Pandektenrechts, Bd. I, 9.Aufl.(1906), S. 156.

이에 반해 예링(Jhering)은 권리를 '법으로 보호되는 이익'으로 보았다. 즉 "어떠한 권리도 그것 자체나 의지로 인하여 존재하는 것이 아니고, 모든 권리의 목적이나 정당성은 생존이나 그 복리, 즉 유용성을 기반으로 한다."[1] 그에게 권리의 목적은 의지적 자치의 실현이 아니라 유용성에 기초한 인간의 이익을 실현하는 것이 된다. 하지만 이러한 이익설도 이익이 되지 않는 권리의 처분, 예를 들면 자신의 재산권을 포기하는 증여나 소유권의 포기와 같은 것을 온전히 설명하지 못한다.

그 후 위 두 이론을 혼합하는 혼합설이 주장된다. 레겔스베르거(Regelsberger)는 권리를 "승인된 이익의 만족을 위한 힘"[2]이라고 보아 이익과 의지적인 힘을 절충하는 견해를 피력한다. 옐리넥(Jellinek)도 동일한 관점에서 권리를 "법질서에 의하여 승인되고 보호되는 재화와 이익에 대한 의지적 힘"이라고 설명하였다.[3] 혼합설을 정착시킨 에네케루스(Enneccerus)는 "권리는 법질서에 의하여 개인에게 부여된 법적 힘으로, 그 목적에 따라 인간의 이익을 실현시키는 수단이 된다"[4]고 설명한다.

의사설은 권리가 가지고 있는 형식적인 측면만을 파악한 것으로 권리의 실질적인 목적이나 내용이 무엇인가에 대하여서는 아무것도 보여주지 못한다. 반면 이익설은 권리의 실질이 인간의 생존이나 행복을 위한 이익의 보호에 있다는 것을 밝혀 주었다. 혼합설은 이익의 실현이라는 권리의 내용적인 측면과 그 실현을 위한 형식적인 요건 모두가 권리의 중요한 요소임을 명시적으로 보여주었다는 점에서 그

1) Jhering, Geist des römischen Rechts, 3. Teil, 1. Abteilung, 5. Aufl.(1906), S. 350.
2) Reglebsberger, Pandekten, Bd. I, 1883, S. 76.
3) Jellinek, System des subjektiven öffentlichen Rechts, 2. Aufl.(1919), S. 44.
4) Enneccerus/Nipperdey, Allgemeiner Teil des bürgerlichens Rechts, 1. Halbhand, 1952. S. 272ff.

공로가 인정된다.[1] 이러한 혼합설의 입장에서 권리란 개인의 이익을 보호하기 위하여 법률에 따라 부여된 힘이라고 정의할 수 있다.

(2) 권리의 종류

1) 내용에 의한 분류

민법상의 권리는 이익의 내용에 따라 재산권, 인격권, 가족권, 사원권으로 구별할 수 있다.

a. 재산권

경제적인 이익을 내용으로 하는 권리를 말한다. 상대방에 대하여 일정한 행위를 청구할 수 있는 채권이나 물건을 직접 지배하여 이익을 얻는 물권, 정신적 창조물을 독점적으로 지배할 수 있는 지식재산권 등이 재산권의 대표적인 예이다.

b. 인격권

사람으로서 갖는 존엄과 가치에 대한 이익을 내용으로 하는 권리를 말한다. 생명, 신체, 건강에 대한 권리는 물론이고 명예나 성명, 초상, 정조, 개인의 사생활로부터 발생하는 이익을 향유할 권리가 여기에 해당한다.

c. 가족권

혈연으로 맺어진 친족 사이의 관계에서 발생하는 이익을 내용으로 하는 권리를 말한다. 부모와 자녀 사이의 권리(제844조 이하), 배

1) 이익설에 대한 비판과 그 반론에 대하여 자세하게 윤철홍, "예링의 권리개념에 대한 소고", 민사법학 제38호(2007.10), 559면 이하 참조.

우자 사이의 권리(제826조 이하), 친족 사이의 부양청구권(제974조 이하) 등이 여기에 해당한다. 상속권은 종래에는 친족 사이의 친족권으로 보는 경향이 있었으나 호주상속에 관한 규정이 삭제되고 재산상속만 남게 된 이후 재산권의 일종으로 이해하는 것이 일반적인 견해이다. 하지만 상속권도 일정한 친족 사이의 관계에서만 발생한다는 점에서 가족권의 범주에서 다룬다.

d. 사원권

일정한 단체의 구성원으로서 단체에 대하여 누리는 이익을 말한다. 사단법인의 사원의 권리가 여기에 해당한다. 사원권은 다시 사단법인에 참여하는 공익권과 사원 자신의 이익을 내용으로 하는 사익권으로 분류될 수 있다. 총회에서의 결의권 등이 전자에 해당하고 사단법인이 소유하는 설비를 이용하는 권리 등이 후자에 해당한다.

2) 효력에 의한 분류

권리는 그 행사로 인하여 발생하는 효력에 따라 지배권, 청구권, 형성권, 항변권으로 나눌 수 있다.

a. 지배권

타인의 행위를 통하지 않고 대상을 직접 지배할 수 있는 권리를 말한다. 물건을 직접 지배하여 이익을 얻을 수 있는 물권이 대표적인 예이고, 특허권, 저작권과 같은 지식재산권도 여기에 포함된다. 인격권도 인격의 주체가 자신의 존엄과 가치를 직접 향유하고 이를 침해당하면 그 배제와 회복을 청구할 수 있다는 점에서 지배권에 해당한다. 친권과 후견권도 자신이 양육하고 보호하는 자의 의사에 반하여 권리를 행사할 수 있다는 점에서 지배권으로 분류된다.

b. 청구권

청구권은 특정인이 다른 특정인에 대하여 특정한 행위를 요구할 수 있는 권리를 말한다. 로마법 시대에는 청구권이라는 개념이 존재하지 않았으며 개별 사안에 대하여 소송을 할 수 있는 권리, 즉 소권(Actio)의 존재여부만을 검토하였다. 하지만 19세기에 이르러 독일 법학자인 빈트샤이트[1]는 이러한 소송상 권리의 실체가 되는 것으로 청구권(Anspruch)이라는 개념을 만들어 낸다. 일정한 의무를 지는 자가 자신의 의무를 이행하지 않는다면 상대방은 그 의무에 상응하는 실체법상의 청구권을 근거로 그 의무의 이행을 구하는 소송을 제기할 수 있다고 본 것이다. 이에 따라 실체적 권리를 정하는 실체법과 그 실현을 목적으로 하는 절차법의 구별이 비로소 명확해지게 된다.

청구권은 그 정의에 있어서 채권과 매우 유사하다. 하지만 채권과 청구권은 동일하지 않다. 채권자는 청구권을 갖는 외에 채권의 실현을 위하여 협력 의무를 부담할 수도 있으며, 채권관계의 채무자도 채무이행의무 이외에 그와 관련한 부가적 의무를 질 수 있기 때문이다. 이러한 측면에서 청구권은 채권 혹은 채권관계의 가장 중요한 요소라고 볼 것이다.

청구권은 물권의 효력으로도 발생한다. 물권은 물건에 대한 직접적인 지배이익을 내용으로 하지만 그러한 지배이익이 침해된 경우에는 침해자에 대하여 그 회복을 청구할 수 있다. 채권으로부터 발생하는 채권적 청구권에 대응하여 이를 물권적 청구권(제213조 이하)이라고 한다.

그 외에 친족법상 부양청구권(제913조)이나 이혼청구권(제840조), 인지청구권(제863조), 상속법상 상속회복청구권(제999조) 등도

---

1) Windscheid, Die Actio des römischen Civilrechts vom Standpunkt des heutigen Rechts, 1856, S.1ff.

청구권으로 인정된다.

c. 형성권

권리자의 일방적인 의사표시로 법률관계 변동의 효과가 발생하는 권리를 말한다. 통상 법률관계가 발생하거나 변경되거나 소멸하는 것은 당사자의 동의나 합의에 따라 이루어지는 것이 원칙이다. 하지만 민법은 법률이 규정하는 일정한 요건이 충족되면 법률관계를 일방적으로 변동시킬 수 있는 권리를 부여한다. 이러한 권리가 형성권이다. 법률행위 성립요건에 문제가 있는 경우에 부여하는 취소권(제5조, 제109조 이하), 채무의 이행이 불가능하거나 지체하는 경우에 부여하는 계약해제권, 해지권(제543조) 등이 여기에 해당한다.

d. 항변권

항변권이란 청구권의 행사에 대하여 그 효력을 저지하는 권리이다. 즉 청구에 따른 이행을 거절할 수 있는 권리이다. 항변권은 청구권의 존재를 전제로 한다. 따라서 청구권이 변제로 소멸한 경우 소송절차 상 변제의 항변을 한다고 하더라도 이를 실체법상 존재하는 항변권의 행사로 볼 수 없다.

항변권은 연기적 항변권과 영구적 항변권으로 구분된다. 전자는 청구권의 행사를 일시적으로 저지하는 것으로 동시이행의 항변권(제536조)을 들 수 있다. 후자로는 한정승인의 항변권(제1028조)과 상대적 소멸설의 입장에서 소멸시효의 항변권이 여기에 해당된다.

3) 기타의 분류

그 외에도 권리를 분류하는 방법은 여러 가지가 있으나 실무나 이론적으로 중요한 분류만을 살펴보면 다음과 같다.

a. 절대권과 상대권

절대권은 누구에 관해서나 주장할 수 있는 권리를 말한다. 반면 상대권은 권리를 주장할 수 있는 범위가 제한되어 있어서 그에 대하여서만 행사할 수 있는 권리이다. 상대권의 경우 상대방이 아닌 다른 사람에 대하여서는 권리를 행사하더라도 효력이 발생하지 않는다.

절대권의 대표적인 경우로 물권을 들 수 있다. 물건에 대한 지배 이익이 자신에게만 귀속됨을 누구에 대해서도 주장할 수 있고, 물권을 침해하는 사람에 대하여서는 누구에게나 물권적 청구권을 행사할 수 있다. 상대권의 대표적인 예로 채권을 들 수 있다. 채권은 상대방인 채무자에 대하여서만 행사할 수 있다. 따라서 제3자로 인하여 자신의 채권이 방해를 받더라도 그에 대하여 자신의 권리를 직접 주장하지 못한다.

b. 일신전속권과 비전속권

일신전속권이란 그 귀속이나 행사가 그 성질 혹은 합의에 따라 권리의 주체에게만 인정되는 권리를 말하고, 비전속권은 그렇지 않은 권리를 말한다.

일신전속권은 다시 권리의 행사는 물론이고 타인에 대한 귀속도 인정되지 않는 귀속상 일신전속권과 행사만 일신에 전속하고 그 효과는 타인에게도 귀속 가능한 행사상 일신전속권으로 나뉜다. 배우자나 친족간의 부양청구권이 전자에 해당한다. 반면 약혼이나 이혼에 책임 있는 자에 대한 위자료청구권은 행사상 일신전속권으로 이미 행사된 위자료청구권은 양도나 상속할 수 있다(제806조, 제825조). 재산분할청구권도 법원이 이혼과 동시에 재산분할로서 금전의 지급을 명하는 판결이 확정된 이후부터 채권양도의 대상이 될 수 있

다.[1)]

(3) 권리와 구별해야 할 개념

1) 권한

권한은 권리와 구별된다. 권한이란 자신의 행위를 통하여 타인에 대해 일정한 법률효과를 발생시킬 수 있는 자격을 말한다. 법률효과는 자신의 행위를 통해서만 자신에게 발생하는 것이 원칙이다. 하지만 본인이 제3자의 행위를 통하여 자신에게 법률효과가 발생하기를 원하거나 법률이 본인에게 이익이 된다고 판단하는 경우에는 예외적으로 제3자의 행위를 통하여 본인에게 법률효과가 발생할 수 있도록 하고 있다. 이러한 제3자의 법률상 자격을 권한이라고 하는 것이다. 대리권이나 법인의 대표권, 친권자의 법정대리권이 여기에 해당한다.

2) 권능

권능은 권리의 구체적인 내용을 이루는 개별 이익을 말한다. 예를 들어 소유권자는 자신의 소유물을 직접 사용하거나 타인에게 유상으로 대여하여 수익을 올릴 수도, 또 이를 처분할 수도 있다. 즉 소유권에는 소유물에 대한 소유권자의 사용권능, 수익권능, 처분권능이 포함되어 있다.

3) 반사적 이익

권리가 없더라도 특정인이 이익을 향유할 수 있는 경우가 있다. 이를 반사적 이익이라고 한다. 권리는 국가의 강제력을 배경으로 스

1) 대판 2017. 9. 21., 2015다61286.

스로가 실현 가능한 이익이다. 반면 반사적 이익은 수익자가 직접 어떤 법률적 조처를 하여 스스로 실현할 수는 없다. 법률의 규정이나 타인의 권리행사 등을 통하여 반사적으로 이익을 얻게 되는 것에 불과하기 때문이다. 예를 들어 불륜을 대가로 증여계약을 체결하여 부동산의 소유권을 이전한 경우, 증여계약은 민법 제103조의 반사회적 법률행위로 무효이다. 반면 민법 제746조는 이러한 무효에도 불구하고 증여자는 그 이익의 반환을 청구하지 못하도록 한다. 이에 따라 이익은 그대로 수증자에게 귀속되어 수증자는 목적물의 소유권을 취득하게 된다.[1] 이는 수증자에게 권리취득의 정당한 원인이 있어서가 아니라 증여자의 이익반환이 허용되지 않기 때문에 얻게 되는 반사적 이익에 불과하다.

(4) 권리의 경합

1) 의의

특정의 사실관계가 있는 경우 그 사실관계가 민법이 규정하는 다수의 법률효과에 관한 요건들을 충족시키는 때도 있다. 예를 들어 건축을 목적으로 토지를 매수한다는 것을 알면서도 건축할 수 없는 절대농지를 건축이 가능한 것처럼 기망하여 매도한 경우에, 착오규정(제109조)과 사기규정(제110조)의 요건이 동시에 충족된다. 이 경우 매수인이 두 규정 중 어느 규정을 근거로 취소권을 행사할 수 있느냐의 문제가 발생한다. 이것이 권리경합의 문제이다.

1) 대판(전) 1979. 11. 13., 79다483.

2) 권리경합의 모습

권리가 경합하는 경우 권리자는 그 다수의 권리 중 하나 혹은 권리 모두를 주장할 수 있다. 취소권의 사례에서 매수인은 법률행위의 중요 부분의 착오를 이유로 취소권을 행사할 수 있음은 물론 상대방의 사기를 이유로도 매매계약을 취소할 수 있다. 다만 이미 취소된 계약은 다시 취소하지 못한다.

권리의 경합은 취소권과 같은 형성권에서도 발생하지만, 흔히 문제가 되는 것은 청구권경합이다. 예를 들어 도둑이 시계를 훔친 경우, 시계의 소유자는 도둑을 상대로 제213조의 소유물반환청구권을 행사할 수 있으며 제741조의 부당이득반환청구권을 행사할 수도 있다. 손해가 발생하였다면 제750조를 근거로 손해배상청구권을 행사하는 것도 가능하다. 청구권경합이 인정되는 이유는 개개의 청구권 규범들이 그 요건과 효과를 달리하며, 상호독립적으로 개인의 이익을 보호하기 때문이다.

대법원은 채무불이행책임으로 인한 손해배상청구권이 계약상 급부청구권의 변형에 불과한 것으로 그 본질에 있어서 두 권리가 동일하다고 본다.[1] 불법행위로 인한 손해배상청구권과는 다른 독립된 제도라는 것이다. 이러한 입장에 따르면 채무불이행으로 인한 손해배상청구권과 불법행위로 인한 손해배상청구권은 경합하게 된다.[2] 또한, 매매계약 내용의 중요 부분에 착오가 있는 경우, 매수인이 매도인의 하자담보책임이 성립하는지와 상관없이 착오를 이유로 매매계약을 취소할 수 있다고 보았다. 두 제도의 취지가 다르고 요건과 효

1) 대판 1995. 7. 11., 94다4509.

2) 대판 1980. 11. 11., 80다1812. 이와 달리 법조경합을 한다는 주장으로 박희호, "채무불이행책임의 본질에 관한 소고", 재산법연구 제22권 제3호(2006), 81면 이하 참조.

과도 구별된다고 본 것이다.[1]

다만 상호 독립된 청구권 경합에도 불구하고 청구권 규범이 다른 청구권 규범에 영향을 미치는 경우가 있다. 개별 규범들이 정하는 청구권 중 일부가 특별한 사유로 제한되고 그러한 제한 사유가 법질서 전체의 이념에도 부합한다면 그 사유는 다른 청구권 규범에도 영향을 미친다. 어느 공무원에게 부동산 등기부의 경정과 관련하여 뇌물을 준 종중은 그 뇌물에 대하여 불법원인급여가 인정되어 반환을 청구하지 못할 뿐만 아니라 뇌물을 받은 공무원의 불법행위를 이유로 그에게 손해배상도 청구하지 못한다. 종중의 손해배상청구를 인용한다면, 이는 종중 스스로 행한 급부나 그 경제적 동일물을 종중이 환수하는 것과 다름없는 결과가 되어, 제746조를 통하여 실현하려는 '법률은 불법에 협력하지 않는다'라는 법이념에 반하게 되기 때문이다.[2]

3) 법조경합

특정한 사실이 여러 법규에서 정하는 요건을 동시에 충족시키더라도 해당 법규들이 일반법과 특별법의 관계에 있다면 특별법 우선의 원칙에 의하여 특별법만 적용된다. 따라서 일반법은 특별법이 적용되는 한도 내에서는 효력을 갖지 못하고 권리를 발생시키지도 못한다. 결국, 특별법에 따라 하나의 권리만 발생하게 되므로 권리경합은 일어나지 않게 된다. 이를 법조경합이라고 한다. 예를 들어 국가나

---

1) 대판 2018. 9. 13., 2015다78703.

2) 대판 2013. 8. 22., 2013다35412. 하지만 이러한 해석으로 취소권자는 하자 있음을 안 날로부터 3년 내이면 착오로 인한 취소권을 행사할 수 있어서(제146조 참조), 6개월의 제척기간을 두어 하자와 관련한 법률관계의 조속한 안정을 도모하려는 민법 제582조의 취지가 몰각되어 부당하다; 박희호, "우리나라 하자담보책임의 본질에 관한 재론", 민사법학 제34호(2006.12), 93면 이하 참조.

지방자치단체의 공무원이 고의 또는 과실로 타인에게 손해를 끼쳤다면 제756조의 사용자책임에 따라 국가나 지방자치단체도 책임을 져야 하지만 국가배상법은 동 법이 정하는 사항에 대하여는 민법이 적용되지 않는 것으로 본다(국가배상법 제8조). 따라서 피해자에게는 국가배상법에 따른 손해배상청구권만 발생할 뿐이다.

> "공무원이 직무를 수행함에 있어 경과실로 타인에게 손해를 입힌 경우에는 그 직무수행상 통상 예기할 수 있는 흠이 있는 것에 불과하므로, 이러한 공무원의 행위는 여전히 국가 등의 기관의 행위로 보아 그로 인하여 발생한 손해에 대한 배상책임도 전적으로 국가 등에만 귀속시키고 공무원 개인에게는 그로 인한 책임을 부담시키지 아니하여 공무원의 공무집행의 안정성을 확보하고, 반면에 공무원의 위법행위가 고의·중과실에 기한 경우에는 비록 그 행위가 그의 직무와 관련된 것이라고 하더라도 그와 같은 행위는 그 본질에 있어서 기관행위로서의 품격을 상실하여 국가 등에게 그 책임을 귀속시킬 수 없으므로 공무원 개인에게 불법행위로 인한 손해배상책임을 부담시키되, 다만 이러한 경우에도 그 행위의 외관을 객관적으로 관찰하여 공무원의 직무집행으로 보여질 때에는 피해자인 국민을 두텁게 보호하기 위하여 국가 등이 공무원 개인과 중첩적으로 배상책임을 부담하되 국가 등이 배상책임을 지는 경우에는 공무원 개인에게 구상할 수 있도록 함으로써 궁극적으로 그 책임이 공무원 개인에게 귀속되도록 하려는 것이라고 봄이 합당하다."[1)]

3. 의무

(1) 의무의 개념

의무란 법률상 개인이 자신의 의사와 상관없이 수행해야 하는 법률적 임무를 말한다. 의무는 통상 상대방의 권리에 대응한다. 이 경

1) 대판(전) 1996. 2. 15., 95다38677.

우 권리자는 의무자가 자신의 의무를 이행하지 않으면 강제이행을 법원에 청구하거나 의무의 불이행에 대하여 손해배상을 청구할 수 있다. 반면 의무는 의무에 대응하는 권리가 없는 경우에도 존재할 수 있다. 통상 행정적인 의무만을 지우는 경우가 그러하다. 법인의 이사나 청산인이 갖는 등기의무(제50조 이하, 제88조 이하 등)가 대표적이다. 마찬가지로 상응하는 의무가 존재하지 않는 권리도 있다. 일방적인 권리행사로 효과가 발생하는 취소권 등의 형성권이 여기에 해당한다.

(2) 책무

책무란 개인이 의사와 관계없이 따라야 하는 의무는 아니지만 이를 지키지 않으면 그로부터 발생하는 불이익을 감수하여야 하는 경우를 말한다. 간접의무라고도 한다. 책무의 상대방은 책무자에 대하여 그 이행을 청구하거나 그 위반을 이유로 손해배상을 청구할 수 없다. 책무자는 책무위반으로 발생한 불이익을 스스로 부담하게 될 뿐이다. 예를 들어 승낙의 기간을 정한 계약의 청약은 청약자가 그 기간 내에 승낙의 통지를 받지 못한 경우에는 그 효력을 잃는 것이 원칙이다. 그런데 승낙의 통지가 이 기간 후에 도달하였고, 승낙의 통지가 보통이라면 그 기간 내에 도달할 수 있는 발송인 경우가 있다. 이때 청약자는 지체없이 상대방에게 그 연착의 통지를 하여야 한다(제528조). 이러한 청약자의 연착통지의무는 통상의 의무와 달리 이를 하지 않더라도 승낙의 통지자가 이행을 강제하거나 불이행으로 인한 손해배상을 청구하지는 못한다. 승낙 기간 내에 승낙의 통지가 도달한 것으로 될 뿐이다. 즉 우편 운송의 지연으로 발생한 불이익을 청약자가 감수하면 된다.

Ⅳ. 민법전(民法典)

1. 형식적 의미의 민법과 실질적 의미의 민법

우리나라는 1958년 2월 22일에 '민법'이라는 법률 제471호를 공포하여 1960년 1월 1일부터 시행하고 있다. 민법전이라고 하면 바로 이 법률을 의미하며 이를 형식적 의미의 민법이라고 한다. 이에 반해 실질적 의미의 민법은 '민사에 관한 법규범' 전체를 지칭한다. 민법전에 포함되어 있느냐의 여부를 묻지 않는다. 실질적으로 사인 간의 법률관계를 규율하는 법규범이면 모두 여기에 포함된다. 주택임대차보호법이나 가등기담보 등에 관한 법률과 같은 민법전 이외의 성문법은 물론 관습법도 실질적 의미의 민법이 될 수 있다(제1조). 법관은 이러한 실질적 의미의 민법에 따라 당사자 사이의 권리의무관계를 판단한다.

2. 민법전의 구성

민사에 관한 법률은 실질적 의미에서 매우 다양하고 광범위하다. 하지만 실질적 의미의 민법 중에서도 가장 중요한 것은 역시 형식적 의미의 민법인 민법전이다. 민법전은 제1편 총칙, 제2편 물권, 제3편 채권, 제4편 친족, 제5편 상속의 5개의 편으로 구성되어 있다.

입법방식과 관련하여 민법은 교집합원칙(Ausklammerungsprinzip)에 근거하여 매우 효율적인 체계를 취하고 있다. 즉 공통된 사항을 해당 조항마다 개별적으로 모두 규정하는 것이 아니라 이를 한곳에 모아 통일적으로 규정하는 것이다. 예를 들어 제1편 총칙은 나머지 편에서 개별적으로 규율할 공통된 내용을 반복적으로 규율하지 않고 이를 통일적으로 모아 일회적으로 규정한 것이다. 그리고 이러한 입법방식은 민법의 각 편과 각 장에서 다시 이용되고 있다. 즉, 각 편의 제1장과 각 장의 제1절을 통칙이나 총칙이라는 제목을 붙여 다른 장이나 절에 공통된 것들을 모아서 통일적으로 규정하고 있다. 교집합의 원칙에 근거한 입법방식은 조문의 수를 줄일 수 있다는 점에서 매우 효율적이다.

내용상으로 제1편 총칙은 권리의 주체와 권리의 대상이 되는 물건, 권리의 변동을 야기하는 법률행위, 그리고 시효에 따른 소멸 권리의 소멸 등을 규정한다. 제2편 물권은 개인이 물건을 직접 지배하는 물권을 취득하고 이용하는 방법과 그 소멸에 관하여 규정한다. 제3편 채권은 채권의 상대방인 채무자에 대하여 갖는 채권의 내용과 그 행사 및 소멸에 관하여 규정한다. 제4편 친족편은 친족관계의 발생과 범위, 친족 사이의 권리·의무에 관하여 규정한다. 제5편 상속편은 사망을 원인으로 하여 발생하는 상속, 유언 및 유류분에 관하여 규정한다.

제2장

법원(法源)

Ⅰ. 법원의 의미

법원이란 법의 원천(源泉)을 의미하는 것으로 민법과 관련하여서는 실질적 의미의 민법이 존재하는 방식, 즉 민법의 존재형식을 말한다. 민법 제1조는 '법원'이라는 제목으로 "민사에 관하여 법률에 규정이 없으면 관습법에 의하고 관습법이 없으면 조리에 의한다"고 규정한다. 이 조항은 민법의 존재형식에 관하여 규정할 뿐만 아니라 민법이 성문법 우선의 원칙을 취하고 있음을 선언하고 있다.

Ⅱ. 법률

민법 제1조에서 말하는 법률은 성문법규로서의 법규범 전체를 의미한다. 국회에서 제정된 형식적 의미의 법률 외에 헌법에 따라 체결 및 공포된 조약, 일반적으로 승인된 국제법규도 법률로 인정되며(헌법 제6조 제1항), 나아가 성문법의 형태를 갖춘 법률 이하의 명령이나 규칙 등도 재판의 근거가 되어 법률에 포함된다. 대통령령인 주택임대차보호법 시행령이나 대법원이 제정한 부동산등기규칙 등이 여기에 해당한다. 지방자치단체가 제정한 조례와 지방자치단체의 장이 제정한 규칙도 민사에 관한 경우 법원이 될 수 있으나 이러한 자치법규는 해당 지역에서만 효력을 갖는다.

Ⅲ. 관습법

1. 관습법의 의의

관습법은 일정한 관행이 일반인들에게 지속하여 행해지고 지켜지면서 그들에 의해 법규범이라고 인정되는 경우를 말한다. 즉, 관습법은 일정한 관행에 대하여 일반인들이 법적 확신을 갖게 되는 경우에 발생한다.[1] 관습법도 민사에 관한 경우에는 실질적 민법이 된다. 관습법은 재판의 판단근거가 되는 법률이므로 당사자의 주장과 증명에 상관없이 법원이 당연히 고려하여야 한다. 판례에 의하여 인정되는 관습법으로 관습법상 법정지상권[2], 분묘기지권[3], 명인방법[4] 등이 있다. 이에 반해 지속적인 관행이더라도 일반인의 법적 확신을 얻지 못하면 이는 단순한 관행에 불과한 것으로 민사에 관한 재판규범이 되지 못한다. 이러한 사실인 관습은 임의규정과 관련하여 당사자의 의사를 해석하는 기준이 될 수 있다(제106조). 사실인 관습은 법규범이 아니라 사실에 불과하므로 그 존재를 주장하는 자가 입증하여야 한다.

---

1) 대판 1983. 6. 13., 80다3231.

2) 토지 또는 건물이 동일한 소유자에게 속하였다가 건물 또는 토지가 매매 기타의 원인으로 인하여 양자의 소유자가 다르게 된 때에 그 건물을 철거하기로 하는 합의가 있었다는 등의 특별한 사정이 없다면 한 건물소유자는 토지소유자에 대하여 그 건물을 위한 관습상의 지상권을 취득하게 된다; 대판 1980. 7. 8., 79다2000.

3) 타인 소유의 토지에 분묘를 설치한 경우에 20년간 평온, 공연하게 분묘의 기지를 점유하면 지상권과 유사한 관습상의 물권인 분묘기지권을 시효로 취득한다는 관습법은 소멸되지 않고 여전히 존재한다; 대판(전) 2017. 1. 19. 2013다17292.

4) 수목의 집단이나 미분리의 과실을 공시하는 방법에 관한 관습법이다; 대판 1967. 12. 18., 66다2382.

2. 관습법의 효력

관습법은 법률의 규정이 없는 경우에 제한하여 적용되므로 관습법과 다른 내용의 성문법이 존재하는 경우에는 성문법이 우선한다(제1조). 따라서 대통령령으로 가정의례준칙과 배치되는 관습법은 그 효력이 부정된다.[1] 나아가 관습법이 시대의 변화에 따라 법적 확신을 잃게 되거나 전체 법질서의 이념에 반하는 경우에도 그 효력이 상실된다. 종원의 자격을 성년 남자로만 제한하고 여성에게는 종원의 자격을 부여하지 않는 종래 관습법은 남녀평등을 이념으로 하는 헌법적 가치에 반하여 더 이상 효력을 갖지 못한다.[2]

Ⅳ. 조리(條理)

법원은 죄형법정주의가 적용되는 형사사건의 경우 그 사건의 행위가 법률에 명시적으로 규정되어 있지 않으면 무죄로 판단하여야 한다. 반면 민사사건에서는 구체적인 소송과 관련하여 법률이나 관습법에 아무런 내용이 없다고 하더라도 심판을 거부하지 못한다. 민법은 이러한 상황에서 조리에 따라 사안을 판단하도록 규정하고 있다(제1조).

여기서 조리란 사물의 이치를 말한다. 사물의 이치란 자연의 법칙과 마찬가지로 우리의 이성과 마음에도 자연적으로 내재하여 있다고 보는 옳고 그름에 대한 관념을 말한다. 이러한 조리는 전체 법질서의 이념과 취지를 고려한 양심에 따른 객관적인 판단을 의미한다(헌

1) 대판 1983. 6. 14., 80다3231.
2) 대판(전) 2005. 7. 21., 2002다1178.

법 제103조). 스위스 민법 제1조 제2항[1]은 법률이나 관습법이 없는 경우 "법관이 입법자였다면 제정하였을 규율"에 따르도록 정하고 있는데, 우리 민법의 조리를 설명하는 데 유용한 참고가 될 수 있다. 대법원은 성년 남자만을 종중의 구성원으로 보는 관습법의 효력을 부정함으로써 종원의 자격에 관한 법률이나 관습법이 없게 된 상황에서 "공동선조의 분묘수호와 제사 및 종원 상호 간의 친목 등을 목적으로 하여 구성되는 자연발생적인 종족집단이라는 종중의 목적과 본질에 비추어 볼 때 공동선조와 성과 본을 같이 하는 후손은 성별의 구별 없이 성년이 되면 당연히 그 구성원이 된다고 보는 것이 조리에 합당하다"[2]고 보았다.

학설에 따라서는 조리도 법원이 될 수 있다고 하나,[3] 법원이 법의 존재형식을 의미하는 것이라고 한다면 이를 부정하는 것이 타당하다. 법으로 인정되기 위하여서는 객관적인 실체가 있어야 하며 일반인이 이를 법규범이라고 하는 확신이 있어야 하는데, 객관적인 실체도 없는 것을 일반인이 확신한다는 것은 불가능하기 때문이다. 계속적 관행이라는 실체가 있음에도 불구하고 일반인의 법적 확신이 인정되지 않아 법규범의 지위를 인정받지 못하는 사실인 관습을 고려하면 이는 당연한 논리적 귀결이다.

---

1) "Kann dem Gesetze keine Vorschrift entnommen werden, so soll der Richter nach Gewohnheitrecht und, wo auch ein solches fehlt, nach der Regel entscheiden, die er als Gesetzgeber aufstellen würde"

2) 대판(전) 2005. 7. 21. 2002다13850.

3) 이은영, 민법총칙, 2009, 52면.

V. 판례

법원은 제기된 개별 민사사건에 대하여 각각 재판하게 되며, 내려진 판결은 해당 민사사건만을 구속하게 된다. 그런데 이러한 개별 민사사건들은 완전히 동일할 수는 없지만 유사한 경우가 많고 유사한 사건들에 대하여 유사한 판결이 반복되다 보면 추상적인 원칙이나 법칙이 생겨나게 마련이다. 이렇게 생겨난 원칙이나 법칙을 판례라고 한다.

영미법계 국가에서는 선결례 구속의 원칙(doctrine of state decisis)이 적용되어 판례의 법규범성이 인정된다. 반면 성문법주의를 취하는 대륙법계 국가에서는 법원에 대한 특별한 위임이 없는 한 법원은 입법에 관여할 수 없고 기존의 법률에 따른 재판만을 할 수 있는 것이 원칙이다. 그리고 그 재판은 당해 사건만을 구속한다. 판례의 법원성이 인정될 수 없는 이유이다. 그런데 상급심 법원이 세운 추상적인 법원칙들을 하급심 법원이 적용하지 않는 경우는 실제로 매우 드물다. 상급법원의 입장과 다른 판결이 내려지고 그에 불복하여 상소가 이루어지면 상급법원은 자신의 입장을 변경하지 않는 한 하급심 판결을 파기환송 할 것이기 때문이다. 이러한 이유로 판례는 사실상의 구속력을 갖는다.

제3장
신의성실의 원칙

Ⅰ. 의의

권리의 본질과 관련하여 의사설은 권리를 의지의 힘이라고 보아 권리자에게 절대적인 지배 영역을 부여하였다. 이러한 의사설의 입장에서 권리를 제한한다는 것은 개인의 자유를 제한하는 것이 되어 부당하다고 여겨졌다. 반면 권리의 본질을 이익이라고 이해하게 되면서, 이익이 없는 권리의 행사는 보호의 필요가 없으며 권리의 행사가 다른 사람의 정당한 이익을 침해하는 경우에 이를 제한하는 것이 가능하게 되었다. 즉 권리도 법에 따라 보호되는 이익이므로 법으로 다른 사람의 이익이 보호받아야 한다면 권리행사를 무조건 인정해 줄 것이 아니라, 권리행사를 이익조정의 측면에서 제한하는 것이 합리적이라는 논리적 귀결이 있게 된다.[1] 우리 민법도 권리의 이러한 기본적인 속성을 인정하여 신의성실의 원칙과 권리남용금지의 원칙에 의한 권리행사의 제한을 인정하고 있다.

1) 윤철홍, "예링의 권리개념에 대한 소고", 민사법학 제38호(2007.9), 559면 이하 참조.

Ⅱ. 신의성실의 원칙

1. 의의

신의성실의 원칙이란 권리를 행사하거나 의무를 이행하는 것에 있어서 당사자는 신의에 따라 성실히 행동하여야 한다는 원칙을 말한다(제2조 제1항). 원칙적으로 권리를 행사하는 자나 의무를 이행하는 자는 자신에게 주어진 권리에 대하여 행사할 자유를 가지며 또 법률이 지우는 의무만을 부담하면 된다. 그런데 민법은 신의성실의 원칙을 통하여 권리를 행사하거나 의무를 이행하는 때에도 다른 사람의 신뢰를 고려하여 성실하게 행동할 것을 요구한다.

내용상 민법은 신의성실을 권리·의무에 대한 포괄적인 원칙으로 규정하고 있지만, 상대방의 신뢰에 부합하는 권리행사의 측면과 성실한 의무이행이라는 두 가지 측면으로 나누어 이해하는 것이 더 타당하다.

2. 신뢰에 부합하는 권리의 행사

권리의 행사는 상대방에 대한 신뢰에 적합하게 행사되어야 한다. 상대방에게 부여된 정당한 신뢰로 발생한 이익은 법적으로도 보호되어야 하기 때문이다. 신뢰로 인하여 이익이 보호를 받게 되는 경우는 다시 권리자가 권리의 상대방에 대하여 일정한 신뢰를 부여한 경우와 법률행위 당사자가 법률행위의 기초가 되는 사정에 대해 정당한 신뢰를 갖는 경우로 구별된다. 전자에 해당하는 경우가 모순행위금지의 원칙과 실효의 원칙이고, 후자가 사정변경의 원칙이다.

(1) 모순행위금지의 원칙

권리자 스스로가 상대방에 대하여 일정한 신뢰를 부여한 후에 이러한 신뢰를 스스로 깨뜨린 행위는 배신행위로 신의칙에 반하게 된다. 이를 모순행위금지의 원칙이라고 한다.

소멸시효의 항변과 관련하여 채무자가 채권자로 하여금 소멸시효를 중단하게 하는 것이 불필요하다고 믿게 하는 행동을 하였거나 시효완성 후에라도 시효를 원용하지 않을 것 같은 태도를 취하였다가 후에 시효완성을 주장하는 경우[1], 경매부동산의 소유자가 경매절차 진행 중에 경매절차의 진행 사실을 알면서도 이를 저지하기 위한 아무런 조치를 취하지 않고, 배당기일에 오히려 자신의 배당금을 이의 없이 수령하고 경락인으로부터 이사비용까지 받고 부동산을 임의로 명도해 주었다가 나중에 경매절차가 무효라고 주장하여 그 경매목적물에 관한 소유권이전등기의 말소를 청구하는 것[2]은 금반언의 원칙에 반하여 허용되지 않는다. 또한, 주택임대차보호법상의 대항요건과 확정일자를 갖추었음에도 대출을 받으려는 주택의 소유자를 위하여 은행에 "임대차계약을 체결하거나 보증금을 지급한 바가 없을뿐더러 향후 임차보증금에 대한 권리주장을 하지 않겠다"는 내용의 확인서를 직접 작성하여 준 후 은행의 저당권부채권보다 선순위의 임차보증금반환채권을 주장하는 것은 금반언의 원칙에 위배된다.[3] 대리권한 없이 타인의 부동산을 매도한 자가 그 부동산을 상속한 후 소유자의 지위에서 자신의 대리행위가 무권대리로 무효임을 주장하여

---

1) 삼청교육대의 사상자에 대하여 대통령과 국방부장관이 국가의 잘못을 인정하고 그에 대한 응분의 보상을 하기로 하고 이에 따른 신고의 접수를 하게 하는 것은 국가가 시효이익을 주장하지 아니하고 손해배상을 할 것으로 피해자가 정당하게 신뢰하기에 충분하다; 대판(전) 1996.12.19., 94다22927.

2) 대판 1993. 12. 24., 93다42603.

3) 대판 1997. 6. 27., 97다12211.

등기말소 등을 구하는 것도 금반언의 원칙에 반하여 허용되지 않는다.[1)] 반면 미성년자가 법정대리인의 동의가 없었음을 들어 스스로 계약을 취소하지는 않으리라고 신뢰하였다 하더라도 그 신뢰는 정당하지 않아 신용구매계약을 체결한 미성년자가 사후에 법정대리인의 동의 없음을 사유로 들어 이를 취소하는 것이 신의칙에 위배 된 것이라고 할 수 없다.[2)]

(2) 실효의 원칙

모순행위 금지의 원칙이 권리자의 적극적인 작위로 인하여 상대방에게 일정한 신뢰를 부여한 경우라면 실효의 원칙은 권리자의 소극적인 부작위, 즉 권리에 대한 장기간의 불행사로 상대방이 더 이상의 권리행사가 없을 것이라는 신뢰를 갖게 된 경우를 말한다. 즉 상대방에 대하여 권리의 불행사나 권리포기의 신뢰를 야기한 권리자의 권리행사는 허용되지 않는다는 원칙이다. 예를 들어 근로자들이 면직 후 아무런 이의 없이 퇴직금을 수령하였고, 그로부터 9년 후에 해직공무원의보상등에관한특별조치법 소정의 보상금까지 수령하였음에도 면직처분무효확인의 소를 제기함은 실효의 원칙에 따라 허용되지 않는다.[3)] 반면 대법원은 1983.4. 설립된 회사에 대하여 1991.1.에 이르러 상호사용중지를 구하는 소를 제기했다고 하더라도 상호에 대한 권리가 실효된 것은 아니라고 보았으며[4)], 피상속인이 사망할 때까지 비록 17년여 동안 공동상속인 중 1인 명의로 원인 없이 경료된 소유권이전등기의 말소등기청구권을 다른 상속인들이 행사하지 않았더

1) 대판 1994. 9. 27., 94다20617.
2) 대판 2007. 11. 16., 2005다71659.
3) 대판 1992. 12. 11., 92다23285.
4) 대판 1994. 6. 28., 93다26212.

라도 권리자가 이 권리를 더 이상 행사하지 않으리라고 신뢰할 만한 정당한 기대를 의무자가 갖게 되었다고 볼 수 없어 실효의 원칙이 적용되지 않는다[1]고 보았다.

(3) 사정 변경의 원칙

법률행위의 기초가 된 사정이 크게 변경되어 법률행위의 효력을 종전대로 유지하는 것이 부당하게 될 때 그 효력을 변경하거나 소멸하게 하는 원칙을 말한다. 신뢰와 관련하여 이 원칙은 법률행위의 기초가 되는 사정이 당사자의 신뢰 범위를 넘어서 변경된 경우이다. 상대방에 대한 신뢰가 아니라 기초사정에 대한 당사자의 신뢰가 무너진 경우이다. 대법원은 "회사의 이사 지위에서 부득이 회사와 제3자 사이의 계속적 거래로 인한 회사의 채무에 대하여 보증인이 된 자가 그 후 퇴사하여 이사의 지위를 떠난 때에는 보증계약 성립 당시의 사정에 현저한 변경이 생긴 상황에 해당하므로 이를 이유로 보증계약을 해지할 수 있다"[2]고 하여 사정변경의 원칙을 인정하고 있다.[3] 반면 상속개시 이전에 상속을 포기하기로 다른 상속인과 약정하였다고 하더라도 상속개시 후에 자신의 상속권을 주장하는 것은 정당한 권

---

1) 대판 1995. 2. 10., 94다31624.

2) 대판 2002. 5. 31., 2002다1673.

3) 사정변경의 원칙은 계약성립 당시에 '당사자가 예견할 수 없었던 사정'의 현저한 변경이 있는 경우에 인정되는 것인데 반해 이사의 지위에서 물러난다는 사정은 이와 달리 예견이 가능한 경우이다. 따라서 판례가 드는 사안에는 사정변경의 원칙은 요건에 부합하지 않아 적용되지 못한다. 판례가 드는 사안에서는 오히려 '이사의 지위가 유지되는 경우에서만 보증계약이 효력을 갖는다'는 당사자의 계약상의 전제가 있다고 보아야 할 것이다. 이러한 전제가 무너진 상황에서 보증인이 계약을 해지할 수 있는 것은 당연하다. 이러한 전제론에 대하여는 박희호, "물건의 하자와 관련한 담보책임법의 개정에 대한 일고 – 빈트샤이트의 전제론의 관점에서", 민사법학 제78호(2017.2), 290면 이하 참조.

리를 행사하는 것이다.[1] 계약체결 당시에 전혀 논의가 이루어지지 않아 계약성립의 기초가 되지 못한 사정이 사후에 변경된 경우는 여기서의 사정에 해당하지 않는다. 따라서 음식점 건축을 목적으로 매입한 토지가 그 후 공공용지에 편입됨으로써 매수목적을 달성할 수 없게 된 경우에는 사정변경의 원칙이 적용되지 않는다.[2] 그러한 사정변경의 위험은 매수인이 스스로 부담하여야 한다.

3. 성실한 의무의 이행

신의성실의 원칙은 성실한 의무의 이행을 촉구한다. 성실한 의무의 이행이란 의무의 취지와 목적에 합당하도록 충실하게 그 의무를 수행하는 것을 말한다. 통상 채무자가 채무를 이행하면서 가져야 하는 태도에 관한 것을 의미하지만, 채무의 성실한 이행을 위하여 신의칙상 의무가 추가로 발생하기도 한다. 예를 들어 특정 물건을 매수인에게 송부해야 하는 매도인은 운송과 보관에 적합하도록 물건을 잘 포장할 의무를 부담한다. 집을 수리하는 수급인은 수리 도중에 집안에서 생활하는 사람들이 수리 과정 중에 부상을 입지 않도록 안전조치를 취할 의무를 부담한다. 이러한 의무들을 주된 의무에 대응하여 종된 의무 혹은 부수의무라고 한다.

채무자만이 성실한 이행의무를 지는 것은 아니다. 채권자도 채권의 완전한 실현을 위하여 채무자에 대하여 일정한 의무를 부담할 수 있다. 예를 들어 건물신축을 위해 건축자재를 주문한 경우 매수인은 이를 쌓아 둘 공간을 미리 확보해 두어 자재가 배달될 경우 곧 야적할 수 있게 하여야 할 것이다. 집의 수리를 맡긴 집주인은 수리업자가

1) 대판 1998. 7. 24., 98다9021.

2) 대판 2007. 3. 29., 2004다31302.

수리하는 과정에서 집에 출입할 수 있도록 조치를 취해 주어야 한다. 이러한 의무를 채권자의 협력의무라고 한다.

성실한 의무의 이행은 아직 법률관계가 형성되지 않은 상황에서도 발생할 수 있다. 특히 계약을 체결하는 과정에서 신의성실의 원칙은 당사자에게 일정한 설명의무나 고지의무를 부과한다. 예를 들어 아파트 분양자는 분양계약을 체결하는 과정에서 아파트 단지 인근에 공동묘지가 조성되어 있는 사실을 수분양자에게 고지할 의무가 있다.[1] 또한, 혼인하려는 당사자 사이에서는 혼인 여부를 결정하게 하는 중대한 사항, 예를 들어 자신의 학력이나 직업, 경력 등에 대하여 바르게 고지할 의무를 진다.[2]

Ⅲ. 권리남용금지의 원칙

1. 의의

신의성실의 원칙과 더불어 민법 제2조 제2항은 "권리는 남용하지 못한다"고 하여 권리남용금지의 원칙을 정하고 있다. 학설에 따라서는 이 원칙을 신의성실의 원칙의 한 유형으로 보거나 신의성실의 원칙을 위반하면 권리의 남용이 되어 그 효과로 보는 견해가 있으나[3] 권리남용금지의 원칙은 신의성실의 원칙과 별도로 권리의 행사를 제한하는 독립된 제도로 보는 것이 옳을 것이다. 신의성실의 원칙은 당사자의 신뢰를 보호하기 위하여 권리를 제한하거나 성실한 의무의 이행을 위하여 새로운 의무 등을 발생시키는 제도라면, 권리남용

1) 대판 2007. 6. 1., 2005다5843.
2) 대판 1995. 12. 8. 94므1676.
3) 곽윤직/김재형, 민법총칙(민법강의Ⅰ), 2019, 77면.

금지의 원칙은 당사자의 신뢰와 상관없이 권리의 본질을 이익이라고 이해하는 관점에서 그 행사를 제한하는 제도이기 때문이다. 즉 권리가 '법에 의하여 보호되는 이익'이라면 권리의 행사로 보호되는 이익이 없거나 그 이익이 미미함에도 그로 인하여 상대방의 이익이나 공공의 이익을 심대하게 훼손하는 경우에는 이를 제한해야 하는 것이 마땅하다. 권리남용금지의 원칙은 이러한 이익조정의 측면에서 그 의의가 있다. 권리남용금지의 원칙은 두 가지의 경우로 유형화 할 수 있다. 그 하나는 권리행사로 권리자에게 이익이 전혀 없거나 미미한 경우와 권리의 행사가 그 권리의 취지나 사회윤리적인 관점에서 도저히 허용되기 어려운 경우이다.

2. 권리의 행사로 인한 이익이 없는 경우

이러한 유형의 권리남용은 ① 권리의 행사로 보호되는 이익이 전혀 없거나 그 이익이 미미하나, ② 권리의 행사로 상대방이나 공공의 이익이 심각하게 훼손되는 경우에 발생한다. 대법원은 그 외에 권리행사의 목적이 상대방에게 오직 고통을 주거나 손해를 입히려는 의도에서 이루어져 사회질서에 위반되어야 한다는 사항을 권리남용의 요건으로 추가하고 있다.[1] 하지만 이러한 주관적인 의사를 상대방이 입증한다는 것은 쉽지 않다. 권리의 본질에 비추어 객관적으로 판단하면 충분할 것이다. 다만 권리행사자의 이익이 인정된다면 비록 권리의 행사로 상대방이 잃을 손해가 권리행사자의 이익보다 현저히 크다고 하더라도 그 사정만으로 권리의 행사를 막을 수는 없다.[2]

대법원은 한국전력공사가 토지를 수용하고 그 지상에 변전소를

1) 대판 1991. 3. 27., 90다13055; 대판 2011. 4. 28., 2011다12163.
2) 대판 2009. 5. 14., 2009다1092 참조.

건설하였으나 토지소유자에게 손실보상금을 착오로 부적법하게 공탁하여 그 토지에 대한 점유권원을 상실하게 된 경우, 변전소가 철거로 인한 61,750가구에 대한 전력공급이 불가능하게 되는 점, 변전소 인근에서 더 이상 변전소 부지를 확보하기가 어렵고 그 신축에도 상당한 기간이 소요된다는 점, 그 토지의 6억 원의 시가에 비해 새로운 변전소를 설치하는 데는 약 164억 원이 소요된다는 점 등을 감안하면 토지를 포함한 그들 소유의 임야 전부를 시가의 120%에 상당하는 금액으로 매수하겠다는 한전의 제의를 거절하고 그 변전소의 철거와 토지의 인도만을 요구하는 것은 토지소유자에게 큰 이익이 없는 반면 한전에는 극심한 피해를 야기하는 것으로 권리의 남용에 해당한다고 보았다.[1)]

반면 건물의 시가는 금 7억 원 정도임에 비하여 그 부지의 낙찰가는 금 2억 1천만 원에 불과하고, 건물의 철거에 상당한 비용이 소요되며 그 철거는 사회적·경제적으로 큰 손실이 될 것이기는 하나, 건물의 철거로 인한 토지소유자의 이익과 건물소유자의 손해 간에 현저한 차이가 있다는 사정만으로 권리남용이라고 볼 수는 없고, 오히려 그 토지는 도시계획도로에 편입된 106㎡를 제외하고는 아무런 법적 규제가 없어 소유자가 이를 다른 용도에 사용할 수 있는 점, 토지가 타인에게 경락된 사실을 알고서도 건물의 신축공사를 중단하지 않고 아무런 대책도 없이 강행한 점, 이 건물의 철거가 사회 일반의 공공적 이익에 중대한 영향을 미치지는 않는 점 등을 고려하면 건물의 철거를 주장하는 토지소유자의 방해제거청구권행사는 정당하다고 보았다.[2)] 또한, 국가가 국민을 보호할 의무가 있다는 사유만으로 국가가 소멸시효의 완성을 주장하는 것 자체가 신의성실의 원칙에

1) 대판 1999. 9. 7., 99다27613.
2) 대판 2003. 2. 14., 2002다62319,62326.

반하여 권리남용에 해당한다고 할 수 없다고 보았다.[1] 국가는 국민의 세금을 효율적으로 사용해야 할 의무나 이익이 있기 때문이다.

3. 권리의 행사가 권리의 취지에 반하거나 반윤리적인 경우

권리의 행사가 그 권리의 이념이나 취지에 반하거나 선량한 풍속이나 윤리 관념에 반하여(제103조) 일반인의 정의 관념에 반하게 되는 경우에도 그 효과를 부정하는 것이 타당하다.

대법원은 특정 백화점이 발행한 약속어음의 가치가 현저하게 하락된 사정을 잘 알면서 그 백화점에 대하여 부담하는 임대차보증금 반환채무와 상계할 목적으로 대전백화점이 발행한 약속어음 20장을 액면가의 40%에도 미치지 못하는 가격으로 할인·취득하고, 그 약속어음채권을 자동채권으로 하여 상계를 한 경우는 이러한 상계제도의 공평한 결제기능 및 담보적 기능 등에 반하는 것으로 권리남용에 해당한다고 보았다.[2] 또한 외국에 이민을 가 있어 주택에 입주할 급박한 사정이 없는 딸이 고령과 지병으로 고통을 겪고 있는 상태에서 달리 마땅한 거처도 없는 아버지와 그를 부양하면서 동거하고 있는 남동생을 상대로 자기 소유 주택의 명도 및 퇴거를 청구하는 행위는 인륜에 반하는 행위로서 권리남용에 해당한다고 보았다.[3]

반면 공매절차에서 점유자의 유치권 신고 사실을 알고 부동산을 매수한 자가 그 점유를 침탈하여 유치권을 소멸시키고 나아가 고의적인 점유이전으로 유치권자의 확정판결에 기한 점유회복조차 곤란하게 하였음에도 유치권자가 현재까지 점유회복을 하지 못한 사실

1) 대판 2005. 5. 13., 2004다71881.
2) 대판 2003. 4. 11., 2002다59481.
3) 대판 1998. 6. 12., 96다52670.

을 내세워 유치권자를 상대로 적극적으로 유치권부존재확인을 구하는 것은, 자신의 불법행위로 초래된 상황을 자기의 이익으로 원용하면서 피해자에 대하여는 불법행위로 인한 권리침해의 결과를 수용할 것을 요구하고, 나아가 법원으로부터는 위와 같은 불법적 권리침해의 결과를 승인받으려는 것으로서, 이는 명백히 정의 관념에 반하여 사회생활상 도저히 용인될 수 없는 것으로 권리남용에 해당하여 허용되지 않는다고 보았다.[1)]

1) 대판 2010. 4. 15., 2009다96953.

제2편

권리의 주체

제1장
일반론

Ⅰ. 권리능력

1. 의의

권리능력이란 권리의 주체가 될 수 있는 자격을 말한다. 법에 따라 보호되는 이익으로서 권리는 누군가에 의한 향유를 전제로 한다. 향유할 자가 없는 이익은 개념적으로 이익이 될 수 없다. 따라서 이익을 본질로 하는 권리에는 반드시 주체가 필요하게 된다. 권리의 주체란 바로 이러한 이익을 향유할 수 있는 자로 권리의 귀속자를 말하며 권리능력은 이러한 권리주체가 되는데 필요한 자격을 의미하는 것이다.

2. 권리능력자

(1) 자연인

권리의 주체는 원칙적으로 사람만이 될 수 있다. 즉 권리능력은 사람만이 갖는다. 그리고 사람은 생존하는 자라는 사실 이외에 연령, 성별, 지능이나 정신능력 기타 다른 요건은 전혀 고려하지 않는다. 동물은 지능이 아무리 높다고 하더라도 권리의 주체가 될 수 없다. 물론 동물이 법률에 따라 일정한 보호를 받거나 이익을 누릴 수는 있다. 그러나 이러한 보호나 이익은 동물이 권리자이기 때문이 아니라, 그 주인과 같은 사람의 권리행사로 인한 간접적인 효과에 불과하다. 동물 스스로가 물건을 소유하거나 사람에 대하여 구속력 있는 일정한 행위를 요구할 수는 없는 것이다.

(2) 법인

사람은 통상 자연인을 의미하지만, 법률은 일정한 요건을 만족시키는 경우 사람의 단체나 재산의 집단도 권리의 주체가 될 수 있도록 하고 있다. 이들을 자연인에 대응하여 법인이라고 한다. 법인은 사람은 아니지만, 법률에 따라 사람으로서의 성격(법인격)이 주어지는 것이다.

3. 권리능력의 시기(始期)

(1) 의의

민법 제3조는 “사람은 생존한 동안 권리와 의무의 주체가 된다”고 규정하고 있다. 따라서 사람은 생존하는 동안은 모두 권리능력자가 된다.

(2) 원칙

사람은 언제부터 완전한 권리능력자가 되는가에 대하여 진통설, 일부노출설, 전부노출설, 독립호흡설 등이 있었으나, 현재 학설은 물리적으로 권리능력의 시기를 명확히 알 수 있는 전부노출설을 따르

다.[1]

출생이 있게 되면 부모 등의 신고의무자는 출생지 등에서 출생 후 1개월 이내에 출생신고를 하여야 한다(가족관계의 등록 등에 관한 법률 제44조 제1항). 하지만 이러한 신고는 보고적 신고에 불과하여 권리능력의 취득에는 아무런 영향을 미치지 못한다. 신고서에는 출생자의 출생 시기에 관한 사항이 포함되어야 하며 이렇게 등록된 가족관계등록부의 기재사항은 진실에 부합하는 것으로 추정된다. 하지만 이에 반하는 증거가 있거나 그 기재가 진실이 아니라고 볼만한 특별한 사정이 있는 경우 그 추정은 번복된다.[2]

(3) 태아의 권리능력

1) 의의

태아, 즉 수정으로 발생하여 출생하기까지의 생명체가 사람에 해당하느냐의 문제가 발생한다. 예를 들어 한 사람이 사망했는데, 사망 당시에 태중에 자녀가 있었다면 그 태아는 부(父)의 재산을 상속받을 수 있는가? 사람이 사망하면 그가 가지고 있던 재산권은 법률의 규정에 따라 상속인에게 당연히 승계된다(제1005조). 그런데 만약 임신 중의 자녀를 사람으로 본다면 권리능력이 인정되어 상속인으로서 재산을 물려받을 수 있을 것이다. 반면 그가 사람으로 인정되지 않는다면 그는 상속에서 제외되고 친족관계에 있는 다른 사람이 재산을 상속받게 된다.

---

1) 곽윤직/김재형, 민법총칙(민법강의Ⅰ), 2019, 97면; 이은영, 민법총칙, 2009, 129면 등

2) 대판 1987. 12. 22., 87다카1932.

2) 권리능력이 인정되는 경우

a. 개별보호주의원칙

태아의 이익을 보호하여야 한다는 점에서 각국의 입법은 동일한 입장을 취한다. 다만 그 방법과 관련하여 태아를 모든 경우에 출생한 것으로 인정하는 태도(일반보호주의)[1]와 일정한 법률 사안에 제한하여 보호하는 태도(개별보호주의)[2]가 구별된다. 우리 민법은 후자의 입장을 취한다. 즉 모든 법률 사안에 대하여 태아를 출생한 사람으로 인정하지는 않고 특정한 개별 사안의 경우에만 태아를 출생한 것으로 본다.

b. 구체적인 경우

민법이 태아를 이미 출생한 것으로 인정하는 경우는 ① 불법행위로 인한 손해배상의 청구(제762조), ② 인지(제858조), ③ 상속(제1000조 제3항)과 대습상속(제1001조), ④ 유언(제1064조), ⑤ 유류분(제1118조)의 경우이다.

불법행위로 인한 손해배상은 태아가 다른 사람의 위법행위로 손해를 입었으면 손해배상청구권의 주체가 될 수 있다는 것을 의미한다. 태아가 손해를 입어 청구권이 발생하는 경우는 태아에 대한 직접적인 가해로도 가능하지만(제750조), 태아의 직계존속에 대한 생명침해로 인하여 정신적 고통을 받은 경우에도 가능하다(제752조). 또한, 태아도 인지를 받아 부(父)의 친생자가 될 수 있다. 나아가 태아도 상속인이나 대습상속인이 될 수 있으며 유증을 받을 수도 있고, 상속인으로서 유류분권도 갖는다

---

1) 스위스 민법 제31조 제2항 참조.

2) 상속과 관련하여 독일 민법 제1923조 제2항 참조.

c. 태아의 권리능력 취득시기

'태아를 출생한 것으로 본다'(제762조, 제1000조 제3항 등)는 규정의 구체적인 의미는 태아도 생존하는 사람으로서 온전한 권리능력을 갖게 된다는 것으로 이해할 수 있다.[1] 하지만 이렇게 해석할 경우 태아가 살아서 태어나지 못하게 되면 태아의 사망으로 다시 상속이 발생한다는 결론에 이르게 된다. 이러한 결론은 타당하지 않다. 태아에 대한 개별적 보호주의의 입장에서는 태아가 살아서 태어난 경우에만 권리능력을 인정해 줄 필요가 있기 때문이다.

결국 '태아를 출생한 것으로 본다'는 규정의 의미는 태아의 때부터 이미 사람으로 보아 완전한 권리능력자가 된다는 것이 아니라 태아가 살아서 출생하면 그 시기를 앞당겨서 그때부터 권리능력자였던 것으로 인정한다는 의미인 것이다(정지조건설).[2]

이러한 정지조건설에 따르면 태아는 비록 상속에서 제외되더라도 특별대리인 등을 통하여 상속재산분할에 참여할 수 없다. 살아서 출생한 경우에 비로소 상속회복청구를 할 수 있을 뿐이다(제999조, 제1014조). 또한, 태아에게는 법정대리인도 인정될 수 없어서 계약을 체결하지도 못하므로 유증에 대한 준용규정(제562조)에도 불구하고 사인증여를 받지 못한다.[3]

반면 태아가 출산예정시기보다 이른 조산이었다는 사실은 권리능력을 취득하는 데에는 아무런 장애가 되지 않는다. 따라서 임신 7개월에 산모가 교통사고를 당하여 사고의 여파로 임신 8개월 만에 출산했는데, 아이가 태어난 지 11시간 만에 사망했더라도 가해자인 운

1) 곽윤직/김재형, 민법총칙(민법강의Ⅰ), 2019, 101면 이하; 이은영, 민법총칙, 2009, 129면 등.

2) 대판 1976. 9. 14., 76다1365.

3) 대판 1982. 2. 9., 81다534.

전자에 대하여 자신의 사망에 대한 손해배상청구권(제750조, 제751조)과 산모의 신체침해로 인한 위자료청구권(제752조)을 취득한 후에 사망한 것으로 보아야 한다.[1)]

4. 권리능력의 종기(終期)

(1) 원칙

사람은 사망하는 것으로 인하여 권리능력을 상실한다(제3조). 사망 시기와 관련하여 뇌사한 때에 이미 사망한 것으로 보는 뇌사설[2)]과 심장과 호흡이 그친 때로 보는 심장정지설[3)]이 주장된다. 전자는 장기이식의 필요성을 강조하면서 심장정지시점보다 빠른 뇌사의 상태를 사망한 것으로 보아 그 후 장기를 떼어내어 이식할 가능성을 부여하기 위하여 주장된 견해이다. 하지만 뇌사는 그 시기를 확정하기가 쉽지 않으며, 아직 심장박동과 호흡이 계속되고 있는 상황을 사망한 것으로 보아 상속, 유증 등의 법률효과를 발생시키는 것은 합리적이지 않다. 뇌사는 장기이식을 위해 요구되는 적법한 요건에 불과한 것이지[4)], 권리능력을 상실시키는 사망으로 볼 수는 없다. 장기이식 등을 위하여 뇌사의 상태를 인정한다고 하더라도 민법상의 사망 시기는 심장박동이 최종적으로 정지한 때로 보아야 한다.

사람이 사망하면 신고의무자는 그 사실을 안 때로부터 1개월 이내에 신고하여야 한다(가족등록법 제84조 제1항). 신고서에는 사망의 시기에 관한 사항이 포함되어야 하나 이렇게 기재된 가족관계등

1) 대판 1968. 3. 5., 67다2869.
2) 고상룡, 민법총칙(1999), 88면.
3) 곽윤직/김재형, 민법총칙(민법강의I), 2019, 105면.
4) 장기등 이식에 관한 법률 제16조 이하 참조.

록부의 사망 시기도 출생의 경우와 마찬가지로 추정적 효력을 가질 뿐이다.[1] 반면 대법원은 사망 그 자체에 대한 기재와 관련하여서는 사망신고 당시에 첨부된 서류들이 위조 또는 허위 조작된 문서임이 증명되거나 신고인이 공정증서원본부실기재죄로 처단되었거나, 또는 사망으로 기재된 본인이 현재 생존해 있다는 사실이 증명되고 있을 때, 또는 이에 준하는 사유가 있을 때 등에 한해서 그 추정력을 뒤집을 수 있다는 입장이다.[2]

(2) 인정사망

수해, 화재나 그 밖의 재난으로 인하여 사망한 사람이 있는 경우에는 이를 조사한 관공서는 지체 없이 사망지의 시·읍·면의 장에게 통보하여야 한다(가족등록법 제87조). 이러한 통보로 가족관계등록부에 사망의 기재가 된 경우 사망한 것으로 추정된다. 이를 인정사망이라고 한다. 즉 실종자의 사망 사실이 직접 확인되지는 않았지만, 재난지역에 있었던 이유 등으로 사망이 거의 확실한 경우에 조사한 관공서의 통보로 사망을 인정하는 것이다.

인정사망은 실종선고와 달리 추정적 효력만 있으므로 다른 곳에서 생존하였거나 다른 시기에 사망한 것으로 증명되면 그 효력을 잃는다. 실종선고가 법원에 의한 실종선고의 취소가 있어야만 비로소 사망의 효력이 번복되는 것과 다르다.

1) 대판 1994. 6. 10., 94다1883.
2) 대결 1997. 11. 27., 97스4.

(3) 동시사망의 추정

2인 이상이 동일한 위난으로 사망한 경우 사망의 선후를 입증한다는 것은 매우 어렵지만, 당사자 사이의 법률관계에는 중대한 영향을 미칠 수 있다. 예를 들어 사망한 사람이 부자 관계와 같이 친족관계에 있는 경우 사망의 선후에 의하여 상속의 결과는 크게 달라진다. 이러한 점을 감안하여 민법은 "2인 이상이 동일한 위난으로 사망한 경우에는 동시에 사망한 것으로 추정한다"(제30조)는 규정을 두고 있다. 예를 들어 사고 차량에 동승한 두 사람이 현장에서 혹은 병원에 이송하는 과정에서 사망한 경우에 다른 특별한 사정이 없으면 동시사망으로 추정한다.[1] 동시에 사망한 것으로 보면 상속개시시에 상속을 받는 자가 생존하고 있어야 한다는 요건이 충족되지 못한다. 결국, 그들 사이에는 상속이 발생하지 않는다.

상속과 달리 동시사망의 경우에도 대습상속(제1001조)은 이루어진다. "상속인이 될 직계비속이나 형제자매(피대습자)의 직계비속 또는 배우자(대습자)는 피대습자가 상속개시 전에 사망한 경우에는 대습상속을 하고, 피대습자가 상속개시 후에 사망한 경우에는 피대습자를 거쳐 피상속인의 재산을 본위상속을 하므로 두 경우 모두 상속을 하는데, 만일 피대습자가 피상속인의 사망, 즉 상속개시와 동시에 사망한 것으로 추정되는 경우에만 그 직계비속 또는 배우자가 본위상속과 대습상속의 어느 쪽도 하지 못하게 된다면 동시사망 추정 이외의 경우에 비하여 현저히 불공평하고 불합리"하게 되기 때문이다.[2]

동시사망은 추정될 뿐이므로 반증으로 번복될 수 있다. 하지만

1) 대판 1998. 8. 21., 98다8974.
2) 대판 2001. 3. 9., 99다13157.

대법원은 “사망의 선후에 의하여 관계인들의 법적 지위에 중대한 영향을 미치는 점을 감안할 때 충분하고도 명백한 입증이 없는 한 위 추정은 깨어지지 아니한다”[1]고 보고 있다.

다른 위난으로 사망하였으나 그들의 사망 시기를 확정할 수 없는 경우에도 이 규정을 유추적용할 것인가에 대하여 학설이 대립한다.[2] 사망 시기를 확정할 수 없는 경우라면 동일한 위난의 경우나 다른 위난의 경우에 발생할 상속 관계의 불합리에 대한 우려는 다르지 않다는 점에서 긍정설이 타당하다.

Ⅱ. 행위와 책임

1. 의의

권리능력은 권리와 의무를 가지는 자격을 의미하는 것으로 모든 사람은 권리능력자가 된다. 반면 모든 권리능력자가 자신의 행위를 통하여 권리를 얻거나, 의무를 부담할 수 있는 것은 아니다. 자신의 행위가 법률적으로 어떠한 의미가 있는지 온전하게 판단할 수 있는 사람에 대해서만 그 행위로 인하여 발생하는 법률적인 효과를 귀속시키는 것이 합리적이기 때문이다. 여기서 민법은 사람의 행위 및 그에 대한 법률효과와 관련하여 두 가지의 중요한 원칙을 채택하고 있다. 바로 사적 자치의 원칙과 과실책임의 원칙이 그것이다.

1) 대판 1998. 8. 21., 98다8974.

2) 긍정설로는 곽윤직/김재형, 민법총칙(민법강의Ⅰ), 2019, 108면. 부정설로는 이은영, 민법총칙, 2009, 147면 등

2. 사적 자치의 원칙과 의사능력

사적 자치의 원칙이란 자신의 자유로운 의사에 따라 스스로 법률관계, 즉 권리의무관계를 형성할 수 있다는 원칙을 말한다. 예를 들어 타인이 소유하고 있는 특정한 물건을 가지고 싶은 사람은 타인과의 계약을 통하여 그 물건의 소유권을 취득할 수 있다. 타인의 주택에서 거주하기를 원하는 사람은 주택의 주인과 계약을 체결하여 그 주택을 빌릴 수 있다. 자신의 재산을 특정 단체에 기부하기를 원하는 사람은 자신의 재산이 그 단체에 귀속되도록 할 수 있다. 즉 민법은 개인의 자유로운 의지적 행위를 통하여 법률적 의미가 있는 일정한 결과를 스스로 창출할 수 있도록 하고 있다. 이를 사적자치의 원칙이라고 한다.

사적 자치의 원칙은 자신의 행위를 통하여 자신이 원하는 법적 결과를 창출하도록 한다는 점에서, 자신의 행위가 갖는 법률적 의미를 행위자가 스스로 이해할 것을 전제한다. 특히 이러한 전제는 그에게 권리와 함께 부여되는 의무와 관련하여 큰 의미가 있다. 내가 타인의 물건을 가지기를 원하여 타인과 매매계약을 체결하게 되면, 그 물건의 소유권을 청구할 권리를 얻게 되는 것으로 인하여 매매대금을 지급해야 하는 의무를 부담한다는 사실을 알고 있어야 한다. 바꿔서 말해 매매계약을 체결함으로써 그 물건에 대한 소유권이전청구권이라는 권리를 취득하게 되지만, 동시에 매매대금지급채무라는 법률적 의무를 부담한다는 것을 이해하고 있어야 한다. 임대차계약을 체결하는 때도 그 물건을 사용할 수 있는 청구권을 갖게 되지만 임대료를 지급할 채무를 부담한다는 점을 인식해야 하는 것이다.

이렇게 법률적으로 의미 있는 의지적 행위(법률행위)를 하는 자가 그 행위에 따르는 법률효과를 이해하는 능력을 의사능력이라고 한다. 이러한 의사능력이 없는 상태에서 이루어진 법률행위는 효력이 발생하지 않는다. 예를 들어 은행으로부터 5천만 원의 대출을 받으면서 자신의 부동산에 저당권을 설정한 자가 당시 지능지수가 70 정도이고 사회 연령이 6세 정도에 불과하였다면 의사능력이 흠결된 상태에서 계약을 체결한 것으로 효력이 없다.[1] 아무런 권리의무의 변동이 일어나지 않는 것이다. 의사능력에 대한 입증책임은 의사능력이 없음을 주장하는 자가 부담한다.[2]

3. 과실책임의 원칙과 책임능력

의사능력이 의지적 행위에 따른 법률효과에 대한 이해능력이라면, 책임능력은 자신의 행위로 인해 부담하게 될 법률적 책임에 대한 이해능력을 의미한다. 민법은 개인에게 손해가 발생하면 그 손해를 일정한 경우에 타인에게 전가하도록 하고 있다. 예를 들어 민법 제750조는 "고의 또는 과실로 인한 위법행위로 타인에게 손해를 가한 자는 그 손해를 배상할 책임이 있다"고 규정한다. 이러한 불법행위책임에서 '왜 가해자에게 책임을 부담시키는가?'라는 근본적인 문제가 제기된다. 이러한 근본적인 물음에 대하여 우리 민법은 손해배상책임의 핵심적 근거를 행위자의 잘못, 즉 행위자의 고의나 과실에서 찾는다.[3]

그런데 고의나 과실에 대하여 책임을 묻는다는 것은 가해자의 잘못에 대하여 비난을 한다는 것이고 그에 따른 책임은 비난을 받을

---

1) 대판 2002. 10. 11., 2001다10113.

2) 대판 2009. 1. 15., 2008다58367.

3) 이 원칙은 예링에 의하여 확립되게 되는데, 그는 "이 단순한 원칙은 화학자의 원칙, 즉 타는 것은 빛이 아니라 공기 중의 산소라는 것만큼 명확하다(Ein einfacher Satz, ebenso einfach wie der Chemikers, dass nicht das Licht brennt, sondern der Sauerstoff der Luft)"라고 비유적으로 설명하고 있다(Jhering, Das Schuldmoment im römischen Privatrecht(1867), S. 40).

만한 능력을 갖춘 자에 대하여서만 가능하다. 자신의 행위가 어떠한 결과를 초래하며 그로 인하여 법률적 책임을 지게 된다는 것을 전혀 인식하지 못하는 사람에게 비난과 책임을 부과한다는 것은 불합리하기 때문이다. 이렇게 자신의 행위로 인한 결과와 그로 인한 법률적 책임을 인식하는 능력을 책임능력이라고 한다. 민법은 이를 '책임을 변식할 능력'이라 하고 이러한 책임능력이 없는 자의 손해배상책임을 부정한다(제753조, 제754조). 이를 과실책임의 원칙이라고 한다.

4. 의사능력제도 보완으로서의 행위능력제도

법률행위가 효력을 발생하기 위해서는 당사자가 의사능력을 보유해야 한다. 그런데 의사능력은 개인의 지능이나 연령에 따라 차이를 보일 수 있어서, 계약을 체결하려는 사람은 계약체결 당시에 상대방이 의사능력이 있는지를 먼저 확인해야 할 것이다. 하지만 개별 거래의 경우마다 의사능력을 일일이 확인한다는 것은 쉬운 일이 아니며, 대량의 거래가 이루어지는 현대사회에서 이러한 절차는 원활한 경제활동을 저해하게 된다. 의사능력이 완전하지 못한 사람들도 불합리한 거래가 있었을 경우 의사능력이 없었음을 입증하지 못함으로 인하여 재산상 피해를 보는 경우가 발생할 수 있다.

행위능력제도는 객관적 기준에 따른 의사능력의 획일화를 통하여 이러한 의사능력제도의 단점을 보완하는 제도이다. 19세에 이르지 못한 자(제5조)와 법원의 판결을 통하여 후견개시심판을 받은 자(제9조 이하)에 대하여 일률적으로 법률행위의 효력을 제한할 수 있게 한 것이다. 결국, 의사무능력자 측에서는 의사능력이 없었음을 이유로 법률행위의 절대적 무효를 주장할 수도 있지만, 그 입증이 어렵거나 곤란한 경우 행위제한능력을 근거로 의사표시를 취소할 수 있다.

제2장
자연인

제1절 미성년자

Ⅰ. 성년

사람은 19세로 성년이 된다(제4조). 연령계산에는 출생일을 산입해야 하므로(제158조), 출생 후 19년이 되는 해의 출생일부터, 즉 0시부터 성년이 된다(제159조 참조). 2000년 7월 5일에 태어났다면 2019년 7월 5일 0시부터 성년이 된다. 다만 민법은 19세가 되지 않은 경우에도 그가 혼인하였다면 성년으로 의제한다(제826조의2). 성년에 이르지 못하였다는 이유로 혼인 관계에 법정대리인 등의 간섭을 허용한다면 배우자와 그 자녀 사이의 독립적인 생활을 영위하도록 하는 혼인제도의 취지에 반하기 때문이다. 그 후 혼인이 해소되더라도 자녀와의 관계 등을 고려하여 성년의제의 효과는 유지된다.

Ⅱ. 미성년자의 행위능력

1. 원칙

민법은 미성년자의 행위능력을 제한하고 있다. 즉 그의 법률행위에 법정대리인의 동의를 얻도록 하고 있고 그렇지 않은 법률행위는 취소할 수 있도록 규정한다(제5조). 이 규정은 아직 성년에 이르지 못한 미성년자의 재산상 법률행위를 거래의 안전에 우선하여 보호하려는 데에 그 취지가 있다.[1] 따라서 재산상 법률행위가 미성년자에게 불리하지 않거나 오히려 유리한 경우에는 그 효력을 부정할 필요가 없다.

2. 행위능력이 제한되지 않는 경우

(1) 단순히 권리만을 얻거나 의무만을 면하는 행위

미성년자가 단순히 권리만을 얻거나 의무만을 면하여 그에게 불이익이 발생하지 않는다면 이를 제한할 필요가 없다. 부담 없는 증여를 받거나 채무를 면제받는 합의를 하는 경우가 대표적인 예이다. 이에 반하여 부담부 증여를 받는 경우나 쌍무계약을 체결하는 경우는 미성년자에게 실질적인 이익이 되더라도 의무를 부담하게 되므로 단독으로 법률행위를 하지 못한다. 나아가 법률행위는 아니지만, 그로 인하여 불이익이 발생할 여지가 있는 의사의 통지(최고, 추인), 관념의 통지(채권양도의 통지)와 같은 준법률행위는 물론 채권의 소멸을 가져오는 변제의 수령과 같은 사실행위도 단독으로 하지 못한다.

(2) 법정대리인이 범위를 정하여 허락한 재산의 처분

법정대리인이 범위를 정하여 처분을 허락한 재산은 미성년자가 단독으로 처분할 수 있다(제6조). 처분재산은 그 범위가 정해져 있어야 한다. 처분에 대한 허락은 묵시적으로도 가능하다. 예를 들어 수

1) 행위무능력자 제도는 사적자치의 원칙이라는 민법의 기본이념, 특히, 자기 책임 원칙의 구현을 가능케 하는 도구로서 인정되는 것이고, 거래의 안전을 희생시키더라도 행위무능력자를 보호하고자 함에 근본적인 입법 취지가 있다; 대판 2007. 11. 16., 2005다71659.

득이 있는 미성년자가 자신의 소득의 범위 내에서 그 소득의 일부를 처분한 행위는 법정대리인의 묵시적 허락이 인정될 수 있다.[1] 하지만 자신의 소득을 훨씬 뛰어넘는 물품을 할부로 구입하는 경우는 비록 할부금이 매달 자신의 소득 범위 내에 있다고 하더라도 법정대리인의 묵시적 허락은 인정되지 않는다. 구매한 물건의 가격 자체는 처분이 허락된 재산의 범위를 넘어서기 때문이다.

법정대리인이 일정 범위의 재산을 '특정 용도나 목적'에만 사용하도록 지정한 경우, 이를 벗어난 처분을 취소할 수 있느냐의 문제가 발생한다. 민법의 규정에는 단순히 '범위가 정해진 재산'의 처분은 취소하지 못한다고 하고 있으므로 용도나 목적에서 벗어난 처분이더라도 여전히 처분이 허락된 재산의 처분으로 보아야 할 것이다.[2] 따라서 처분의 취소는 허용되지 않는다. 예를 들어 등록금납부를 위하여 받은 돈을 여행에 소비한 경우라도 법정대리인은 여행사와의 여행 계약을 취소하지 못한다.

(3) 법정대리인으로부터 허락을 얻은 특정한 영업에 관한 행위

법정대리인으로부터 허락을 얻은 특정한 영업에 관하여 미성년자는 행위능력이 인정된다(제8조 제1항). 영업은 영리를 목적으로 이루어지는 계속적 사업을 의미하며, 단순히 상업만을 의미하지 않고 공업, 농업 등도 포함된다.

영업은 특정되고 독립된 영업이어야 한다. 따라서 영업 일부만을 허락하는 것, 예를 들어 농산물 상점에서 곡물 종류에 대한 영업만

1) 대판 2007. 11. 16., 2005다71659.

2) 같은 입장으로 곽윤직/김재형, 민법총칙(민법강의Ⅰ), 2019, 116면; 이은영, 민법총칙, 2009, 171면.

을 허락하는 것 등은 허용되지 않는다. 이러한 일부 영업의 허락은 미성년자의 보호 취지에도 불구하고 거래의 안전을 과도하게 해치기 때문이다. 따라서 고객이 이러한 사정을 알지 못하고 그와 다른 농산물에 대해 거래를 하였다면 그의 선의[1]는 보호되어야 한다(제8조 제2항 참조). 즉 허락되지 않은 영업에도 불구하고 취소가 허용되지 않는다.

영업의 허락을 사후적으로 취소하거나 제한할 수도 있을 것이다. 하지만 이 경우에도 선의의 제3자는 보호되어야 한다.

(4) 대리행위

미성년자가 정당한 대리인으로서 대리행위를 하는 것은 법정대리인의 동의를 요구하지 않는다. 대리행위는 본인과 상대방에게만 효력을 발생하며 원칙적으로 대리인에게 아무런 법률효과도 발생하지 않기 때문이다. 따라서 미성년자의 대리행위는 유효한 것으로 취소하지 못한다. 예를 들어 다른 사람의 부탁으로 대리인이 되어 컴퓨터를 대신 구매한 미성년자의 법률행위는 완전한 효력을 갖는다.

반면 미성년자가 대리권이 없음에도 불구하고 대리인으로 행세한 경우 그 대리행위는 아무런 효력을 갖지 못한다. 다른 사람의 부탁이 없는데도 그 사람의 대리인이라고 하여 컴퓨터를 구매한 미성년자의 법률행위는 효력이 없는 것이다. 대리행위가 효력을 갖지 못하는 것은 미성년자가 대리행위에 대하여 법정대리인의 동의를 받았느냐의 여부와 무관하다. 그 법률행위가 효력을 갖지 못하는 것은 무권대리

1) '선의'란 '악의'에 대응하여 '어떠한 사정을 알고 있지 못한 경우'를 지칭하는 법률적 표현이다. 사안에서는 법정대리인이 미성년자에게 나물 종류만을 판매하도록 영업을 허락하였다는 사정을 알지 못한 때에 '선의'가 인정된다. 만약 고객이 그러한 사정을 알았다면 '아이'가 된다.

인의 대리행위 자체가 효력이 없기 때문이다. 물론 이러한 경우에 무권대리인은 상대방에 대하여 일정한 책임을 부담하게 된다. 하지만 이 경우에도 민법은 제한능력자인 미성년자에게는 책임을 묻지 못하도록 하고 있다(제135조 제2항). 즉 대리인으로 법률행위를 한 미성년자는 유권대리이건 무권대리이건 아무런 불이익을 입지 않는다.

(5) 유언행위

사람은 17세가 되어야 유언을 할 수 있다(제1061조). 17세가 되기 이전에 하는 유언은 아무런 효력이 없다. 미성년자의 행위능력에 관한 규정도 유언에 적용되지 않는다(제1062조). 따라서 미성년자의 유언에 법정대리인의 동의나 허락을 필요로 하지 않으며, 부모와 같은 법정대리인도 유언을 대리하지 못한다.

Ⅲ. 미성년자의 법정대리인

1. 의의

법정대리인이란 법률의 규정으로 당연히 대리인의 지위를 취득하는 자를 말한다. 미성년자의 법정대리인은 우선적으로 친권자이며(제911조), 친권자가 없는 경우 후견인이 된다(제938조).

2. 법정대리인의 자격

(1) 친권자

부모는 미성년 자녀의 공동친권자가 된다. 양자의 경우에는 양부모가 친권자가 된다(제909조 제1항). 혼인외의 자가 인지된 경우와 부모가 협의이혼한 경우에는 부모의 협의로 친권자를 정하여야 하고, 협의할 수 없거나 협의가 이루어지지 않으면 가정법원이 직권으로 또는 당사자의 청구에 따라 친권자를 지정하여야 한다(동조 제4항). 혼인의 취소, 재판상 이혼 또는 인지청구의 소의 경우에는 가정법원이 직권으로 친권자를 정한다(동조 제5항). 부모 중 일방만 친권자가 될 수도 있으나 부모 모두가 공동친권자가 될 수도 있다. 가정법원은 자의 복리를 위하여 필요하다고 인정되는 경우에 자의 4촌 이내의 친족의 청구에 의하여 정하여진 친권자를 다른 일방으로 변경할 수 있다(동조 제6항).

혼인한 부모는 법정대리권을 공동으로 행사하여야 한다. 그러나 부모의 의견이 일치하지 않으면 당사자의 청구에 의하여 가정법원이 이를 정한다(동조 제2항). 부모의 일방이 공동명의로 자를 대리하였는데, 실제로는 다른 일방의 의사에 반한 경우에도 원칙적으로 효력이 있다. 하지만 상대방이 악의인 경우에는 효력이 없다(제920조의 2). 부모의 일방이 행방불명 등으로 친권을 행사할 수 없는 경우에는 다른 일방이 단독으로 행사할 수 있다(제909조 제3항).

(2) 후견인

미성년자에게 친권자가 없거나 친권자가 친권남용으로 친권상실이나 친권일시정지의 선고를 받은 경우(제924조), 친권자가 자녀의 재산에 대한 부적당한 관리로 대리권과 재산관리권을 상실한 경우

(제924조의2) 등에는 미성년후견인이 법정대리인이 된다(제928조). 친권을 행사하는 부모는 유언으로 미성년후견인을 지정할 수 있으나(제931조), 그 외의 경우 미성년후견인은 가정법원이 선임한다(제932조). 미성년후견인의 수는 한 명으로 제한된다(제930조 제1항).

3. 법정대리인의 권한

법정대리인은 미성년자를 보호하고 교양할 권리와 의무가 있으며(제913조, 제945조), 그의 복리를 위하여 재산을 관리할 의무가 있다(제912조, 제947조). 이러한 미성년자의 신상보호와 재산관리를 위하여 민법은 법정대리인에게 미성년자의 법률행위에 대한 동의권과 대리권을 부여하고 있다.

(1) 동의권

미성년자의 법정대리인은 미성년자의 법률행위에 대한 동의권을 가지며, 재산처분과 영업에 대하여 허락할 수 있다(제5조 이하). 친권자의 동의가 필요한 행위에 대하여 친권자가 정당한 이유 없이 동의하지 아니함으로써 자녀의 생명, 신체 또는 재산에 중대한 손해가 발생할 위험이 있는 경우에는 일정한 자의 청구에 의하여 친권자의 동의에 갈음하는 재판을 할 수 있다(제922조의2). 이는 후견인의 경우에도 당연히 유추적용될 것이다.

① 영업에 관한 행위, ② 금전을 빌리는 행위, ③ 의무만을 부담하는 행위, ④ 부동산 또는 중요한 재산에 관한 권리의 득실변경을 목적으로 하는 행위, ⑤ 소송행위, ⑥ 상속의 승인, 한정승인 또는 포기 및 상속재산의 분할에 관한 협의에 대하여 후견인이 미성년자에게 허락이나 동의를 하는 경우에 후견감독인이 있으면 후견인은

그 동의를 받아야 한다(제950조 제1항).

(2) 대리권

법정대리인은 미성년자의 법률행위를 대리할 수 있다. 하지만 미성년자의 행위를 목적으로 하는 채무를 부담할 경우에는 미성년자의 동의를 얻어야 한다(제920조, 제949조 제2항).[1] 이해상반행위에 대하여 법정대리인의 대리권도 제한된다(제921조, 제949조의3). 이해상반행위는 미성년자와 법정대리인의 이해가 상반하는 경우와 미성년자 사이의 이해가 상반되는 행위가 있다. 예를 들어 법정대리인이 자신의 채무를 담보하기 위하여 미성년자의 부동산에 저당권을 설정하는 계약을 미성년자의 대리인으로서 체결하는 경우[2]나 법정대리인이 미성년자 1인의 재산을 다른 미성년자 1인에게 양도하는 계약을 미성년 자녀 모두의 대리인으로서 체결한 경우, 이는 무권대리로서 두 계약은 모두 효력을 갖지 못한다. 이러한 이해상반행위에 대하여 친권자는 법원의 청구를 통하여 선임된 미성년자녀의 특별대리인을 통하여 유효하게 법률행위를 할 수 있다(제921조).

(3) 취소권

동의를 받지 않고 미성년자가 단독으로 한 법률행위에 대하여 미성년자는 이를 취소할 수 있으며, 법정대리인도 취소권을 갖는다(제140조). 피후견인이 후견감독인의 동의를 받지 않아 법률행위를 취

1) 근로기준법은 이 규정에 대한 특별규정을 두어, 법정대리인이 근로계약을 대신 체결하지 못하도록 하고 있다. 따라서 자신의 노무를 내용으로 하는 근로계약은 미성년자가 법정대리인의 동의를 얻어 직접 체결하여야 한다(동법 제67조).

2) 대판 1971. 7. 27., 71다1113.

소하는 경우, 피후견인뿐만 아니라 후견감독인도 취소권을 행사할 수 있다(제950조 제3항).

제2절 후견제도

Ⅰ. 성년후견

1. 의의

질병, 장애, 노령, 그 밖의 사유로 인한 정신적 제약으로 사무를 처리할 능력이 지속적으로 결여된 사람에 대하여 본인을 포함한 일정한 자의 청구가 있으면 가정법원은 성년후견개시의 심판을 하여야 한다(제9조 제1항). 이러한 제도를 성년후견제도라고 한다. 성년후견제도도 개별적인 의사능력의 확정으로 발생하는 어려움으로부터 당사자뿐만 아니라 거래의 안전을 보호하기 위하여 마련된 행위능력제도 중의 하나이다. 성년후견선고를 받은 자는 피성년후견인이라고 하며 그의 행위능력은 제한된다.

2. 성년후견의 개시 및 종료

(1) 개시의 요건

1) 정신적 제약

피후견인이 될 사람에게 질병, 장애, 노령, 그 밖의 사유로 인한 정신적 제약이 있어야 한다. 정신적 제약이란 현재 상황에 대한 인식의 결여로 자신의 행위가 갖는 의미를 올바르게 판단하지 못하는 정신적 장애의 상태를 말한다. 시간, 공간, 사람에 대한 인식 장애를 말하는 지남력 상실이나 기억력 상실 등이 오면 정신적 제약을 인정할 수 있다. 가정법원은 성년후견 개시의 심판을 하는 경우에 피성년후견인이 될 사람의 정신상태에 관해 의사에게 감정을 시켜야 한다. 하지만 피성년후견인이 될 사람의 정신상태를 판단할 만한 다른 충분한 자료가 있는 경우에는 그럴 필요가 없다(가사소송법 제45조의2 제1항).

정신적 제약이 있어야 하므로 정신적인 활동에 아무런 장애가 없는 신체적 장애인의 경우는 피성년후견인이 되지 못한다.

2) 사무처리능력의 지속적인 결여

정신적인 제약으로 인하여 사무처리능력이 지속적으로 결여되어야 한다. 사무처리능력의 지속적 결여는 한정후견개시의 요건인 사무처리능력이 부족한 경우와 대비된다. 통상 정신적 제약의 정도가 매우 심하다면 사무처리능력의 결여가 인정될 것이지만 정신적 제약이 심하더라도 사안에 따라 사무처리능력이 인정될 수도 있다. 구체적으로 피후견인이 장래에 처리하게 될 사무의 내용이나 범위를 기초로 사무처리능력의 결여에 관한 판단을 내려야 한다. 사무처리능력에 관한 판단은 법률적인 판단으로 정신적인 제약에 대한 사실적 판단에 기초하되 법관에 의하여 결정된다. 따라서 정신장애가 심각하다는 의사의 소견에도 불구하고 정신장애가 사무처리능력과는 관련이 없는 것으로 판단하여 일정한 범위에 대하여는 법관이 행위능력을 인정해 줄 수도 있다.

3) 심판의 청구

본인, 배우자, 4촌 이내의 친족, 미성년후견인, 미성년후견감독인, 한정후견인, 한정후견감독인, 특정후견인, 특정후견감독인, 검사 또는 지방자치단체의 장의 청구가 있어야 한다(제9조 제1항). 미성년후견인이나 미성년후견감독인도 성년후견의 심판청구권자가 될 수 있다. 그 의미에 대하여 미성년자가 성년이 된 후에 이전의 미성년후견인 등이 성년후견 심판을 할 수 있다는 의미로 해석할 수도 있을 것이지만 피성년후견인이 미성년자의 경우보다 행위능력이 더 제한을 받는다는 점에서 미성년인 경우에도 피성년후견자가 될 수 있다고 해석해야 할 것이다.[1] 그 외에 검사나 지방자치단체의 장은 본인의 보호 및 거래의 안전을 위한 공익의 대변자로서 심판을 청구할 수 있다.

한정후견을 청구하였으나 법원이 사무처리능력의 지속적인 결여가 있는 것으로 판단하면 성년후견의 결정을 내릴 수 있다고 보는 견해[2]가 있으나 이를 부정하는 것이 타당하다. 개인의 행위능력을 획일적으로 제한하는 것은 성년후견심판청구가 제기된 예외적인 경우로 한정되어야 한다. 자신의 재산에 대한 처분도 원칙적으로 자신의 의사에 기초하는 것이 타당하며, 다만 비합리적인 재산처분으로 인한 위험은 일정한 범위를 정하여 한정후견인의 동의를 받도록 할 수 있기 때문이다(제13조 제1항). 반면 성년후견심판청구가 있음에도 사무

1) 곽윤직/김재형, 민법총칙(민법강의I), 2019, 123면. 다만 미성년자도 성년후견을 받을 수 있다는 점에서 '성년후견'이라는 용어는 적절하지 않다. 한정후견에 대응하여 '완전후견'이라고 용어를 변경하는 것이 타당하다.

2) 곽윤직/김재형, 민법총칙(민법강의I), 2019, 127면. 이 견해는 법원의 후견적 기능에 기하여 유연한 결정을 할 수 있다고 하나 성년후견은 본인의 법률행위의 효력을 획일적으로 부인한다는 점에서 본인보다는 거래의 안전을 위한 심판이다. 이러한 후견적 기능은 성년후견심판청구에 대하여 한정후견심판을 내릴 경우에 그 논거가 될 수 있을 뿐이다.

처리능력의 지속적인 결여가 없다는 이유에서 한정후견심판을 내리는 것은 허용된다고 볼 것이다.

4) 본인 의사의 고려

가정법원은 성년후견의 심판을 할 때 본인의 의사를 고려하여야 한다(제9조 제2항). 다른 요건이 충족되면 본인이 원하지 않더라도 성년후견심판을 내릴 수 있겠지만 구체적인 행위능력의 범위를 정하거나 후견인을 선임하는 등의 경우에 본인의 의사가 고려되어야 한다. 예를 들어 성년후견인은 피성년후견인의 재산관리뿐만 아니라 신상이나 주거지 결정, 의료 관련 사항 등 개인의 복리와 직접적인 관련이 있는 것들을 직접 결정하게 되는데, 이때 피성년후견인의 질병의 종류나 상태, 개인적인 기호 혹은 성격이나 습관 등이 고려되어야 할 것이다.

(2) 성년후견개시의 심판

가정법원은 성년후견개시의 요건이 갖추어지면 성년후견개시의 심판을 한다. 법원은 성년후견개시의 심판을 하는 경우 본인을 포함한 이해관계인 등에게 심판의 고지를 해야 한다(가사소송규칙 제35조). 성년후견개시가 결정되면 법원은 후견등기부에 등기할 것을 촉탁하여야 한다(가사소송법 제9조). 심판에 불복하는 경우 본인을 포함한 이해관계인 등은 2주 이내에 즉시항고를 할 수 있다(가사소송법 제43조, 가사소송규칙 제36조 제1항).

(3) 성년후견종료의 심판

성년후견은 성년후견종료의 심판에 의하여 종료한다. 성년후견종료의 심판은 성년후견개시의 원인이 소멸된 경우에 본인, 배우자, 4

촌 이내의 친족, 성년후견인, 성년후견감독인, 검사 또는 지방자치단체의 장이 가정법원에 청구함으로 이루어진다. 성년후견종료의 심판으로 피성년후견인은 행위능력을 회복한다. 후견종료심판의 효력은 소급하지 않는다. 피성년후견인에 대하여 가정법원이 한정후견개시의 심판을 하는 경우, 동시에 성년후견종료의 심판을 하여야 한다(제14조의3 제2항).

3. 피성년후견인의 행위능력

피성년후견인이 한 법률행위는 취소할 수 있다(제10조 제1항). 피성년후견인이 성년후견인의 동의를 받고 한 행위라도 취소할 수 있다. 따라서 피성년후견인은 후견인의 대리행위를 통하여서만 법률행위를 할 수 있다. 반면 가정법원은 일정한 범위를 정하여 법률행위의 취소를 제한할 수 있다. 이 법률행위의 범위는 후견등기로 공시되며(후견등기에 관한 법률 제25조 제1항) 그 범위 내의 법률행위에 대하여 피성년후견인은 완전한 행위능력을 보유한다. 또한, 일용품의 구입 등 일상생활에 필요하고 그 대가가 과도하지 아니한 법률행위는 성년후견인이 취소할 수 없다(제10조 제4항).

그 외에도 피성년후견인은 후견인의 동의를 받아 가족법상의 법률행위, 약혼(제802조), 혼인(제808조 제2항), 협의이혼(제835조), 인지(제857조, 입양(제873조 제1항), 협의상 파양(제902조) 등을 할 수 있다.

피성년후견인은 의사능력이 회복된 경우 단독으로 유언을 할 수 있다(제1063조 제1항). 성년후견인의 동의는 요구되지 않는다. 다만 의사가 심신 회복의 상태를 유언서에 부기하고 서명날인하여야 한다(제1063조 제2항).

4. 법정대리인

(1) 재산상 법률행위에 대한 대리권

성년후견개시심판을 하는 경우 가정법원은 직권으로 성년후견인을 선임하여야 한다(제936조). 선임된 성년후견인은 피성년후견인의 법정대리인이 된다(제938조 제1항). 성년후견인은 피성년후견인의 재산에 대한 법률행위에 대하여 피후견인을 대리한다(제949조).

(2) 신상과 관련된 법률행위에 대한 대리권 및 동의권

신상에 관한 사항에 대하여 피성년후견인은 그의 상태가 허락하는 범위에서 단독으로 결정한다(제947조의2). 신상에 관한 사항이란 개인의 몸이나 처신 또는 그의 주변에 관한 사항을 가리키는 것으로, 개인의 인격보호를 위하여 보호되어야 하는 사항이다. 예를 들어 신체의 완전성이나 자유, 거주지와 관련된 사항, 통신의 비밀, 가족과 관련된 것 등이 신상에 관한 사항이다. 이러한 사항에 대하여 원칙적으로 피성년후견인이 직접 결정하여야 한다는 것이다. 하지만 가정법원은 이러한 신상에 관한 사항에 대하여 일정한 범위에서는 성년후견인이 정하도록 할 수 있다(제938조 제3항). 가정법원이 정한 범위 내에서는 신상에 관한 것도 대리권을 행사할 수 있는 것이다. 나아가 혼인이나 입양, 인지 등과 같은 가족법상의 법률행위에 대하여 성년후견인은 동의권을 갖는다(제802조, 제808조 등).

(3) 본인 의사의 존중

신상에 관한 사항이면서 동시에 재산상 법률행위인 경우가 많을 것이다. 예를 들어 피성년후견인이 거주할 주택이나 지낼 요양원을 선택하여 계약하는 경우이다. 이 경우 거주할 주택이나 요양원을 선택하는 것은 피성년후견인이 결정하겠지만 계약은 성년후견인이 하게 된다. 이때 성년후견인은 가격이나 주변 환경 등 여러 사정을 고려해야 하며 피성년후견인의 복리에 반하지 않는 경우라면 피성년후견인의 의사를 최대한 존중하여야 한다(제947조).

Ⅱ. 한정후견

1. 의의

질병, 장애, 노령, 그 밖의 사유로 인한 정신적 제약으로 사무를 처리할 능력이 부족한 사람에 대하여 본인을 포함한 일정한 자의 청구가 있으면 가정법원은 한정후견개시의 심판을 하여야 한다(제12조 제1항). 이러한 제도를 한정후견제도라고 하며, 한정후견개시의 심판을 받은 자를 피한정후견인이라고 한다.

2. 한정후견의 개시 및 종료

(1) 개시의 요건

1) 정신적 제약

피한정후견인이 될 사람에게 질병, 장애, 노령, 그 밖의 사유로 인한 정신적 제약이 있어야 한다. 성년후견개시의 심판과 마찬가지로 가정법원은 한정후견개시의 심판을 할 경우에도 피한정후견인이 될 사람의 정신상태에 관하여 의사에게 감정을 시켜야 한다. 하지만 반드시 그에 따를 필요가 없으며 피한정후견인이 될 사람의 정신상태를 판단할 만한 다른 충분한 자료가 있는 경우에는 의사의 감정도 필요하지 않다(가사소송법 제45조의2 제1항).

2) 사무처리능력의 부족

정신적인 제약으로 인하여 사무처리능력이 부족하여야 한다. 사무처리능력의 부족은 성년후견개시의 요건인 사무처리능력의 지속적 결여보다 완화된 경우이다. 사무처리능력의 부족에 관한 판단은 성년후견개시의 경우와 마찬가지로 법률적인 판단이며, 따라서 사실적 판단에 해당하는 의사의 소견에 반드시 따를 필요는 없다.

3) 심판의 청구

본인, 배우자, 4촌 이내의 친족, 성년후견인, 성년후견감독인, 특정후견인, 특정후견감독인, 검사 또는 지방자치단체의 장의 청구가 있어야 한다(제12조 제1항). 그런데 동 조항은 미성년후견인이나 미성년후견감독인도 한정후견개시의 심판청구권자가 될 수 있다고 규정하고 있다. 그 의미는 미성년자가 성년이 되기 직전이나 직후에 미성년후견인이나 미성년후견감독인이 성년이 되는 미성년자에 대한 한정후견개시 심판의 청구를 할 수 있다는 의미로 축소 해석하여야 한다. 미성년자에 대하여 미성년인 동안에도 한정후견개시의 심판을 할 수 있다고 한다면 미성년자도 원칙적으로 법정대리인의 동의 없이 유효한 법률행위를 할 수 있다고 보게 되고, 이는 미성년자 보호 규정에 반하게 되기 때문이다.

성년후견심판청구가 있음에도 사무처리능력이 부족이 있다고 보아 한정후견개시의 심판을 내리는 것은 허용된다.

4) 본인 의사의 고려

성년후견의 경우와 마찬가지로 가정법원은 한정후견개시의 심판을 하는 때에 그의 진술을 듣고 그의 의사를 고려하여야 한다(제9조 제2항, 가사소송법 제45조의3 제1항). 특히 한정후견개시의 심판을 하면서 일정한 범위에서 한정후견인의 동의를 필요로 하는 경우가 있을 것인데, 그 범위를 정하는 경우에 진술을 들을 필요가 있다(가사소송법 제45조의3 제1항).

(2) 한정후견개시의 심판

가정법원은 한정후견개시의 요건이 갖추어지면 한정후견개시의 심판을 하여야 한다. 후견개시의 심판을 하게 되면 법원은 본인을 포함한 이해관계인 등에게 심판의 고지를 해야 하며(가사소송규칙 제35조), 후견등기부에 등기할 것을 촉탁하여야 한다(가사소송법 제9조). 심판에 불복하는 경우 본인을 포함한 이해관계인 등은 2주 이내에 즉시항고를 할 수 있다(가사소송법 제43조, 가사소송규칙 제36조 제1항).

(3) 한정후견종료의 심판

한정후견은 한정후견종료의 심판에 의하여 종료한다. 한정후견종료의 심판은 한정후견개시의 원인이 소멸된 경우에 본인, 배우자, 4촌 이내의 친족, 한정후견인, 한정후견감독인, 검사 또는 지방자치단체의 장이 가정법원에 청구함으로써 이루어진다. 피한정후견인에 대하여 가정법원이 성년후견개시의 심판을 하는 경우, 동시에 한정후견종료의 심판을 한다(제14조의3 제2항). 한정후견종료 심판의 효력은 소급하지 않는다.

3. 피한정후견인의 행위능력

피한정후견인은 원칙적으로 완전한 행위능력을 갖는다. 즉 스스로 유효한 법률행위를 할 수 있다. 하지만 가정법원은 한정후견인의 동의가 필요한 행위의 범위를 정할 수 있으며(제13조 제1항), 피한정후견인이 그 범위 내의 행위를 하면서 한정후견인의 동의를 받지 않으면 그 법률행위는 취소할 수 있다(제13조 제4항). 한정후견인의 동의를 받아야 하는 행위의 범위는 후견등기에 공시된다(후견등기에 관한 법률 제25조 제1항). 피한정후견인의 이익이 침해될 염려가 있음에도 한정후견인이 동의하지 않는 경우에 가정법원은 피한정후견인의 청구로 동의에 갈음하는 허가를 할 수 있다(제13조 제2항). 다만 일용품의 구입 등 일상생활에 필요하고 그 대가가 과도하지 아니한 법률행위는 취소할 수 없다(제13조 제4항 단서).

피한정후견인은 피성년후견인과 달리 가족법상의 법률행위에 대하여 행위능력의 제한을 받지 않는다. 약혼이나 혼인, 협의이혼 등은 물론이고 17세에 이른 경우 단독으로 유언할 수 있다. 다만 가족법상의 법률행위도 그 효력요건으로 행위 당시에 의사능력이 있어야 함은 당연하다.

4. 법정대리인

한정후견개시심판을 하는 경우 가정법원은 직권으로 한정후견인을 선임하여야 한다(제959조의3). 이렇게 선임된 한정후견인에게 가정법원은 대리권을 수여하는 심판을 할 수 있다. 가정법원은 한정후견인이 피한정후견인의 신상에 관해 결정할 수 있는 권한의 범위를 정할 수 있다. 그 한도 내에서 한정후견인은 피한정후견인의 법정대리인이 된다(제938조 제1항).

Ⅲ. 특정후견

1. 의의

특정후견이란 가정법원의 심판에 의하여 정신적 제약이 있는 사람을 일시적인 기간이나 특정한 사무에 제한하여 후견하는 제도를 말한다. 특정후견도 피후견인의 행위능력을 제한한다는 점에서 성년후견이나 한정후견과 유사하나, 본인의 의사에 반하여 심판을 내릴 수 없다는 점(제14조의2 제2항), 반드시 특정후견인을 선임할 필요는 없다는 점, 의사나 그 밖의 전문지식이 있는 사람의 의견을 들으면 된다는 점(가사소송법 제45조의2 제2항) 등에서 차이가 있다.

2. 특정후견개시 및 종료의 심판

(1) 특정후견개시의 요건

1) 정신적 제약

특정후견심판을 받으려는 사람에게 질병, 장애, 노령, 그 밖의 사유로 인한 정신적 제약이 있어야 한다. 이에 관하여 의사나 그 밖에 전문지식이 있는 사람의 의견을 들어야 한다(가사소송법 제45조의2 제2항).

2) 일시적 후원이나 특정한 사무에 관한 후원의 필요

정신적 제약으로 인하여 일시적으로 혹은 특정한 사무에 관하여 후원이 필요하다고 판단되어야 한다.

3) 이해관계인 등의 청구

본인, 배우자, 4촌 이내의 친족, 미성년후견인, 미성년후견감독인, 검사 또는 지방자치단체의 장의 청구가 있어야 한다(제14조의2 제1항). 이 규정에 따라 성년후견인이나 한정후견인은 특정후견개시 심판의 청구권자가 되지 못한다. 성년후견이나 한정후견을 받는 사람은 특정후견을 받을 필요가 없기 때문이다.[1)]

4) 본인의 동의

특정후견심판의 개시는 본인의 의사에 반하여 할 수 없다(제14조의2 제2항). 즉 본인의 동의가 있어야 한다.

(2) 특정후견종료의 심판

피특정후견인에 대하여 성년후견개시 또는 한정후견개시의 심판을 할 때 특정후견종료의 심판을 하여야 한다(제14조의3). 반면 특정후견종료의 심판 자체에 관한 규정은 두고 있지 않다. 일시적 후견의 경우라면 특정후견종료의 심판 당시에 정한 기간이 도과함으로써 당연히 후견이 종료하게 될 것이다. 하지만 기간이 정해졌더라도 기한이 도래하기 전에, 혹은 기간의 정함이 없이 일정한 범위의 사무에 대하여 특정후견인을 둔 상황에서 특정후견종료의 심판을 할 필요가 있을 수 있고 이 경우에는 특정후견종료의 심판을 청구할 수 있다고 보아야 한다. 이때 심판의 청구권자는 제14조를 준용하여, 본인, 배우자, 4촌 이내의 친족, 특정후견인, 특정후견감독인, 검사 또는 지방자치단체의 장이 될 것이다.

1) 곽윤직/김재형, 민법총칙(민법강의 I), 2010, 132면.

3. 피특정후견인의 행위능력

피특정후견인은 원칙적으로 행위능력을 갖는다. 따라서 그가 단독으로 한 법률행위는 유효하다. 하지만 법원은 특정후견의 심판을 하는 경우에는 일정한 기간이나, 또는 사무의 범위를 정하여 그를 후원하는 처분을 명하거나 특정후견인을 선임할 수 있다. 예를 들어 피특정후견인의 재산 일부에 대하여 경매를 명령할 수도 있고(제959조의8), 일정 기간 재산을 관리하게 하도록 특정후견인을 선임할 수도 있다(제959조의9). 나아가 필요한 경우 특정후견인에게 대리권을 수여하는 심판을 할 수도 있다(제959조의11).

제3절 제한능력자의 상대방 보호

I. 의의

제한능력자의 일정한 행위에 대하여 본인이나 법정대리인은 취소권을 행사할 수 있다(제140조). 미성년자가 법정대리인의 동의를 얻지 않고 한 행위(제5조 제2항)나 피성년후견인이 한 행위(제10조 제1항), 동의를 받아야 할 범위의 행위임에도 피한정후견인이 단독으로 한 행위(제13조 제4항)는 취소할 수 있다. 취소된 법률행위는 처음부터 무효인 것이 되어(제141조), 그 행위는 소급하여 효력을 상실한다. 그런데 제한능력자의 상대방에게는 이러한 취소권이 주어지지 않는다. 제한능력자와 그 상대방 사이에 이루어진 법률행위의 효력은 전적으로 제한능력자 측의 취소권 행사 여부에 달린 것이다. 이러한 법률 상황은 제한능력자의 상대방 입장을 매우 불안정한 상태로 만든다. 취소 여부가 결정될 때까지 제한능력자의 상대방은 행위의 효력이 지속될 경우와 소멸할 경우 모두에 대비해야 하므로 취소와 관련된 재산에 대한 처분권은 크게 제한받는다. 이를 이유로 민법은 제한능력자의 상대방 보호를 위한 몇 가지 방안을 규정하고 있다.

Ⅱ. 상대방의 확답촉구

1. 의의

제한능력자의 상대방은 법정대리인에 대하여, 제한능력자가 능력자가 된 후에는 제한능력자에게 1개월 이상의 기간을 정하여 취소할 수 있는 행위에 대한 추인 여부의 확답을 촉구할 수 있다(제15조). 이를 제한능력자 상대방의 확답촉구권이라고 한다.

2. 법적 성질

상대방의 확답 촉구는 법률적 의미를 갖지 못하는 일상적 의미의 촉구와 달리 그에 대하여 일정한 법률적 효과가 발생한다. 즉 확답 촉구에도 불구하고 정한 기간 내에 아무런 확답을 하지 않은 경우에 원칙적으로 추인한 것으로 된다. 이렇게 확답의 촉구는 추인 여부에 대하여 확답하라는 요구의 의사를 개진한다는 점에서 의사표시와 유사하나 의사표시가 표시된 대로 효력을 인정한다는 점과 달리 의사와 상관없이 법률효과가 주어지는 확답 촉구는 의사의 통지에 해

당한다.[1)]

3. 확답 촉구의 효과

확답 촉구가 있고 난 뒤 유예기간 내에 제한능력자 측의 취소나 추인의 확답이 있으면 그에 따른다. 반면 유예기간 내에 아무런 확답이 없으면 법률행위를 추인한 것으로 본다. 유예기간 내에 확답이 있었느냐의 여부는 확답을 발송한 때를 기준으로 한다(제15조 제1항, 제2항). 따라서 유예기간 후에 취소의 의사표시가 발송된 경우에도 추인한 것으로 된다. 다만 법률행위의 확답을 위하여 특별한 절차가 필요한 행위는 그 기간 내에 확답을 발송하지 않으면 취소한 것이 된다. 예를 들어 후견인이 미성년자(제950조)나 피한정후견인(제959조의6)의 법률행위에 대하여 동의를 할 때 후견감독인의 동의라는 특별한 절차가 추가되어야 하는 중요한 사안(제950조 제1항)이 있다. 이러한 사안에 대하여는 확답의 유예기간 내에 확답이 발송되지 않으면 그 행위를 취소한 것으로 된다. 피후견인에게 중요한 재산상 법률행위에 해당하기 때문에 행위제한능력자의 보호차원에서 추가적인 절차를 요구하는 것이고 그러한 절차를 갖춘 추인이 있지 않으면 제한능력자의 법률행위의 효력을 부정하려는 것이다.

---

1) 확답촉구권을 권리의 일종인 형성권으로 보는 견해(곽윤직/김재형, 민법총칙(민법강의 Ⅰ), 2019, 135면)도 있으나 권리가 일정한 이익에 대한 의지적 행사라는 점에서 의사의 통지인 확답 촉구를 권리의 행사로 보는 것은 타당하지 않다. 의지적 행사로서의 권리는 행사자가 의지한 대로 그 이익이 실현되어야 하는데, 의사의 통지에 해당하는 확답 촉구는 그와 다른 법률효과를 내용을 하기 때문이다. 법문이 확답촉구권이라고 하여 마치 권리의 일종으로 표현한 것에서 온 오해라고 여겨진다.

Ⅲ. 상대방의 철회권과 거절권

1. 의의

상대방의 제한능력자에 대한 확답 촉구는 일정한 유예기간 내에 취소권자가 취소권을 행사하지 않으면 추인으로 의제된다는 점에서 법률행위의 효력을 유지하는 것이 상대방에게 이익이 되면 행해진다. 반면 상대방이 자신의 의사표시를 철회하거나 제한능력자의 의사표시를 거절하는 방법으로 법률관계의 불확실성을 조속히 해소하는 것이 상대방에게 이익이 될 경우가 있다. 이를 위해 민법은 제한능력자의 추인이 있을 때까지 그 상대방이 자신의 의사표시를 철회하거나 제한능력자의 단독행위를 거절할 수 있도록 하는 권리를 부여한다(제16조). 이를 상대방의 철회권 및 거절권이라고 한다.

2. 법적 성질

확답 촉구가 권리가 아니라 단순한 의사의 통지인 반면 철회권과 거절권은 자신의 의지적인 결단이 그 행사로 효력으로 발휘한다는 점에서 권리에 해당한다. 특히 권리의 행사로 법률관계의 변동을 발생한다는 점에서 형성권에 해당한다.

3. 철회권과 거절권의 행사

(1) 의사표시의 철회권

상대방의 철회권은 자신의 의사표시를 상대방의 추인이 있을 때까지 거두어들이는 것으로 철회권이 유효하게 행사되면 철회된 의사표시는 없었던 것이 된다. 예를 들어 제한능력자가 후견인의 동의 없이 매수의 청약을 하였고, 상대방이 그 청약에 대하여 승낙을 하였다면 제한능력자는 후견인의 동의 없음을 근거로 이 계약을 취소할 수 있을 것이다. 하지만 이러한 취소가 있기 전에 제한능력자의 상대방은 자신의 승낙의 의사표시를 철회할 수 있다. 이렇게 되면 승낙은 없었던 것이 되고 그 결과 청약만 있게 되어 청약과 승낙이라는 의사표시의 합치로 이루어지는 매매계약은 체결되지 않은 것이 된다.

철회권은 상대방이 계약체결 당시에 제한능력자임을 몰랐을 때만 행사 가능하며 당시에 이미 제한능력자라는 사실을 알았을 때는 행사하지 못한다(제16조 제1항 단서). 계약체결 당시에 제한능력자라는 사실을 알았더라면 상대방은 제한능력자의 법정대리인에게 연락하여 동의 여부 등을 확인했어야 했기 때문이다.

(2) 단독행위의 거절권

단독행위란 하나의 의사표시로 법률효과가 발생하는 법률요건을 말한다. 예를 들어 미성년자가 채무자인 상대방에 대하여 채무를 면제하는 의사표시를 하는 경우를 들 수 있다. 이러한 단독행위도 원칙적으로 법정대리인의 동의를 얻어야 하고 그렇지 않은 미성년자 측은 그 단독행위를 취소할 수 있다. 여기서 상대방인 채무자도 취소권의 행사를 기다리지 않고 그 법률효과에 대한 거절권을 행사할 수 있다. 거절권의 행사로 법률행위는 효력을 상실하게 된다. 단독행위는 행위자의 일방적인 의사표시로 효력을 발생하는 관계로 상대방으로서는 그 효력에 관여할 여지가 없다. 따라서 단독행위 당시에 행위자가 제한능력자였다는 사실을 알았다고 하더라도 상대방은 제한능력자의 동의 없는 단독행위를 거절할 수 있다.

4. 철회권과 거절권의 상대방

상대방은 철회권과 거절권을 법정대리인뿐만 아니라 제한능력자에게도 행사할 수 있다(제16조 제3항).

Ⅳ. 속임수로 인한 취소권의 배제

1. 의의

제한능력자가 속임수로써 자기를 능력자로 믿게 한 경우나 동의가 필요한 사안에 대하여 법정대리인의 동의가 있었다고 믿게 한 경우에는 취소가 허용되지 않는다(제17조). 제한능력자가 속임수를 써서 부여한 신뢰를 스스로 무너뜨리는 것은 민법 제2조 제1항의 신의성실의 원칙에도 반할 뿐만 아니라 그러한 제한능력자를 보호하여 취소권을 행사하도록 하는 것은 일반인의 정의 관념에도 반하여 권리의 남용에 해당하기 때문이다.

2. 속임수의 적극성

제한능력자가 어느 정도의 속임수를 써야 하는가에 대하여, 제한능력자보호의 관점에서 적극적인 속임수가 있는 경우에만 취소권이 배제되어야 한다. 제한능력자가 법률행위를 하면서 스스로 능력자라고 말하는 정도의 주장은 그로 인한 법률효과를 얻으려는 제한능력자의 입장에서는 용납되어야 하는 속임수에 불과하다. 반면 성년이라는 사실을 증명하기 위하여 가족관계증명서의 출생연도를 변조하거나 법정대리인의 동의서를 위조하여 제출하는 경우 등과 같이 적극적인 속임수를 쓴 경우에는 취소권이 배제된다.[1] 제한능력자의 속임수에 대한 입증책임은 상대방이 진다.[2]

---

1) 대판 1971. 12. 14., 71다2045.

2) 대판 1971. 12. 14., 71다2045.

제3장

법인

제1절 서설

Ⅰ. 의의

1. 개념

법인이란 자연인 이외에 법률에 따라 권리능력(법인격)이 인정된 것을 말한다. 현행 민법은 일정한 목적을 가진 사람들의 조직과 일정한 목적을 위해 출연된 재산에 관하여 법률이 정하는 요건을 갖춘 경우 권리능력을 부여한다. 이렇게 법인격이 부여된 사람들의 조직을 사단법인이라고 하고 법인격이 부여된 출연재산을 재단법인이라고 한다.

2. 법인의 존재 이유

개인의 사회생활은 개별적인 활동을 통하여 이루어지는 때도 있지만 통상 일정한 조직을 통하여 이루어진다. 즉 개인이 다른 사람과 함께 일정한 조직에 소속되어 그 구성원으로서 활동하는 경우가 많은데 이 경우 외부적으로는 개인이 아니라 조직 자체가 활동의 주체로 나타나게 된다. 이러한 상황에서 조직을 구성하는 개인이 아니라 개인이 소속된 특정의 조직 자체가 거래의 상대방이 되어 법률상 의무를 부담하고 책임을 지며 권리를 갖게 하는 것이 합리적인 경우가 많다. 단체 자체에 대한 권리의무를 인정하게 되면 단체구성원 전원이 법률행위를 하여야 하는 번거로움을 피할 수 있으며, 구성원 각자의 의사에 구속되지 않은 대표자에 의한 법인의 독자적인 활동을 가능하게 하고 단체의 재산과 구성원의 재산이 구별되어 그 책임소재가 분명해지기 때문이다. 즉 법인제도는 일정한 단체나 재산에 대하여 법인격을 부여함으로써 그 사단이나 재단이 개인으로부터 독립한 권리의무의 주체가 되어 독립적으로 활동하고 그 책임도 그러한 사단이나 재단의 재산의 한도에서만 부담하도록 할 수 있다는 점에 의의가 있다.

3. 법인격 부인 및 남용

법률에 따라 사단이나 재단에 법인격이 부여되면, 거래로 인하여 발생하는 권리의무의 주체는 법인을 구성하는 구성원이 아니라 법인 자체가 된다. 반면, 법인제도의 본래 취지와 다르게 개인이 법인을 자신의 사유물로 하여 세금포탈이나 재산은닉을 위한 수단으로 활용하는 경우가 종종 발생한다. 이때 법인격을 부정하고 그 뒤에 있는 실제 소유주에게 의무를 지우거나 책임을 지울 필요가 있는데 이때 활용되는 법리가 법인격부인의 법리 혹은 법인격남용의 법리이다. 대법원은 특히 주식회사와 관련하여 이러한 법리가 적용될 수 있음을 인정하고 있다.

"회사가 외형상으로는 법인의 형식을 갖추고 있으나 법인의 형태를 빌리고 있는 것에 지나지 아니하고 실질적으로는 완전히 그 법인격의 배후에 있는 타인의 개인기업에 불과하거나 그것이 배후자에 대한 법률적용을 회피하기 위한 수단으로 함부로 이용되는 경우에는, 비록 외견상으로는 회사의 행위라 할지라도 회사와 그 배후자가 별개의 인격체임을 내세워 회사에게만 그로 인한 법적 효과가 귀속됨을 주장하면서 배후자의 책임을 부정하는 것은 신의성실의 원칙에 위반되는 법인격의 남용으로서 심히 정의와 형평에 반하여 허용될 수 없고, 회사는 물론 그 배후자인 타인에 대하여도 회사의 행위에 관한 책임을 물을 수 있다고 보아야 한다."[1)]

Ⅱ. 법인의 유형

1. 공법인과 사법인

국가의 공권력이 관여되어 설립되고 관리되는 법인을 공법인이라 하며, 그 외의 법인을 사법인이라 한다. 반면, 한국은행이나 한국토지주택공사, 농업협동조합과 같이 공법인과 사법인에 해당하지 않는 중간적 법인이 등장하면서 이러한 공법인과 사법인의 구별은 불명확해지게 되었다. 더욱이 공법과 사법을 구별하면서 국가기관도 사경제주체로서 활동하는 경우 행정법이 아니라 민법이 적용된다는 점에 고려하면 공법인과 사법인의 구별은 큰 의미가 없어 보인다. 그런데도 사법인의 경우 분쟁에 대하여 민사소송이 제기되나 공법인의 경우 행정소송을 제기하여야 하며, 공법인의 불법행위에 대하여는 불법행위법의 특별법인 국가배상법이 적용되는 점 등에서 그 구별의 실익이 존재한다. 다만 이 경우 법률관계의 특수성에 기초하여 공법관계인지 사법관계인지를 판단하여 법률이나 법원을 결정하는 것이 타당하다.[2)]

1) 대판 2016. 4. 28., 2015다13690.
2) 곽윤직/김재형, 민법총칙(민법강의Ⅰ), 2019, 160면.

2. 사단법인과 재단법인

일정한 목적을 위한 사람들의 모임이 법인격을 획득한 경우 사단법인이라 하며, 일정한 목적을 위해 출연된 재산을 중심으로 법인격이 부여된 경우를 재단법인이라 한다. 사단법인은 구성원들에 의하여 설립되고 활동하며 해체될 수도 있다는 점에서 현재 법인을 구성하는 구성원들의 의사에 의존하고 있지만, 재단법인은 설립 당시에 설립자가 재산을 출연한 목적에 구속되어 그 활동 범위가 결정된다는 특성을 갖는다.

3. 영리법인과 비영리법인

영리를 목적으로 하여 설립된 법인을 영리법인이라 한다. 영리를 추구하는 주체는 법인 스스로가 될 수 없으므로 이익분배의 대상이 되는 사원이 있는 사단법인만이 영리법인이 될 수 있다. 사원이 없는 재단법인은 이론상 영리법인으로 인정될 수 없고 비영리법인만 가능하다. 상법상의 회사가 대표적인 영리법인에 해당한다. 공공사업을 목적으로 하는 법인이라 하더라도 사원의 이익을 목적으로 하는 법인은 영리법인에 해당한다.

비영리법인이란 주무관청의 허가를 받아 학술, 종교, 자선, 기예, 사교 기타 영리 아닌 사업을 목적으로 하는 사단 또는 재단을 말한다(제32조). 비영리법인은 반드시 공익을 목적으로 할 필요는 없으며, 법인의 목적 달성을 위하여 그 본질에 반하지 않는 정도의 영리행위(병원에서의 진료비, 입원비 등)는 허용된다. 사단법인은 영리법인은 물론 비영리법인으로 설립될 수도 있다.

영리를 목적으로 하는 사단은 상사회사설립의 조건에 좇아 이를 법인으로 할 수 있고(제39조 제1항), 이러한 사단법인에 대하여서는 모두 상사회사에 관한 규정이 준용된다(제39조 제2항). 따라서 민법상 사단법인과 재단법인에 관한 규정은 모두 비영리법인에만 적용된다.

제2절 법인의 설립

Ⅰ. 법인설립에 관한 입법주의

독립된 권리의무의 주체로서의 법인을 인정하는 것은 그가 소속된 사회나 국가의 입장에서는 순기능적 측면이 있지만, 여러 가지 문제점을 내포한다. 예를 들어 학교나 병원과 같은 공익 법인의 경우에는 필수적으로 요구되는 서비스를 제공함으로써 사회에서 중요한 역할을 수행한다. 또한, 거대자본을 가진 회사 등을 통하여 막대한 자금이 소요되는 대형사업 등을 수행함으로써 사회경제 활동에 도움을 줄 수 있다. 반면, 법인의 단체성이 강조됨으로써 일부 대표 구성원을 제외한 구성원 대다수 이익과 의견이 무시되고 구성원의 자율성이 침해될 수 있다. 또한, 대외적으로는 법인 자체가 책임의 주체가 될 뿐 구성원 개인 각자에 대한 책임이 제한되는 관계로 법인 내부의 사정을 잘 알지 못하고 거래를 하는 자들에게는 불측의 피해를 주어 거래의 안전을 해칠 수 있다. 이러한 이유로 법인에 대한 설립과 그 활동에 대한 국가의 감시와 개입이 요구되고 있다. 다만 법인의 설립이나 활동에 대한 개입은 국가적 이상이나 사회경제적인 여건에 따라 다양한 모습을 보인다. 법인의 설립에 관한 입법주의를 보면 다음과 같다.

1. 자유설립주의

법인의 설립에 관한 아무런 요건도 요구하지 않고 법인격을 인정하는 경우이다. 우리 민법은 "법인은 법률의 규정에 의함이 아니면 성립하지 못한다"(제31조)라고 하여 자유설립주의를 명시적으로 배제하고 있다.

2. 준칙주의

법인의 설립에 필요한 요건을 법률에 규정해 놓고 그 규정에 따라 법인을 설립하면 법인격을 부여하는 입법주의이다. 우리나라에서 상법상 영리법인이 준칙주의를 따르고 있다. 준칙주의를 따르는 경우 법인의 조직을 공시하기 위하여 설립요건으로 통상 등기를 요구한다(상법 제172조).

3. 인가주의

법인의 설립에 필요한 요건을 법률에 규정해 놓고 그 규정에 따라 법인을 설립하되 추가로 주무관청의 인가를 요구하는 입법주의이다. 주무관청의 인가가 필요하지만, 인가에 대한 주무관청의 재량이 허용되지는 않아 법률요건을 모두 충족한 사단에 대하여 주무관청은 인가를 거부하지 못한다. 우리나라는 법무법인(변호사법 제41조), 농업협동조합(농업협동조합법 제15조), 중소기업협동조합(중소기업협동조합법 제32조) 등에 대하여 인가주의를 채택하고 있다.

4. 허가주의

법인의 설립에 필요한 요건을 법률에 규정하는 한편 주무관청의 자유재량에 따른 허가를 받아야 법인이 될 수 있는 입법주의이다. 민법은 비영리법인에 대하여 허가주의를 채택하고 있다(제32조).

5. 특허주의

법인의 설립에 특별한 법률 제정이 요구되는 입법주의이다. 특허주의는 국가의 중요한 정책을 실현하기 위하여 법인의 설립과 경영에 관한 사항을 법률로 정하고 이를 통하여 법인을 통제하고 강화하는 입법주의이다. 한국은행, 중소기업은행, 한국토지주택공사, 한국방송공사 등이 특허주의에 따라 설립된 법인이다.

6. 강제주의

일정한 직업이나 자격을 가진 자들에게 법인의 설립을 강제하는 입법주의이다. 의사회, 간호사회, 약사회 등(의료법 제28조)은 법률의 규정에 따라 설립이 강제되는 경우이다.

Ⅱ. 사단법인의 성립

1. 일반론

사단법인은 2인 이상의 설립자가 법률이 요구하는 사항을 정한 정관을 작성하여 기명날인하고(제40조) 주무관청의 허가를 받아(제

32조) 등기함으로써 성립한다(제33조).

(1) 설립행위

2인 이상의 설립자가 법률이 요구하는 사항을 정한 정관에 기명날인해야 한다. 이를 사단법인의 설립행위라고 한다. 설립행위는 정관이라는 서면에 의하여 이루어지는 요식행위이다. 사단법인의 설립행위를 계약과 구별되는 합동행위라고 보는 견해[1]도 있지만, 공동의 사업을 경영하기 위한 조합체를 구성하는 조합을 일종의 계약으로 구성한다는 점에 비추어 계약의 일종으로 보아 무방할 것이다.[2]

(2) 설립 중인 사단

사단법인의 설립은 설립을 계획하는 사람들이 법인의 설립을 약속하고 설립에 필요한 행위를 하는 단계를 거치게 된다.

첫 번째 단계로 설립자(발기인)들이 모여서 법인의 설립을 약속하여 단체를 구성하게 되는데, 이러한 단체에 대하여 통설은 민법상 조합으로 이해한다. 발기인 조합은 법인설립에 필요한 준비행위를 하며, 그 행위에 대하여 조합 자체가 책임을 진다. 판례도 설립 중의 회사로서의 실체가 갖추어지기 이전에 발기인이 취득한 권리의무는 구체적인 사정에 따라 발기인 개인 또는 발기인 조합에 귀속된다고 보았다.[3]

두 번째 단계로 발기인 조합이 정관을 작성하고 법인의 최초 구

---

1) 송덕수, 민법총칙, 2018, 581면; 지원림, 민법강의, 2019, 116면.
2) 곽윤직/김재형, 민법총칙(민법강의Ⅰ), 2019, 174면; 이은영, 민법총칙, 2009, 258면.
3) 대판 1998. 5. 12., 97다56020; 대판 2007. 9. 7., 2005다18740 등.

성원을 확정하면 '설립 중의 법인'이 성립한다. 설립 중의 법인의 법적 성질에 대하여는 법인 아닌 사단으로 보는 것이 통설[1]이다. 설립 중의 법인이 한 행위는 후에 법인의 행위로 귀속된다. 다만 귀속범위와 관련하여, 모든 행위가 귀속된다는 견해[2]와 법인설립 목적 범위 내의 행위만이 귀속된다는 견해[3]의 대립이 있다. 판례는 후자의 입장에서 가구의 공동생산, 공동가공, 공동소비를 목적으로 하여 설립 중인 조합 발기인들이 관청에서 하는 부당한 가구 등의 도급수의계약체결을 방지하는 데 필요한 비용을 차입한 금원은 특별한 사정이 없는 이상 설립 중인 이 조합의 설립 자체를 위한 비용이라고 볼 수 없다고 하여 설립 후 조합의 변제책임을 부정하였다.[4]

2. 성립요건

(1) 목적의 비영리성

민법상 사단법인은 비영리법인이어야 하므로 설립목적이 영리 아닌 사업을 목적으로 하여야 한다. 구체적으로 학술, 종교, 자선, 기예, 사교 등이 열거된다. 비영리의 목적이라고 하여 전혀 수익 활동을 하지 못하는 것은 아니고 비영리법인의 본질에 반하지 않는 한도에서 법인의 목적을 달성하기 위하여 영리 행위를 하는 것은 허용된다. 반면, 그로 인한 수익은 법인의 목적을 위해 사용되어야 하며 구성원에게 분배되어서는 안된다.

---

1) 곽윤직/김재형, 민법총칙(민법강의I), 2019, 175면; 이은영, 민법총칙, 2009, 254면 등

2) 곽윤직/김재형, 민법총칙(민법강의I), 2019, 175면

3) 이영준, 민법총칙, 2007, 938면.

4) 대판 1965. 4. 13., 64나1940.

(2) 정관작성

1) 의의

정관은 2인 이상의 설립자가 법인의 규칙을 서면으로 기재하고 기명날인하는 것으로, 이러한 정관작성행위를 사단법인의 설립행위라 한다.[1] 정관작성 행위는 일정한 내용을 서면에 기재하고 기명날인을 해야 하는 요식행위로 기명날인이 없는 정관은 효력이 없다. 판례는 사단법인의 정관은 이를 작성한 사원뿐만 아니라 그 후에 가입한 사원이나 사단법인의 기관 등도 구속하는 점에서 그 법적 성질은 계약이 아니라 자치법규로 본다.[2]

2) 기재사항

정관에는 ① 목적, ② 명칭, ③ 사무소의 소재지, ④ 자산에 관한 규정, ⑤ 이사의 임면에 관한 사항, ⑥ 사원 자격의 득실에 관한 규정, ⑦ 존립시기나 해산사유를 정하는 때에는 그 시기 또는 사유가 반드시 기재되어야 하고(제40조), 이 사항을 누락한 정관은 무효가 된다(필요적 기재사항).[3]

필요적 기재사항 외에도 다른 사항을 기재할 수 있으나(임의적 기재사항) 정관에 일단 기재되면 필요적 기재사항과 같은 효력을 가지게 되므로 변경을 하기 위해서는 정관변경절차를 따라야 한다.

---

1) 통설의 태도이나, 법인설립의 등기신청도 설립행위의 구성요소라고 보는 견해도 있다; 이은영, 민법총칙, 2009, 253면.

2) 대판 2000. 11. 24., 99다12437.

3) 판례는 정관무효사유로 선량한 풍속 기타 사회질서의 위반 여부나 정관 결정 절차에 있어서 현저하게 정의에 위반되었는지의 여부도 고려한다; 대판 1992. 11. 24., 91다29026.

(3) 허가

법인이 목적하는 사업을 관리하는 주무관청의 허가가 있어야 한다(제32조). 복수의 사업을 목적으로 할 때는 해당하는 모든 주무관청의 허가를 받아야 한다. 만약 법인이 목적 이외의 사업을 하거나 설립허가의 조건에 위반하거나 기타 공익을 해하는 행위를 하면 주무관청이 허가를 취소할 수 있다(제38조).

(4) 설립등기

설립 중의 사단은 허가를 받은 후에 주된 사무소의 소재지에 설립등기를 하면 비로소 법인격을 취득한다(제33조). 설립등기는 허가를 받은 후에 3주 이내에 해야 하며(제49조 제1항), 법인의 목적, 명칭, 사무소, 설립허가의 연월일, 존립 시기나 해산 이유를 정한 때에는 그 시기 또는 사유, 자산의 총액, 출자의 방법을 정한 때에는 그 방법, 이사의 성명 및 주소, 이사의 대표권을 제한한 때에는 그 제한에 관한 사항을 등기하여야 한다(동조 제2항).

Ⅲ. 재단법인의 성립

1. 일반론

재단법인은 재단법인의 출연자가 재산을 출연하고, 정관을 작성한 후, 주무관청의 허가와 설립등기로 성립한다. 재단법인의 설립행위는 상대방 없는 단독행위이며[1], 설립자가 수인이라면 단독행위의

1) 다수설의 견해이며 판례의 태도이다; 대판 1999. 7. 9., 98다9045.

경합이 이루어진다.

사단법인의 경우와 같이, 재단법인의 설립자가 재산을 출연하고 정관을 작성하면 설립 중의 재단법인으로 인정되어 법인 아닌 재단으로 본다. 판례는 이러한 단계에 있는 설립자에 관해서 법인설립인가를 받기 위한 준비행위로 재산의 증여나 그 등기의 명의신탁을 할 수 있으며 그 법인은 설립으로 인한 법인격의 취득과 함께 당연히 이를 계승한다고 보았다.[1]

2. 성립요건

(1) 목적의 비영리성

사단법인과 마찬가지로 재단법인은 영리 아닌 사업을 목적으로 하여야 한다(제32조).

(2) 재산의 출연과 정관작성

1) 재산의 출연

재단법인의 설립자는 일정한 재산을 출연할 의무를 부담한다(제43조). 출연이란 자신의 재산을 감소시키고 타인의 재산을 증가하게 하는 행위를 말하며, 반드시 금전일 필요는 없고 채권이라도 무방하다. 재산의 출연행위는 생전처분도 가능하며, 유언으로 하는 것도 인정된다(제47조).

그런데 민법은 재단법인에 대한 출연재산의 귀속시기와 관련하여 제48조에서 “생전처분으로 재단법인을 설립하는 때에는 출연재산은

1) 대판 1973. 2. 28., 72다2344.

법인이 성립된 때로부터"(동조 제1항), "유언으로 재단법인을 설립하는 때에는 출연재산은 유언의 효력이 발생한 때로부터 법인에 귀속한 것으로 본다"(동조 제2항)고 규정하고 있는데, 이는 물권의 변동(제186조 이하)에 관한 성립요건주의와는 다른 내용이다. 출연재산이 채권인 경우에도 그 채권이 지명채권이라면 양도에 특별한 요건을 두지 않으므로 제48조가 그대로 적용되나, 지시채권이나 무기명채권의 경우에는 양도에 있어서 증서의 배서 및 교부를 요구하므로(제508조, 제523조) 동일한 문제가 발생한다.

일부 학설은 제48조를 제187조에 따른 기타 법률의 규정에 해당하는 것으로 보아 등기나 인도가 없더라도 물권변동이 가능하고, 따라서 생전처분으로 재산을 출연하였다면 법인의 설립 시에, 유언으로 재산을 출연하였다면 사망 시에 물건의 소유권이 법인에 귀속한다는 입장을 취한다.[1)]

반면, 물건의 소유권은 등기나 인도가 있은 때에 법인에게 귀속하되 제48조에 의하여 재단법인이 설립된 때 혹은 사망 시에 소급하여 귀속되는 것으로 의제된다는 견해도 있다.[2)]

대법원은 출연자와 법인 사이에는 법인성립 시에 혹은 유언의 효력발생 시에 법인의 재산으로 귀속되나 제3자에 대항하기 위해서는 공시방법을 갖추어야 한다는 독자적인 견해를 취하고 있다.[3)]

재단법인설립도 법률행위에 해당하므로 재산의 출연도 물권변동

---

1) 곽윤직/김재형, 민법총칙(민법강의Ⅰ), 2019, 176면.

2) 이은영, 민법총칙, 2009, 267면.

3) "재단법인의 설립함에 있어서 출연재산은 그 법인이 성립된 때로부터 법인에 귀속된다는 민법 제48조의 규정은 출연자와 법인과의 관계를 상대적으로 결정하는 기준에 불과하여 출연재산이 부동산인 경우에도 출연자와 법인 사이에는 법인의 성립 외에 등기를 필요로 하는 것은 아니지만, 제3자에 대한 관계에 있어서, 출연행위는 법률행위이므로 출연재산의 법인에의 귀속에는 부동산의 권리에 관한 것일 경우 등기를 필요로 한다"; 대판(전) 1979. 12. 11., 78다481. 이는 유언의 경우도 마찬가지이다; 대판 1993. 9. 14., 93다8054.

에 관한 일반원칙에 따라 공시방법이 있는 때에 출연재산이 귀속된다고 보는 견해가 타당하다. 다만 포괄유증을 통한 재산의 출연은 제1078조의 규정에 비추어 상속개시시에 재단법인에 귀속되는 것으로 보아야 할 것이다.

2) 정관의 작성

민법 제43조에 따라 재단법인의 설립자는 법인의 목적, 명칭, 사무소의 소재지, 자산에 관한 규정, 이사의 임면에 관한 규정(필요적 기재사항)을 기재한 정관을 작성하고 기명날인하여야 한다.[1] 다만 설립자가 법인의 목적과 자산에 관한 사항만을 정하고 다른 필요적 기재사항을 작성하지 않고 사망한 경우 그 정관은 무효로 되지 않고 이해관계인이나 검사의 청구로 법원이 정관을 보충한다(제44조).

(3) 허가와 설립등기

사단법인의 경우와 마찬가지로 재단법인의 설립을 위하여서는 주무관청의 허가와 등기가 있어야 한다(제32조, 제33조).

Ⅳ. 법인의 주소

법인의 주소는 그 주된 사무소의 소재지에 있는 것으로 하며(제36조), 사무소가 여러 곳에 있는 경우에는 중심이 되는 사무소가 주된 사무소가 된다. 주된 사무소의 소재지에서 설립등기를 하여야 하

1) 재단법인은 사원이 없으므로 '사원자격의 득실에 관한 규정'을 정관에 작성할 필요가 없으며, '존립시기나 해산사유를 정하는 때에는 그 시기 또는 사유'는 임의적 기재사항으로 해석한다.

며(제49조 제1항), 사무소를 이전하면 이를 등기하여야 제3자에게 대항할 수 있다(제54조 제1항).

제3절 법인의 활동

I. 법인의 권리능력

법인은 일정한 목적을 가진 사람들의 모임이나 재산에 관하여 법률이 권리의무의 주체가 될 수 있는 자격을 부여한 경우이다. 따라서 법률이 허용하는 범위 내에서 목적에 부합하는 한도에서만 권리를 갖고 의무를 부담하는 것은 당연하다. 민법도 이러한 의미에서 법인이 "법률의 규정에 좇아 정관으로 정한 목적의 범위내에서 권리와 의무의 주체가 된다"(제34조)라고 규정하고 있다. 이러한 법률에 따른 제한이나 목적 범위 이외에 법인은 자연인만이 향유할 수 있는 권리나 의무를 가질 수 없다.

1. 성질에 의한 권리능력의 제한

법인은 생명권이나 친권 및 배우자의 권리 또는 신체상의 자유권, 행복추구권 등과 같이 자연인에게만 인정되는 권리는 가질 수 없다. 그러나 재산권이나 명예권, 성명권, 신용권 등은 인정된다.[1] 상속권은 피상속인과 일정한 친족관계에 있는 자연인에게만 가능한 것이어서(제1000조 내지 제1004조) 부정되는 반면, 유증은 가능하므로 포괄유증을 통하여 상속과 같은 효과를 얻을 수 있다.

1) 특히 명예권의 인정에 관하여는 대판 1997. 10. 24., 96다17851 참조.

2. 법률에 의한 권리능력의 제한

법인의 권리능력은 법률에 의해 발생하므로 법률로 제한하는 것도 가능하다. 예를 들어 해산한 법인에 대하여 청산의 목적 범위 내에서만 권리의무를 가지며(제81조), 회사가 다른 회사의 무한책임사원이 되는 것은 금지된다(상법 제173조). 법률의 제한에 위반한 행위는 권리능력의 범위를 벗어난 행위로 효력이 없다.

"학교법인의 재산의 취득·처분과 관리에 관한 사항은 이사회의 심의·의결사항이고(사립학교법 제16조 제1항), 학교법인이 의무의 부담을 하고자 할 때에는 관할청의 허가를 받아야 한다(사립학교법 제28조 제1항). 학교법인이 사립학교법 제16조 제1항에 따른 이사회의 심의·의결 없이 학교법인 재산의 취득·처분행위를 하거나 사립학교법 제28조 제1항의 규정에 따른 관할청의 허가 없이 의무부담행위를 한 경우에 행위는 효력이 없고, 학교법인이 나중에 의무부담행위를 추인하더라도 효력이 생기지 아니한다."[1)]

3. 목적에 의한 권리능력의 제한

법인은 정관으로 정한 목적 범위 내에서만 권리능력이 인정된다(제34조). 여기서 '목적 범위 내'의 구체적인 의미에 대하여 학설은 법인에게 충분히 활동의 기회를 주고 거래의 안전을 꾀할 필요가 있음을 들어 목적에 위반하지 않는 범위 내라고 넓게 해석한다.[2)] 반면, 판례는 정관에 명시된 목적 자체에 국한되는 것은 아니지만 목적을 수행하는 데 있어 직접, 간접으로 필요한 모든 행위이며[3)], 목적수행

1) 대판 2016. 6. 9, 2014다64752.

2) 곽윤직/김재형, 민법총칙(민법강의Ⅰ), 2019, 182면.

3) 대판 2009. 12. 10., 2009다63236; 대판 1987. 9. 8., 86다카1349; 대판 1991. 11. 22., 91다8821; 대판 1999. 10. 8., 98다2488 등 참조.

에 필요한지의 판단은 거래행위를 업으로 하는 영리법인의 경우에는 회사의 속성과 신속성 및 정형성을 요체로 하는 거래안전을 충분히 고려하여야 한다는 입장이다.[1)]

Ⅱ. 법인의 행위능력

1. 법인의 행위

관념적인 존재로서의 법인은 법률행위를 직접 할 수는 없고 단지 자연인(대표기관)을 통해서만 이러한 행위를 할 수 있다. 그런데 이러한 행위주체로서의 대표기관과 효과귀속의 주체가 되는 법인 사이의 관계는 그 실질에 있어서 대리제도와 매우 유사하다. 이러한 이유로 특별한 사정이 없는 이상 법인의 대표에 관하여 대리에 관한 규정이 준용된다(제59조 제2항). 따라서 대표기관은 법인을 위한 것임을 표시하고 법률행위를 하여야 한다.

> "법인이 대표기관을 통하여 법률행위를 한 때에는 대리에 관한 규정이 준용된다(민법 제59조 제2항). 따라서 적법한 대표권을 가진 자와 맺은 법률행위의 효과는 대표자 개인이 아니라 본인인 법인에게 귀속하고, 마찬가지로 그러한 법률행위상의 의무를 위반하여 발생한 채무불이행으로 인한 손해배상책임도 대표기관 개인이 아닌 법인만이 책임의 귀속주체가 되는 것이 원칙이다. 또한, 민법 제391조는 법정대리인 또는 이행보조자의 고의·과실을 채무자 자신의 고의·과실로 간주함으로써 채무불이행책임을 채무자 본인에게 귀속시키고 있는데, 법인의 경우도 법률행위에 관하여 대표기관의 고의·과실에 따른 채무불이행책임의 주체는 법인으로 한정된다."[2)]

1) 대판 2005. 5. 27., 2005다480.
2) 대판 2019. 5. 30., 2017다53265.

2. 행위능력의 범위

법인은 법률뿐만 아니라 그 목적과 성질에 의하여 권리나 의무의 주체가 될 수 있는 범위에 제한을 받는다. 그런데 법인이 법률행위를 통하여 일정한 권리나 의무를 발생시키더라도 막상 그 주체가 될 수 없으면 그러한 법률행위는 처음부터 불능을 내용으로 하는 법률행위가 되어 효력이 없다. 따라서 법인이 할 수 있는 법률행위는 스스로 주체가 될 수 있는 권리의무의 발생을 내용으로 하는 범위로 한정되어 법인의 행위능력은 권리능력의 범위와 일치하게 된다. 만약 이러한 행위의 범위를 넘어서서 대표기관이 법률행위를 하게 되면 그 법률행위는 법인에 대하여 효력이 발생하지 않는다.

Ⅲ. 법인의 불법행위능력

1. 일반론

법인은 이사 기타 대표자가 그 직무에 관하여 타인에게 가한 손해를 배상할 책임이 있다(제35조 제1항 전문). 이사 기타 대표자는 이로 인하여 자기의 손해배상책임을 면하지 못한다(제35조 제1항 후문). 법인의 목적 범위 외의 행위로 인하여 타인에게 손해를 가한 때에는 그 사항의 의결에 찬성하거나 그 의결을 집행한 사원, 이사 및 기타 대표자가 연대하여 배상하여야 한다(제35조 제2항).

민법 제35조 규정은 모든 법인에 적용되고, 권리능력이 없는 사단에도 유추적용된다.[1] 판례는 비법인사단인 종중[2]이나, 노동조합[3], 주택조합[4]의 경우에도 불법행위책임을 인정하고 있다.[5]

2. 법인의 불법행위 성립요건

(1) 대표기관의 행위

법인의 이사나 기타 대표기관이 불법행위를 하여야 한다. 이사 이외에 임시이사(제63조), 특별대리인(제64조), 직무대행자(제52조의2, 제60조의2), 청산인(제82조, 제83조)도 대표기관이 된다. 판례는 그 명칭이나 직위, 대표자로 등기되었는지 여부를 불문하고 당해 법인을 실질적으로 운영하면서 법인을 사실상 대표하여 법인의 사무를 집행하는 자를 대표기관으로 보아야 한다는 태도에서 “甲 주택조합의 등기부상 대표자는 조합 설립 시부터 乙에게 대표자로서의 모든 권한을 일임하여 乙이 조합의 도장, 대표자의 신분증 등을 소지하면서 조합 대표자로서 사무를 집행한 점, 甲 주택조합의 등기부상 대표자는 乙로부터 월급을 받는 직원에 지나지 아니하여 乙의 사무집행에 관여할 지위에 있지 않았고, 실제로도 일절 대표자로서의 사무를 집행하지 않은 점 등 여러 사정에 비추어 볼 때, 乙은 甲 주택조합을 실질적으로 운영하면서 법인을 사실상 대표하여 법인의 사무를 집행하는

---

1) 다만 법인의 대표기관이 아닌 자(피용자 등)가 타인에게 가해행위를 한 경우에는 민법 제756조에 의한 사용자책임이 문제 된다.
2) 대판 1994. 4. 12., 92다49300.
3) 대판 1994. 3. 25., 93다32828.
4) 대판 2003. 7. 25., 2002다27088.
5) 공무원이 공무를 집행함에 있어서 타인에게 손해를 가한 경우에는 국가배상법이 적용된다.

사람으로서 민법 제35조에서 정한 '대표자'에 해당한다"[1]고 하였다.

반면, 법인의 이사이더라도 대표권이 없는 이사는 비록 법인의 기관이지만 대표기관으로는 볼 수 없기 때문에 이들의 불법행위는 법인의 불법행위가 되지 않는다.[2] 사원총회나 감사기관은 법인의 기관이지만 법인을 대표하는 기관은 아니므로 그들의 행위는 법인의 불법행위를 구성하지 않는다.

(2) 직무에 관하여 타인에게 발생한 손해

법인의 대표기관이 직무에 관한 행위를 한 경우에만 법인이 불법행위책임을 부담하다. 대표기관이 직무에서 벗어난 행위를 한 경우 그 행위는 법인의 행위가 되지 않는다. 민법 제34조에 따라 정관으로 정한 목적의 범위 내의 행위가 직무에 관한 행위라고 볼 수 있다. 판례[3]는 직무에 관한 행위의 판단을 행위의 외형상 법인의 대표자의 직무행위라고 인정할 수 있는지의 여부에 의하여 판단하여야 한다는 입장이다.

"법인의 대표이사가 고객으로부터 일정 금원을 예탁금으로 입금 처리하여 줄 것을 의뢰받았음에도 타인을 위하여 위 금원을 차용하고 고객에게 법인명의의 입금증서가 아닌 그 타인 명의의 약속어음을 교부하였다면 이러한 행위는 자신의 직무와 밀접한 관련이 있고, 외형상으로도 직무범위 내의 행위이며, 고객도 법인과의 거래로 알고 있었기 때문에, 법인은 고객이 입은 손해에 대하여 배상할 책임이 있다."[4] 또한, "회사의 대표이사가 회사 소유의 자동차에 대한 집행관

1) 대판 2011. 4. 28., 2008다15438. 이러한 판단 기준은 비법인사단에도 같이 적용된다.

2) 대판 2005. 12. 23., 2003다30159.

3) 대판 1969. 8. 26., 68다2320.

4) 대판 1990. 3. 23., 89다카555.

의 강제집행을 방해하여 채권자에게 손해를 발생하게 한 경우에도 대표이사의 행위는 회사의 재산관리라는 직무행위에 해당하므로 회사는 채권자에게 그 손해를 배상하여야 한다."[1)]

다만 그 상대방이 대표기관의 행위가 직무에 해당하지 않음을 알았거나 또는 중대한 과실로 인하여 알지 못한 경우에는 법인의 손해배상책임이 발생하지 않는다.[2)] 이는 공평의 관점에서 상대방을 보호할 필요가 없기 때문이다.

"상호신용금고가 정상적인 거래 외에도 장부와 거래원장에 등재하지 아니한 이른바 부외거래를 하여 왔다면, 甲이 금원을 예탁하면서 금고의 표준채무증서가 아닌 대표이사 乙 개인 명의의 약속어음을 교부받고 정상적인 예탁금의 경우보다 높은 이자를 받기로 하는 등 정상적인 예탁절차에 따르지 아니하였다고 하더라도, 甲으로서는 금고에서 부외거래로서 위와 같은 변칙적인 방법으로 금원차입을 하는 것으로 믿고 금고와 거래할 의사로 금원을 예탁할 수도 있는 것이므로 원심이 甲의 예탁거래가 금고의 사장실에서 금고 대표이사와의 사이에 직접 이루어졌고 또 甲이 위 금원예탁전에 표준채무증서를 이용한 정상적인 예탁거래를 해본 경험이 있다는 사실만으로써 甲이 乙 개인과의 순수한 금전소비임차관계로 인식하고 금원의 예탁거래를 한 것이라고 판단"할 수 없다.[3)]

(3) 일반 불법행위의 요건 충족

민법 제35조 제1항의 규정은 제750조의 특별규정에 해당하므로, 대표기관의 가해행위 및 가해행위에 대한 고의 또는 과실, 위법성, 손해의 발생, 가해행위와 발생한 손해 사이의 인과관계 등의 요건이

1) 대판 1959. 8. 27., 4291민상395.
2) 대판 2004. 3. 26., 2003다34045. 이는 비법인사단도 같다; 대판 2008. 1. 18., 2005다34711.
3) 대판 1990. 11. 13., 89다카26878.

모두 충족되어야 한다.[1)]

3. 법률효과

(1) 법인의 손해배상책임

법인의 불법행위요건이 충족되면, 법인은 피해자에 대하여 손해배상책임이 발생한다.

(2) 기관 개인의 책임

법인이 불법행위책임을 지는 경우 이로써 기관 개인의 불법행위책임이 면제되는 것은 아니다. 따라서 피해자는 법인에 대하여서뿐만 아니라 불법행위를 한 대표기관 개인에 대하여서도 손해배상을 청구할 수 있다(제35조 제1항 후문). 이때 법인과 기관 개인의 손해배상책임은 부진정연대책임을 구성하게 된다. 만약 법인이 피해자에 대하여 배상을 하였다면 법인은 기관에 대하여 선관주의의무위반(제61조)을 근거로 구상권을 행사할 수 있다(제65조).

(3) 사원의 공동불법행위

사원도 대표기관과 공동으로 불법행위를 저질렀거나 이에 가담하였다고 볼 만한 사정이 있으면 제3자에 대하여 대표기관과 연대하여 손해배상책임을 진다(제760조). 그러나 사원총회, 대의원 총회, 이사회의 의결은 원칙적으로 법인의 내부행위에 불과하므로 특별한 사정

---

1) 곽윤직/김재형, 민법총칙(민법강의Ⅰ), 2019, 189면; 이은영, 민법총칙, 2009, 288면.

이 없는 이상 그 사항의 의결에 찬성하였다는 이유만으로 제3자의 채권을 침해한다거나 대표자의 행위에 가공 또는 방조한 자로서 제3자에 대하여 불법행위책임을 부담한다고 할 수는 없다. 이때 의결에 참여한 사원 등이 대표자와 공동으로 불법행위를 저질렀거나 이에 가담하였다고 볼 수 있는지는 그 의결에 참여한 법인의 기관이 당해 사항에 관하여 의사결정권한이 있는지 여부 및 대표자의 집행을 견제할 위치에 있는지 여부, 그 사원이 의결 과정에서 대표자의 불법적인 집행행위를 적극적으로 요구하거나 유도하였는지 여부 및 그 의결이 대표자의 업무 집행에 구체적으로 미친 영향력의 정도, 침해되는 권리의 내용, 의결 내용, 의결행위의 태양을 비롯한 위법성의 정도를 종합적으로 평가하여 법인 내부행위를 벗어나 제3자에 대한 관계에서 사회상규에 반하는 위법한 행위라고 인정될 수 있는 정도에 이르러야 한다.[1)]

(4) 직무를 벗어난 대표기관의 행위

대표기관의 행위가 직무 범위를 벗어난 것이거나 기타 다른 사유로 법인의 불법행위책임이 발생하지 않는 경우에 법인의 손해배상책임이 발생하지 않으며 대표기관만이 제750조에 따른 손해배상책임을 부담한다. 다만 민법은 피해자보호를 위하여 대표기관의 의결에 찬성하거나, 의결을 집행한 사원 등은 피해자의 보호를 위하여 언제나 연대하여 책임을 지도록 하고 있다(제35조 제2항).

1) 대판 2009. 1. 30., 2006다37465.

(5) 법인의 채무불이행책임과 대표기관의 책임

법인의 적법한 대표권을 가진 자가 하는 법률행위는 그 성립 상 효과와 위반의 효과인 채무불이행책임은 법인에게 귀속된다. 이 경우 법인의 대표기관은 법률행위에 따른 채무불이행책임을 지지 않는다. 다만 이 경우에도 대표기관에게 민법 제750조에 따른 불법행위책임이 발생할 수는 있는데, 이를 위해서는 대표기관의 행위로 인해 법인에 귀속되는 효과가 대외적으로 제3자에 대한 채무불이행의 결과를 야기한다는 점만으로는 부족하고, 법인의 내부행위를 벗어나 제3자에 대한 관계에서 사회상규에 반하는 위법한 행위라고 인정될 수 있는 정도에 이르러야 한다.[1)]

제4절 법인의 기관

법인은 권리능력과 행위능력이 인정되나 그것을 구체적으로 실현하기 위해서는 법인의 의사를 결정하고, 그 결정대로 행동하면서 각종 사무를 담당할 조직이 요구된다. 이를 법인의 기관이라 한다. 민법은 이러한 기관으로 이사, 사원총회, 감사 등을 규정하고 있다.

Ⅰ. 이사

1. 개념

이사는 법인을 대표하는 대표기관이자, 법인의 업무를 집행하는 집행기관으로 반드시 두어야 하는 필수기관이다(제57조). 이사의 수

1) 대판 2019. 5. 30., 2017다53265.

는 제한이 없으며(제58조 제2항), 정관에서 임의로 정할 수 있다(제40조, 제43조). 이사의 성명, 주소는 등기하여야 하며(제49조 제2항), 이를 등기하지 않으면 이사의 선임, 해임, 퇴임 등의 사유로 제3자에게 대항할 수 없다(제54조 제1항).

2. 이사의 임면

이사의 선임방법은 정관에서 정하여야 한다. 이사가 선임된 경우 법인과는 위임과 유사한 법률관계를 형성하므로 정관에 다른 정함이 없다면 위임의 규정이 유추적용된다.[1] 정관에 대표자의 유임이나 중임을 금지하는 규정이 없는 경우에 임기가 만료된 대표자에 대하여 개임이 없다면 그를 묵시적으로 다시 선임한 것으로 해석된다.[2]

선임행위에 흠이 있는 경우에 이해관계인은 선임행위의 무효나 취소의 소를 제기할 수 있으며, 필요한 경우에는 이사의 직무집행정지 또는 선임의 가처분을 신청하고 주사무소와 분사무소가 있는 곳의 등기소에서 이를 등기하여야 한다(제52조의2).

해임 및 퇴임 역시 정관에서 정한 사항을 따르나[3], 만약 정관의 규정이 없거나 불충분한 경우에는 대리규정과 위임에 관한 규정을 유추적용한다. 따라서 후임이사가 결정되지 않았다면 전임이사는 선임될 때까지 이사의 직무를 수행할 수 있으나[4], 만약 수인의 이사가 있다면 일부 이사의 임기만료로 인하여 정상적인 법인 활동이 불가능하지 않은 한 임기가 만료된 이사는 당연퇴임한다.[5] 이때 정상적인

1) 이은영, 민법총칙, 2009, 271면.
2) 대판 1970. 9. 17., 70다1259.
3) 대판 2013. 11. 28., 2011다41741.
4) 대판 1997. 6. 24., 96다45122; 대판 2007. 7. 19., 2006두19297.
5) 대판 2003. 1. 10., 2001다1171.

법인활동의 가능 여부는 임기 만료 시를 기준으로 한다.[1] 이사의 해임, 퇴임, 개임이 있으면 3주 내에 변경등기를 해야 하며(제52조) 이를 하지 않으면 제3자에게 대항하지 못한다(제54조 제1항)

> "법인의 이사를 사임하는 행위는 상대방 있는 단독행위라 할 것이어서 그 의사표시가 상대방에게 도달함과 동시에 그 효력을 발생하고 그 의사표시가 효력을 발생한 후에는 마음대로 이를 철회할 수 없음이 원칙이나, 사임서 제시 당시 즉각적인 철회 권유로 사임서 제출을 미루거나, 대표자에게 사표의 처리를 일임하거나, 사임서의 작성일자를 제출일 이후로 기재한 경우 등 사임의사가 즉각적이라고 볼 수 없는 특별한 사정이 있을 경우에는 별도의 사임서 제출이나 대표자의 수리행위 등이 있어야 사임의 효력이 발생하고, 그 이전에 사임의사를 철회할 수 있다."[2]

3. 이사의 직무

이사는 선량한 관리자의 주의로 그 직무를 행하여야 한다(제61조). 이를 위반하면 법인에 대한 채무불이행을 이유로 손해배상책임을 부담한다. 선임된 이사는 법인 사무에 대하여 각자 법인을 대표한다(제59조 제1항). 대표권은 법인의 설립 근거가 된 법률과 법인의 정관상 목적에 의하여 제한되고 그 목적 범위 내의 행위란 정관에 명시된 목적 자체에 국한되는 것이 아니라, 그 목적을 수행하는 데 있어 직접, 간접으로 필요한 행위는 모두 포함된다. 목적수행에 필요한지는 행위의 객관적 성질에 따라 판단할 것이고 행위자의 주관적, 구체적 의사에 따라 판단할 것은 아니다.[3] 다만 대표에게는 대리규정이

1) 대결 2014. 1. 17., 2013마1801.
2) 대판 2006. 6. 15., 2004다10909.
3) 대판 1999. 10. 8., 98다2488.

준용되기 때문에(제59조 제2항), 목적 범위를 초과한 대표행위에 대해서는 표현대리에 관한 규정이 준용될 수 있다.[1] 대표행위를 할 때는 법인을 위한 것임을 표시해야 한다(현명주의).

(1) 대표권과 그 제한

원칙적으로 이사는 법인의 행위능력 모두에 관하여 대표권을 가지나, 대표권의 행사는 정관에서 정한 취지와 같아야 하고, 정관에 의하여 제한할 수 있다. 정관에 기재하지 않은 대표권 제한은 무효이며(제41조), 대표권 제한을 등기한 경우에만 제3자에 대하여 대항할 수 있다. 따라서 정관에 기재한 경우라도 등기하지 않으면 제3자에게 대항하지 못한다(제60조). 여기서 판례는 그와 같은 정관의 규정에 대하여 선의냐 악의냐에 관계없이 제3자에 대하여 대항할 수 없다고 보았다.[2] 정관에 대표권 제한 규정이 있다는 점 및 등기가 되어 있다는 점은 대표권의 제한을 주장하는 자가 입증하여야 한다.[3] 이사의 행위에 관하여 정관에 총회·이사회 또는 설립자의 동의를 요하도록 하거나[4], 공동대표에 관한 규정, 수인의 이사 중 특정한 자에게만 대표권을 인정하는 정관은 유효한 대표권 제한으로 효력이 있다.

사단법인의 이사 대표권은 사원총회의 의결로 제한할 수 있으며(제59조 제1항 단서), 이는 정관에 기재할 필요는 없으나 제3자에게

---

1) 이은영, 민법총칙, 2009, 277면.

2) 대판 1992. 2. 14., 91다24564. 또한, 이외에도 재건축조합의 조합장이 조합원의 부담이 될 계약을 체결하기 위하여는 총회의 결의를 거치도록 조합규약에 규정이 되어 있는 사안에서, 이러한 조합규약은 법인 대표권을 제한한 것으로서 그러한 제한은 등기하지 아니하면 제3자에게 그의 선의·악의에 관계없이 대항할 수 없다고 보았다; 대판 2014. 9. 4., 2011다51540.

3) 대판 1987. 11. 24., 86다카2484; 대판 1992. 2. 14., 91다24564.

4) 대판 1987. 11. 24., 86다카2484; 대판 1992. 2. 14., 91다24564.

대항하기 위해서는 등기하여야 한다.

법인의 이익과 이사의 이익이 상반되는 경우에 이해관계인이나 검사의 청구에 따라 법원이 특별대리인을 선임하여야 하며(제64조), 만약 특별대리인을 선임하지 않고 이사 스스로 대표행위를 하였다면, 무권대표행위가 되어 무권대리규정이 준용된다. 따라서 법인이 추인하지 않는 한 법인은 책임을 지지 않으며(제130조), 상대방의 선택에 따라 이사가 계약의 이행이나 손해배상을 부담하여야 한다(제135조). 수인의 이사가 있는 경우에는 이익이 상반되지 않는 다른 이사가 법인을 대표하면 되므로 특별대리인을 선임할 필요는 없다.

이사는 정관 또는 총회의 결의로 금지하지 않은 사항으로 제한하여 타인이 특정의 행위를 대리하게 할 수 있다(제62조). 이 경우 이사는 대리인의 선임, 감독에 관한 책임을 부담한다(제121조 제1항). 특정한 행위만을 대리하게 할 수 있으므로, 이사에 의한 포괄적 위임과 그에 따른 포괄적 수임인의 대행행위는 법인에 대하여 효력이 없다.[1)]

> "이사는 법인의 사무에 관하여 각자 법인을 대표함이 원칙이지만, 정관 등으로 그 대표권에 관하여 달리 정할 수 있다(민법 제59조 제1항 본문 및 단서 참조). 그리고 위 민법 제59조 제1항 단서에 따라 정관에서 법인을 대표하는 이사인 이사장과 대표권이 없는 일반 이사를 명백히 분리함으로써 법인의 대표권이 이사장에게만 전속되도록 정하고 이사장을 법인의 회원으로 이루어진 총회에서 투표로 직접 선출하도록 정한 경우, 일반 이사들에게는 처음부터 법인의 대표권이 전혀 주어져 있지 않기 때문에 이사장이 궐위된 경우에도 일반 이사가 법인을 대표할 권한을 가진다고 할 수 없다."[2)]

1) 대판 1989. 5. 9., 87다카2407. 이 판례는 사립학교법 제27조, 민법 제62조에 의하면 학교법인의 이사는 특정한 행위를 다른 이사에게 대리하게 할 수 있으나 학교법인의 제반사무처리를 포괄적으로 위임할 수는 없다고 보았다.

2) 대판 2003. 3. 14., 2001다7599.

(2) 업무집행권

이사는 내부적으로 법인의 사무를 집행한다(제58조 제1항). 이사가 수인일 때 정관에 다른 규정이 없으면 법인의 사무집행은 이사의 과반수로써 결정한다(제58조 제2항).

이사가 집행하는 주요사무는 법인의 재산목록을 작성하고(제55조 제1항), 법인과 관련된 각종 등기업무(비송사건절차법 제60조 이하)를 수행하며, 법인이 파산하는 경우에 그 파산신청(제79조) 및 청산인이 되어야 한다(제82조). 또한, 사단법인의 경우에는 사원명부와 그 변경사항을 작성하고(제55조 제2항), 매년 1회 이상의 사원총회(제69조)를 개최하며, 필요하거나 일정한 수의 사원의 요청이 있는 경우에 임시총회를 소집하여야 한다(제70조). 사원총회가 개최되면 의사록도 작성하여야 한다(제76조).

재산목적의 작성·비치 의무를 위반하거나 부정기재한 경우, 사원명부의 작성·비치 의무를 위반하거나 부정기재한 경우, 의사록의 작성·비치 의무를 위반한 경우, 파산신청을 다하지 않은 경우, 법인등기업무 위반의 경우에는 500만 원 이하의 과태료에 처해진다(제97조).

4. 이사회

수인의 이사가 있는 경우에 보통 이사회 전원으로 구성되는 이사회를 구성하지만, 반드시 이사회를 구성하여야 하는 것은 아니다. 다만 정관에 의하여 이사회는 집행기관이 될 수 있다. 이사회의 소집·결의·의사록의 작성 등에 관하여는 정관에 특별한 규정이 없는 한 사원총회에 관한 규정이 준용된다.[1]

1) 곽윤직/김재형, 민법총칙(민법강의Ⅰ), 2019, 197면.

이사회의 결의에 무효사유가 있는 경우에는 이해관계인은 언제든지 또 어떤 방법에 따르든지 그 무효를 주장할 수 있으나, 무효주장의 방법으로서 이사회결의 무효확인소송이 제기되어 승소확정판결을 받은 경우에 그 판결의 효력은 위 소송의 당사자 사이에서만 발생하고 대세적 효력은 부정된다.[1)]

5. 임시이사

법인이 일단 성립하게 되면 일시적으로 이사가 없게 되더라도 법인의 존립에 즉시 영향을 미치는 것은 아니다. 이 경우 정관이 정하는 절차에 따라 이사를 선임하면 된다. 반면, 이사가 없거나 결원이 있는 경우에 이로 인하여 손해가 생길 염려 있는 때에는 법원은 이해관계인이나 검사의 청구로 임시이사를 선임하여야 한다(제63조). 이사가 없는 사이에 긴급한 사무를 처리하지 못하거나 의사표시를 수령하지 못하면 법인이나 제3자에게 손해가 생길 염려가 있으므로, 법원이 임시이사를 선임하여 임시로 이사의 업무를 처리하도록 함으로써 그 손해를 방지하도록 한 것이다. 여기서 '이사가 없거나 결원이 있는 경우'라 함은 이사가 전혀 없거나 정관에서 정한 인원수에 부족이 있는 경우를 말하고, '이로 인하여 손해가 생길 염려가 있는 때'라 함은 통상의 이사선임절차에 따라 이사가 선임되기를 기다릴 때 법인이나 제3자에게 손해가 생길 우려가 있는 것을 의미한다.[2)] 이해관계인은 임시이사가 선임되는 것으로 인하여 법률상 이해관계를 가지는 자로 법인의 다른 이사나 사원 및 채권자를 포함한다[3)]. 임시이사의

1) 대판 2000. 2. 11., 99다30039.
2) 대결 2018. 11. 20., 2018마5472.
3) 대결(전) 2009. 11. 19., 2008마699.

선임자격에 관한 규정은 없으나, 법인의 성격에 따라 선임자격이 제한될 수 있다.[1)]

임시이사는 이사와 동일한 권한을 가지는 법인의 기관으로 정식 이사가 임명되면 그 권한은 당연히 소멸한다.

6. 특별대리인

법인과 이사의 이익이 상반하는 경우에, 이해관계인이나 검사의 청구로 법원이 법인대표를 선임할 수 있는데, 이를 특별대리인이라 한다(제64조, 제63조). 특별대리인도 이사의 대리인이 아닌 법인의 기관에 해당한다.

7. 직무대행자

이사의 선임행위에 흠이 있는 경우에, 이해관계인의 신청에 따라 법원이 가처분으로 선임하는 임시적 기관을 직무대행자라 한다(제52조의2). 법원의 가처분 명령에 다른 정함이 없는 한 법인의 통상사무에 따른 행위만을 할 수 있으며, 법원의 허가를 통하여 통상사무가 아닌 행위도 할 수 있다(제60조의2 제1항). 이를 위반한 직무대행자에 대하여도 법인은 선의의 제3자에 대하여 책임을 진다(제60조의2 제2항).

1) 대결(전) 2009. 11. 19., 2008마699.

Ⅱ. 사원총회

1. 의의

사단법인 사원 전원으로 구성된 최고 의결기관으로 사단법인은 반드시 사원총회를 두어야 한다. 정관의 규정으로도 폐지하지 못한다. 사단법인의 모든 사원은 사원총회에 참가하여 결의할 권리를 갖는다.

재단법인은 사원이 없으므로 사원총회가 존재할 수 없으며, 정관으로 최고의사를 정하여야 한다는 점에서 양 법인의 차이가 있다.

2. 총회의 소집 및 절차

사단법인의 이사는 매년 1회 이상 총회(통상총회)를 소집하여야 한다(제69조 제1항). 총회의 소집시기는 보통 정관으로 정하나, 정관에 규정이 없으면 총회의 결의로 정할 수 있고, 총회의 결의도 없으면 이사가 임의로 결정할 수 있다. 또한, 이사에 의하여 총회가 필요하다고 인정되거나(제70조 제1항), 감사에 의한 경우(제67조 4호), 또는 총 사원의 5분의 1 이상이 회의의 목적사항을 제시하여 총회소집을 요구한 경우에 임시총회가 소집된다(제69조 제2항). 임시총회를 요구할 수 있는 사원의 수는 정관으로 증감할 수 있으나(제70조 제2항), 이를 박탈할 수는 없다(소수사원권). 특히 소수사원의 청구가 있음에도 2주 이내에 이사가 총회를 소집하지 않으면 청구한 사원은 법원의 허가를 얻어서 스스로 총회를 소집할 수 있다(제70조 제3항).

총회의 소집은 이사 등의 소집권자가 1주 전에 그 회의의 목적 사항을 기재한 통지를 발송하고(발신주의) 기타 정관에 정한 방법에 따라야 한다(제71조). 회의의 목적사항은 사원이 의안이 무엇인가를 알 수 있도록 충분한 정도로 구체적으로 기재하여야 하며[1], 소집절차가 법률 또는 정관의 규정에 위반한 경우에 그것이 치유될 수 있는 하자가 아니라면 그 총회의 결의는 무효가 된다.[2]

3. 총회의 권한

정관으로 이사 또는 기타의 임원에게 위임한 사항 외에 법인의 모든 사무에 대한 의결권을 갖는다(제68조). 정관의 변경(제42조)이나 사단법인의 임의해산(제77조 제2항)은 사원총회의 전권사항이며, 정관에서 이를 달리 정한 경우에 그 정관규정은 무효이다.

4. 총회의 결의

총회의 결의가 유효하기 위해서는 총회가 정당하게 성립하여야 하며, 사회질서나 강행법규에 위반하지 않으면서 총회의 권한 내의 사항에 관한 결의가 이루어져야 한다.

각 사원은 원칙적으로 평등한 결의권을 가진다(제73조 제1항). 다만 정관으로 이와 달리 정하는 것도 가능하나(제73조), 완전히 박탈하는 것은 허용되지 않는다. 결의권의 행사는 서면으로 행사하거나 대리인을 통하여도 할 수 있으나, 법인과 어느 사원의 관계에 관하여 의결이 이루어지는 경우에 그 사원의 결의권은 부정된다(제74조).

민법 제75조에 따라 총회의 결의는 정관에 다른 규정이 없으면

1) 대판 1993. 10. 12., 92다50799.

2) 대판 2007. 9. 6., 2007다34982. 이 판례는 종중총회에서 종중의 족보에 종중원으로 등재된 성년 여성들에게 소집통지를 하지 않은 사안으로 소집통지 없이 개최된 종중 임시총회에서의 결의는 모두 무효라고 보았다.

사원 과반수의 출석과 출석 사원의 결의권의 과반수로써 하고, 서면이나 대리인에 의하여 결의권을 행사하는 사원은 출석한 것으로 본다. 다만 정관에 다른 규정이 없으면, 정관변경의 경우에는 총 사원의 3분의 2 이상의 동의(제42조 제1항), 임의해산의 경우에는 총 사원의 4분의 3 이상의 동의(제78조)가 있어야 한다. 총회 의사에 관한 의사록은 작성 후 주된 사무소에 비치하여야 한다(제76조).

> "사단법인의 정관은 이를 작성한 사원뿐만 아니라 그 후에 가입한 사원이나 사단법인의 기관 등도 구속하는 점에 비추어 보면 그 법적 성질은 계약이 아니라 자치법규로 보는 것이 타당하므로, 이는 어디까지나 객관적인 기준에 따라 그 규범적인 의미 내용을 확정하는 법규해석의 방법으로 해석되어야 하는 것이지, 작성자의 주관이나 해석 당시의 사원의 다수결에 의한 방법으로 자의적으로 해석될 수는 없다 할 것이어서, 어느 시점의 사단법인의 사원들이 정관의 규범적인 의미 내용과 다른 해석을 사원총회의 결의라는 방법으로 표명하였다 하더라도 그 결의에 의한 해석은 그 사단법인의 구성원인 사원들이나 법원을 구속하는 효력이 없다. 사단법인의 정관에 회장의 중임을 금지하는 규정만 두고 있을 뿐 전임자의 궐위로 인하여 선임된 이른바 보선회장을 특별히 중임제한 대상에서 제외한다는 규정을 두고 있지 않은 경우, 중임이 제한되는 회장에는 보선회장도 포함되는 것으로 해석함이 상당하다."[1)]

5. 사원권

사원은 사단법인의 구성요소로 사단법인의 기본이자 총회의 구성원으로 사단법인의 권리의무 주체가 되는데, 이를 사원권이라 한다. 이러한 사원권은 공익권, 자익권으로 구분되는데, 사단의 관리·운영에 참여하는 것을 내용으로 하는 결의권, 소수사원권, 업무집행

1) 대판 2000. 11. 24., 99다12437.

권, 감독권 등이 전자에 해당하고, 사원 자신이 이익을 받는 것을 내용으로 하는 배당청구권이나 잔여재산분배청구권 등(영리법인), 사단의 설비이용권 등(비영리법인)이 후자에 해당한다.[1)]

사원권의 내용은 법인에 따라 다르나 보통 영리법인에 있어서 공익권은 실제적 의의가 적고 자익권만이 강하게 나타나지만, 비영리법인에서는 자익권의 관념은 약하고 순수한 공익법인에 있어서 자익권은 거의 의의가 있지 않다. 따라서 영리법인에서의 사원권은 양도나 상속이 인정되나(상법 제335조), 비영리법인에서는 인정되지 않는다(제56조). 다만 민법 제56조는 강행규정은 아니므로, 정관이나 관습에 따라 양도나 상속이 될 수 있다.[2)]

Ⅲ. 감사

감사는 정관 또는 사원총회의 결의로 둘 수 있는 임의적인 감독기관으로(제66조)[3)], 그 자격이나 선임방법, 선임행위의 성질, 해임, 퇴임 등은 이사의 경우와 같다. 다만 감사는 이사의 사무집행을 감독하는 기관이고 대외적인 대표기관이 아니기에, 감사의 성명이나 주소를 반드시 등기할 필요는 없다.

감사의 주요직무는 법인의 재산 상황이나 이사의 업무집행에 대한 감사 및 이에 관한 부정·불비 발견 시 총회 또는 주무관청에의 보고, 이러한 보고 등을 위한 총회의 소집 등이 있다.

감사도 이사의 경우와 같이 선관주의로 사무를 처리하여야 할 것

1) 반대로 사원에게는 회비납부나 출자의무 등이 발생한다.
2) 대판 1997. 9. 26., 95다6205.
3) 특히 공익법인은 공익법인법 제5조 제1항에 따라, 주식회사는 상법 제312조 및 제409조 이하에 따라 필요기관으로 감사를 두어야 한다(다만 유한회사의 경우에 감사는 임의기관이다, 상법 제568조).

이나 수인의 감사 중 일인이 이를 위반하더라도 연대배상책임까지 발생하지는 않는다.

제5절 정관의 변경

정관의 변경이란 법인이 동일성을 유지하면서 그 조직을 변경하는 것을 말한다. 사단법인은 사람이 모인 단체이므로 동일성이 유지되는 한 변경이 원칙적으로 가능하나, 재단법인은 설립자의 의도로 정해진 목적과 조직으로 구성되어 있으므로 원칙적으로는 정관의 변경이 불가능하다.

Ⅰ. 사단법인의 정관변경

정관의 변경은 총 사원의 3분의 2 이상의 동의가 있어야 하고, 이러한 정족수는 정관에서 다르게 정할 수 있다(제42조 제1항). 사단법인에 있어서 정관변경은 사원총회의 전권사항이므로, 정관에서 달리 정한 경우에 그 정관규정은 무효이다. 변경된 정관은 주무관청의 허가가 있어야 하며(제42조 제2항) 변경사항이 등기사항인 경우에는 이를 등기하여야 제3자에게 대항할 수 있다(제54조).

정관에서 변경을 제한하거나 금지하더라도 모든 사원의 동의가 있다면 변경할 수 있으며 목적 역시 정관변경 절차에 따라 변경할 수 있다. 그러나 비영리법인이 영리 목적으로 변경하는 경우는 법인의 동질성이 유지되지 않으므로 불가능하고, 사단법인의 본질에 반하는 정관변경 역시 인정되지 않는다.

이와 관련하여 판례는 사단법인은 일정한 목적을 위해 결합한 사람의 단체에 법인격이 인정된 것을 말하고, 사단법인에 있어 사원 자격의 득실변경에 관한 사항은 정관의 기재사항이므로, 어느 사단법인과 다른 사단법인이 동일한 것인지는 그 구성원인 사원이 동일한지 여부에 따라 결정됨이 원칙이라고 하면서, 다만 사원 자격의 득실변경에 관한 정관의 기재사항이 적법한 절차를 거쳐서 변경된 경우에는 구성원이 다르더라도 그 변경 전후의 사단법인은 동일성을 유지하면서 존속하는 것이고, 이러한 법리는 법인 아닌 사단도 마찬가지라고 판단하였다.[1)]

Ⅱ. 재단법인의 정관변경

재단법인은 설립자가 정한 정관에 의하여 이사가 활동하는 것이기에 자주적으로 의결기관이 존재하지 않으므로 정관을 변경할 수 없는 것이 원칙이다. 따라서 설립자가 정관변경 규정을 정관에 정한 경우에도 이는 단지 정관의 실행으로 보는 것이 타당하고 마찬가지로 정관의 실행에 따른 변경도 주무관청의 허가가 있어야 한다(제45조 제3항).[2)] 또한, 변경된 사항이 등기사항이면 등기하는 것으로 제3자에게 대항할 수 있다.

다만 정관에서 변경방법을 정하고 있지 않더라도 변경할 수 있는 예외로 세 가지 경우가 있다. 먼저 재단법인의 목적 달성이나 그 재산의 보전을 위하여 적당한 때에는 주무관청의 허가로 법인의 명칭이나 사무소의 소재지를 변경하는 것은 가능하다(제45조 제2항). 명칭이나 소재지는 재단법인의 본질적 요소가 아니기 때문이다.

1) 대판 2008. 9. 25., 2006다37021.
2) 정관의 변경에 관한 주무관청의 허가행위에 있어서 판례는 허가행위의 법적성질을 자유재량에 속하는 행위라고 보았으나, 전원합의체 판결로 변경하여 인가라고 본다; 대판(전) 1996. 5. 16., 95누4810

다음으로, 재단법인의 목적을 달성할 수 없는 때에 설립자나 이사는 주무관청의 허가를 얻어 설립의 취지를 참작하여 그 목적 기타 정관의 규정을 변경할 수 있다(제46조). 목적 달성 불능인 경우에 법인은 해산하여야 할 것이나, 목적을 변경하여 존속하는 것이 사회적으로 바람직하고 설립자의 의사도 존중될 수 있기 때문이다. 이 경우에 변경은 정관의 목적 규정을 포함한 모든 규정이 되나, 재단법인의 설립취지를 벗어나 영리법인으로 하는 등의 변경은 인정되지 않는다.

또한, 재단법인의 기본재산의 처분행위가 있는 경우에도 정관변경에 해당하여 주무관청의 허가가 있어야 효력이 발생한다.[1] 기본재산이 증가되는 경우에도 같다.[2] 이는 재단법인이 재산을 기본요소로 하는 단체이고, 이 재산 사항이 변경되는 것은 결국 재단법인의 변경을 의미하기 때문이다.

제6절 법인의 소멸

법인이 권리능력을 상실하는 것을 법인의 소멸이라 한다. 자연인이 사망이라는 사건으로 권리능력을 상실하는 반면, 에, 법인은 해산과 청산의 절차를 통하여야만 권리능력이 상실된다. 따라서 법인은 청산이 종결되기 전까지는 제한적으로 권리능력을 가진다(청산법인).

1) 대판 1974. 6. 11., 73다1975. 또한, 경매에 의한 경우도 같다; 대결 2007. 6. 18., 2005마1193.

2) 대판 1982. 9. 28., 82다카499.

Ⅰ. 해산

법인이 목적 실행을 위한 활동을 멈추고 청산절차에 들어가는 것을 해산이라 한다.

법인의 공통적인 해산사유로 존립기간의 만료, 법인의 목적달성 또는 달성불능, 정관에서 정한 해산사유의 발생, 파산 또는 설립허가가 취소되는 경우가 있다(제77조 제1항). 또한, 사단법인의 경우에는 사원이 없게 되거나(제2항)[1], 사원총회의 결의로도 해산(임의해산)된다.

사원총회의 결의로 해산하는 경우에는 총 사원 4분의 3 이상의 동의가 있어야 하나, 정관으로 정족수를 달리 정하는 것도 가능하다(제78조).

Ⅱ. 청산

1. 의의 및 범위

해산한 법인이 남은 사무를 처리하고 재산을 정리하여 완전히 소멸할 때까지의 과정을 청산이라 하며 이 단계에 있는 법인을 청산법인이라 한다. 청산절차는 제3자의 이해관계가 얽힐 수 있으므로 강행규정에 해당하고, 따라서 민법규정과 다른 정관은 효력이 없다.[2]

청산법인은 청산의 목적범위 내에서만 권리의무를 부담하며(제81

1) 판례 역시 사단법인의 사원이 없는 경우에 이는 해산사유가 될 뿐이며, 청산사무가 완료되어야 당사자능력이 소멸하고 소송상의 당사자능력이 상실되는 것으로 본다; 대판 1992. 10. 9., 92다23087.

2) 대판 2000. 12. 8., 98두5279.

조), 목적범위를 벗어나는 행위를 하면 그 행위는 무효가 된다.[1)]

2. 청산인의 의무와 청산절차

청산인은 법인의 해산에 대한 등기와 그 신고 및 업무를 종결하여야 하며, 채권추심과 채무변제 후 잔여재산을 귀속권자에게 인도하여야 한다. 만약 채무변제가 부족하게 되면 법인에 대해 파산신청을 하여야 한다. 청산이 종결되면 이를 등기하고 신고하여 법원의 권리능력이 소멸한다.

(1) 청산인의 선정과 청산기관

파산의 경우를 제외하고[2)] 이사가 청산인이 되나 정관이나 총회의 결의로 달리 정한 경우에는 이에 따른다(제82조). 그럼에도 불구하고 청산인이 될 자가 없거나 청산인의 결원으로 손해가 발생할 우려가 있는 경우에 법원은 이해관계인이나 검사의 청구로 청산인을 선임할 수 있고 직권으로 선임하는 것도 가능하다(제83조). 반대로 중요한 사유가 있으면 법원의 청산인 해임도 가능하다(제84조). 청산인이 청산법인의 집행기관이자 대표기관이 되기 때문에, 이사의 사무집행방법(제58조 제2항), 임시총회의 소집(제70조) 등에 관한 규정 등이 준용된다(제96조). 다만 사원총회나 감사 등의 기관은 그대로 청산법인의 기관이 된다. 이는 청산법인이 해산 전 법인과 동일성이 유지되기 때문이다.

---

1) 대판 1980. 4. 8., 79다2036.

2) 법인의 소멸사유가 파산인 경우에는 특별법인 채무자회생 및 파산에 관한 법률에 따른다.

(2) 절차

1) 해산에 대한 등기 및 신고

청산인은 선임 후 3주 내에 해산사유 및 연월일, 청산인의 성명 및 주소, 대표권에 관한 사항을 주된 사무소나 분사무소 소재에서 등기하고(제85조 제1항) 주무관청에 신고하여야 한다(제86조 제1항).

2) 현존사무의 종결

청산인은 법인 업무가 완결되지 않은 현존사무를 종결하여야 한다(제87조 제1항 제1호).

3) 채권의 추심과 채무의 변제

청산인은 법인이 보유한 채권을 추심하고 부담하는 채무에 대한 변제절차를 진행하여야 한다(제87조 제1항 제2호). 채권추심에 있어서 변제기에 이르지 않은 채권이나 조건부 채권은 양도 등의 적당한 방법으로 환가하여야 한다.

채무변제에 있어서 청산인은 법인의 채권자에게 2개월 이상의 기간을 정하여 자신의 채권을 신고할 것을 최고하여야 한다(제88조 제1항). 이때 신고하지 않으면 청산에서 제외됨을 표시하여야 한다(제88조 제2항). 최고방법은 청산인이 알고 있는 채권자에게는 개별적으로, 그렇지 않은 채권자에게는 공고하여야 한다. 청산인은 채권신고기간 내에는 채권자에 대하여 변제하지 못하나 채권자에 대한 지연손해배상의 의무를 면하지는 못한다(제90조).

채권신고기간이 지나면 변제기 미도래의 채권에 대하여서도 법원이 선입한 감정인의 평가에 따라 변제할 수 있다(제91조 제1항), 채권의 미신고로 청산에서 제외된 채권자는 법인의 채무변제 후 귀속권자에게 인도하지 않은 재산으로만 변제받을 수 있다(제92조). 다만 청산인이 알고 있는 채권자는 신고하지 않더라도 청산에서 제외되지 않으며(제89조 단서), 만약 채권자가 변제를 수령하지 않으면 이를 공탁하여야 한다.[1]

4) 잔여재산의 인도

채권추심과 채무변제 이후에 법인이 보유한 잔여재산은 귀속권자에게 인도한다. 귀속자는 정관으로 정하며(제80조 제1항), 규정이 없거나 지정방법을 정하지 않은 때에는 이사 또는 청산인이 주무관청의 허가를 얻어 그 법인의 목적과 비슷한 목적을 위하여 처분할 수 있으나, 사단법인의 경우 사원총회의 결의가 있어야 한다(제80조 제2항). 그럼에도 불구하고, 처분되지 않은 재산은 국고로 귀속된다.

5) 파산신청

청산 중 법인의 재산이 그 채무를 완제하기에 부족한 것이 분명하게 된 때에는 청산인은 지체없이 파산선고를 신청하고 이를 공고하여야 한다(제93조 제1항). 법인의 파산으로 파산관재인이 정해지면 청산인은 파산재산에 속하는 권리의무에 대하여 그의 사무를 인계하고 해당 사무의 임무가 종료된다(제93조 제2항). 하지만 파산관재인의 직무 이 이외의 사항에 관하여는 여전히 청산인의 임무가 존속된다. 청산인이 파산신청 및 그 공고를 해태하거나 부정한 공고를 하면 과태료의 처분을 받는다(제97조 제6호 및 제7호)

1) 곽윤직/김재형, 민법총칙(민법강의Ⅰ), 2019, 212면.

6) 청산종결의 등기와 신고

청산이 종결한 때에는 청산인은 3주간 내에 이를 등기하고 주무관청에 신고하여야 한다(제94조).

제7절 법인 아닌 사단 및 재단

Ⅰ. 서설

1. 의의

법인은 민법이 요구하는 설립절차에 따라 주무관청의 허가를 취득함으로써 설립된다. 이에 반해 법인 아닌 사단이나 재단은 단체의 실체를 갖추고 있지만 주무관청의 허가를 취득하지 않아 법인격을 부여받지 못한 경우이다. 이렇게 법인의 실체를 갖추었음에도 법인격이 없는 사단이나 재단이 존재하는 이유는 주무관청의 관리나 규제를 피하려고 의도적으로 허가를 신청하지 않을 수 있고, 설립에 필요한 요건을 갖추지 못하여서 허가를 취득하지 못할 수도 있다. 허가를 받은 후 주무관청에 의하여 허가가 취소되는 때도 있다.

이러한 법인 아닌 사단이나 재단과 관련한 법률관계 즉 구성원과 단체와의 관계 내지 단체와 제3자와의 관계에 대하여 통설[1)]과 판례[2)]는 법인에 관한 민법규정 가운데서 법인격을 전제로 하는 것을 제외한 다른 규정은 법인격 없는 단체에 유추적용해야 한다는 입장이다. 법인격 없는 사단이나 재단과 관련하여 가장 많이 다루어지는 것으

1) 곽윤직/김재형, 민법총칙(민법강의Ⅰ), 2019, 166면; 이은영, 민법총칙, 2009, 257면.
2) 대판 1992. 10. 9., 92다23087.

로 종중과 교회가 있다.

2. 종중

고유한 의미의 종중이란 공동선조의 분묘 수호와 제사, 종원 상호 간 친목 등을 목적으로 하는 자연발생적인 관습상 종족집단체[1]를 말한다. 종래의 관습법은 종원의 자격을 성년에 달한 남성으로 제한하였으나 대법원[2]은 이러한 관습법이 남녀평등을 기초로 한 우리나라 전체법질서의 이념에 반한다고 보아 그 효력을 부정하고 공동선조와 성과 본을 같이 하는 후손은 성별의 구별 없이 성년이 되면 당연히 그 구성원이 된다고 보는 것이 조리에 합당하다고 보았다.

한편 이러한 고유한 의미의 종중이 모두 법인격 없는 사단이 되는 것은 아니다. 종중이 법률이 인정하는 법인격 없는 사단으로서 지위를 갖기 위하여서는 단체로서의 실체를 갖추어야 하기 때문이다. 법인격 없는 사단으로서의 종중이 되기 위하여서는 규약이나 관습에 따라 선출된 대표자 등에 의하여 대표되는 정도로 조직을 갖추어야 하며 지속적인 활동을 하고 있어야 한다.[3] 고유 의미의 종중에서 공동선조의 후손은 그 의사와 관계없이 성년이 되면 당연히 그 구성원(종원)이 되는 것이므로 그중 일부 종원을 임의로 그 종원에서 배제하여 공동선조의 후손 중 특정 지역 거주자나 지파 소속 종중원만으로 조직체를 구성하여 활동하고 있다면 이는 본래의 의미의 종중으로는 볼 수는 없지만 종중 유사의 권리능력 없는 사단이 될 수는 있

---

1) 대판 2019. 2. 14., 2018다264628.
2) 대판 2005. 7. 21., 2002다1178.
3) 대판 1994. 9. 30., 93다27703.

다.[1]

종중 유사의 권리능력 없는 사단이 공동선조의 후손 중 일부에 의하여 인위적인 조직행위를 거쳐 성립된 경우에는 사적 임의단체라는 점에서 고유 종중과 그 성질을 달리하므로, 사적 자치의 원칙 내지 결사의 자유에 따라 구성원의 자격이나 가입조건을 자유롭게 정할 수 있고, 반드시 총회를 열어 성문화된 규약을 만들고 정식의 조직체계를 갖추어야만 비로소 단체로서 성립하는 것이 아니라, 실질적으로 공동의 목적을 달성하기 위하여 공동의 재산을 형성하고 일을 주도하는 사람을 중심으로 계속적으로 사회적인 활동을 하여 온 경우에는 이미 그 무렵부터 단체로서의 실체가 존재한다고 하여야 하므로 계속적으로 공동의 일을 수행하여 오던 일단의 사람들이 어느 시점에 이르러 비로소 창립총회를 열어 조직체로서의 실체를 갖추었다면, 그 실체로서의 조직을 갖추기 이전부터 행한 행위나 또는 그때까지 형성한 재산은 다른 특별한 사정이 없는 이상 모두 이 사회적 실체로서의 조직에 귀속된다.[2]

3. 교회

일정한 규약에 근거하여 다수의 기독교의 교인들에 의하여 조직되고 예배를 포함한 종교활동을 지속하고 있는 개개의 지교회도 권리 능력 없는 사단이 된다.[3] 대법원은 종교활동은 헌법상 종교의 자유와 정교분리의 원칙에 의하여 국가의 간섭으로부터 그 자유가 보장되어 있으므로, 국가기관인 법원은 종교단체 내부관계에 관한 사

1) 대판 1996. 10. 11., 95다34330.
2) 대판 2019. 2. 14., 2018다264628.
3) 대판 1991. 11. 26., 91다30675.

항에 대하여는 그것이 일반 국민으로서의 권리의무나 법률관계를 규율하는 것이 아닌 이상 원칙적으로 그 실체적인 심리판단을 하지 아니함으로써 당해 종교단체의 자율권을 최대한 보장하여야 한다는 전제에서 일반 국민으로서의 특정한 권리의무나 법률관계와 관련된 분쟁에 관한 것이 아닌 이상 종교단체의 내부관계에 관한 사항은 원칙적으로 법원에 의한 사법심사의 대상이 되지 않는다는 입장이다.[1)]

Ⅱ. 법인 아닌 사단의 법률관계

1. 내부관계

법인 아닌 사단도 단체로서의 실체를 갖추고 있어야 하므로 그 조직과 대표의 방법, 총회의 운영, 재단의 관리 등을 정한 구체적인 규약이 존재하여야 한다.

법인 아닌 사단의 조직과 운영, 구성원과의 내부관계에 대하여서 정관에 따르되, 정관이 없으면 사원총회 및 이사에 관한 민법의 규정이 유추적용된다. 예를 들어 임시이사에 관한 민법 제63조는 법인의 조직과 활동에 관한 것으로서 법인격을 전제로 하는 조항이 아니고, 법인 아닌 사단이나 재단의 경우에도 이사가 없거나 결원이 생길 수 있으며, 통상의 절차에 따른 새로운 이사의 선임이 극히 곤란하고 종전 이사의 긴급처리권도 인정되지 아니하는 경우에는 사단이나 재단 또는 타인에게 손해가 생길 염려가 있을 수 있으므로, 민법 제63조는 법인 아닌 사단이나 재단에도 유추 적용할 수 있다.[2)] 또한, 사원총회의 결의에 대하여서 민법 제71조, 제72조에 비추어 볼 때 정관

1) 대판 2015. 4. 23., 2013다20311.
2) 대결(전) 2009. 11. 19., 2008마699.

에 다른 규정이 없는 한 총회에서는 소집 1주간 전에 통지된 그 회의의 목적사항에 관하여만 결의할 수 있다.[1]

2. 재산의 귀속

법인이 아닌 사단의 사원이 집합체로서 물건을 소유할 때에는 총유로 한다(제275조 제1항). 총유물의 관리 및 처분은 사원총회의 결의에 의한다(제276조 제1항). 법인 아닌 사단의 각 사원은 정관 기타의 규약에 좇아 총유물을 사용, 수익할 수 있다(제276조 제2항). 총유물에 관한 사원의 권리의무는 사원의 지위를 취득상실함으로써 취득상실된다(제277조). 교단에 소속되어 있던 지교회의 교인들의 일부가 소속 교단을 탈퇴하기로 결의한 다음 종전 교회를 나가 별도의 교회를 설립하여 별도의 대표자를 선정하고 나아가 다른 교단에 가입한 경우, 그 교회는 종전 교회에서 집단적으로 이탈한 교인들에 의하여 새로이 법인 아닌 사단의 요건을 갖추어 설립된 신설 교회라 할 것이어서, 그 교회 소속 교인들은 더이상 종전 교회의 재산에 대한 권리를 보유할 수 없게 되고, 종전 교회의 재산은 그 교회에 소속된 잔존 교인들의 총유로 귀속됨이 원칙이다.[2]

법인 아닌 사단에 속하는 부동산의 등기에 관하여는 그 사단을 등기권리자 또는 등기의무자로 한다(부동산등기법 제26조 제1항).

---

1) 대판 2006. 7. 13., 2004다7408.

2) 대판(전) 2006. 4. 20., 2004다37775.

3. 외부관계

법인이 아닌 사단은 그 이름으로 민사소송상 당사자가 될 수 있다(민사소송법 제52조).

법인 아닌 사단의 권리능력, 행위능력, 불법행위능력, 대표기관의 권한과 방식 등은 모두 사단법인에 관한 규정이 유주적용된다. 다만 법인 아닌 사단은 대표자의 대표권제한에 관하여 등기할 방법이 없으므로 제60조가 적용되지 않게 되어 비법인사단의 대표자가 정관에서 사원총회의 결의를 거쳐야 하도록 규정한 대외적 거래행위에 관하여 이를 거치지 아니한 경우라도 그 거래행위는 원칙적으로 효력이 있다.[1] 다만 법인 아닌 사단이 정관에 대표자의 대표권을 제한한 경우 거래상대방이 그에 관하여 알았거나 알 수 있었을 때에는 효력이 없다.[2] 갑 주택조합의 대표자가 甲 주택조합 대표자로서의 모든 권한을 乙에게 포괄적으로 위임한 것은 민법 제62조에 위반한 것이므로 乙이 甲 주택조합의 업무를 수행하면서 분양대행회사와 조합원모집대행계약을 체결하였고, 그에 따라 丙 등이 분양대행회사를 통해 조합원가입계약을 체결한 것은 甲 주택조합에 효력이 없다.[3]

Ⅲ. 법인 아닌 재단

일정한 목적을 위하여 결합된 재산이 재단이다. 이러한 재단 중에서 법인 아닌 재단이 되기 위하여서는 법인의 실체를 가지고 있어야 한다. 따라서 일정한 목적을 위하여 출연되고 관리조직을 갖추었

1) 대판 2003. 7. 22., 2002다64780.
2) 대판 2007. 4. 19., 2004다60072.
3) 대판 2011. 4. 28., 2008다15438.

으며 대표자를 두고 있는 경우 법인 아닌 재단이 된다. 재산이 출연되어 설립 중인 재단이 대표적인 예이다.

법인 아닌 재단에 대하여는 재단법인에 관한 규정 중 법인격을 전제로 하는 것을 제외한 나머지 규정들이 유추적용된다. 법인 아닌 재단은 그 이름으로 민사소송상 당사자가 될 수 있으며(민사소송법 제52조), 법인 아닌 재단에 속하는 부동산의 등기에 관하여 그 재단을 등기권리자 또는 등기의무자로 한다(부동산등기법 제26조). 법인 아닌 재단이 부동산을 포함한 물건을 소유하는 경우 그 재단의 단독소유라고 보아야 할 것이다.

제4장
주소와 거소

Ⅰ. 의의

사람은 특정 장소에만 머무르지 않으며 이를 강제할 수도 없다. 그럼에도 사람의 법률관계는 일정한 장소를 기준으로 하는 경우가 많다. 예를 들어 국적을 정하거나 토지의 소유를 허용하거나 당사자에게 적용되는 법률을 결정하는 등에 있어서 기준이 되는 장소가 필요하게 된다. 민사와 관련하여 가장 중요한 장소로 주소와 거소가 있다. 예를 들어 부재자의 재산관리에 대한 처분은 부재자가 주소나 거소를 떠난 경우에 가능하며(제22조), 변제의 장소는 채권자의 주소에서 이루어져야 하는 것이 원칙이다(제467조).

Ⅱ. 주소 및 거소의 결정

1. 주소

생활의 근거가 되는 곳이 주소가 된다(제18조 제1항). 생활의 근거가 된다는 것은 단순히 일상의 많은 시간을 계속적으로 보내는 장소를 의미하는 것이 아니라 인적이나 물적인 측면에서 지속적인 의존관계를 이루며 회귀하는 장소를 말한다. 보통 다른 가족구성원과 함께 생활하는 곳이 될 것이다. 따라서 미성년 자녀의 경우 그가 타지에서 기숙사 생활을 하고 있더라도 부모의 생활근거지가 주소가 될 수 있다. 또한, 남편이 다른 지역에서 평일에 직장 생활을 하더라도 주말에 가족이 있는 곳으로 와서 지낸다면 이 또한 주소가 된다. 다만 이러한 주소는 두 곳 이상일 수 있다(제18조 제2항). 평일에 직장 생활을 하면서 지내는 지방과 주말에 가족과 함께 보내는 서울의 두 곳이 모두 주소가 될 수 있는 것이다.

특정한 장소를 주소로 해야겠다는 의사는 필요하지 않으며 객관적인 생활의 근거가 되면 족하다. 주민등록지와 반드시 일치하는 것도 아니다.

주소와 구별되는 개념으로 민법은 가주소의 개념을 인정한다. 즉 어느 행위에 있어서 가주소를 정한 때에는 그 행위에 관하여는 이를 주소로 본다(제21조). 따라서 특정의 법률행위를 하면서 가주소를 정한 경우 해당 법률관계에서는 가주소가 주소로 된다. 예를 들어 당사자 사이에 가주소를 정한 법률행위로 채무가 발생하였다면 그 변제의 장소(제467조)는 채권자의 가주소가 된다.

2. 거소

거소란 단기의 일정한 기간 동안 머무르면서 생활의 중심이 되는 장소를 말한다. 다른 지역에서 근무할 일이 생겨 그곳에 거주지를 마련하여 제한된 기간 동안 생활하는 경우 그 거주지가 거소에 해당한다.

주소를 알 수 없는 경우 거소를 주소로 본다(제19조). 국내에 주소 없는 자에 대하여는 국내에 있는 거소를 주소로 본다(제20조).

제5장

부재와 실종

I. 부재자 재산관리제도

1. 의의

부재자란 종래의 주소나 거소를 떠나 상당 기간 돌아오기 어렵다고 판단되는 자를 말한다. 부재자가 있게 되면 부재 기간 동안 그의 재산은 방치되어 부재자 자신뿐만 아니라 사회경제적으로 큰 손실이 발생할 수 있다. 여기서 민법은 부재자의 재산관리가 필요한 경우에 이해관계인[1]이나 검사의 청구를 통하여 가정법원이 부재자의 재산관리에 필요한 처분을 명하도록 하고 있다(제22조). 부재자가 재산관리인을 둔 경우와 그렇지 않은 경우를 구별하여 규정한다.

2. 부재자가 재산관리인을 두지 않은 경우

(1) 의의

부재자가 재산관리인을 두지 않았거나 부재중에 재산관리인의 권한이 소멸한 경우에는 부재자의 재산을 관리할 사람이 없게 된다.

---

1) 이해관계인이란 일반적으로는 해당 사안과 관련한 조치로 이익을 보는 자를 말하지만, 법률적으로는 사실상의 이익에 그치지 않고 법률적 이익, 즉 권리를 얻거나 의무를 면하는 경우를 말한다. 예를 들어 부재자의 재산관리와 관련하여 이해관계인은 재산이 온전히 보존, 관리됨으로써 사후에 이익을 볼 수 있는 부재자의 상속인이나 채권자 등이 될 것이다.

이 경우 이해관계인이나 검사의 청구에 의하여 부재자는 재산관리에 필요한 처분을 명하여야 한다(제22조).

재산관리에 필요한 처분에는 직접 재산의 보존을 위하여 처분을 금지하거나 공탁하거나, 또는 경매에 처하는 명령을 할 수 있을 것이다. 하지만 부재자의 지속적인 재산의 관리를 위하여 법원이 하는 처분으로는 재산관리인의 선임도 포함된다.

(2) 선임된 재산관리인의 의무

선임된 재산관리인은 부재자와 법정위임관계가 발생하지만, 부재자의 재산관리라는 성질에 비추어 위임에 관한 규정이 준용된다. 따라서 그의 재산을 선량한 관리자의 주의로 보존하여야 한다(제681조). 재산관리인으로 선임되면 관리할 재산의 목록을 작성하여야 하며, 법원이 명하는 보존에 필요한 처분을 수행하여야 한다(제24조). 부재자의 법정대리인으로서 재산에 대한 보존과 물건이나 권리의 성질을 변하지 아니하는 범위에서 이용 또는 개량할 수 있지만(제118조), 이를 넘는 처분 등의 행위에 대하여는 법원의 허가를 받아야 한다(제25조).

3. 부재자가 재산관리인을 둔 경우

(1) 의의

부재자가 재산관리인을 둔 경우에 법원은 원칙적으로 부재자의 재산관리에 관여할 수 없다(제23조). 하지만 부재자가 생사불명이 되어 귀환할 가능성이 희박한 경우에는 후견적 입장에서 가정법원이 부재자가 선임한 재산관리인의 행위에 적극적으로 관여할 필요가 있게 된다. 생사불명이란 생존이나 사망에 대하여 증명을 하지 못하는 상황을 말한다.

(2) 재산관리에 필요한 처분명령

부재자의 생사가 분명하지 않게 된 경우 법원은 이해관계인이나 검사의 청구에 의하여 부재자가 선임한 재산관리인에게 관리재산의 목록을 작성하게 하고 부재자 재산의 보존을 위하여 필요한 처분을 명할 수 있다(제24조 제3항).

(3) 재산관리인의 개임

부재자의 생사불명인 경우 가정법원은 재산관리인, 이해관계인 또는 검사의 청구에 의하여 재산관리인을 개임할 수 있다.

4. 재산관리인의 담보제공 및 보수의 지급

법원은 재산관리인으로 하여금 재산의 관리 및 반환에 대하여 상당한 담보를 제공하게 할 수 있다(제26조 제1항). 재산관리인에 대하여 법원은 부재자의 재산으로부터 상당한 보수를 지급할 수 있다(제26조 제2항). 부재자는 재산의 관리나 처분에 소요되는 비용에 대한 상환 및 과실없이 받은 손해의 배상을 청구할 수도 있다. 그에 소요되는 금액은 부재자의 재산에서 지출된다(제688조, 제24조 제4항). 이 규정은 재산관리인이 법원에 의하여 선임된 경우뿐만 아니라 부재자가 재산관리인을 두고 생사불명이 된 경우에 모두 적용된다(제26조 제3항).

5. 재산관리처분의 취소

법원이 재산관리의 처분을 한 후에 본인이 재산관리인을 정한 때에는 본인, 재산관리인, 이해관계인 또는 검사의 청구에 의하여 법원은 처분명령을 취소하여야 한다(제22조 제2항). 그 외에 본인이 직접 재산을 관리할 수 있게 되었거나 사망이나 실종선고로 재산이 상속인에게 승계된 경우 재산관리의 필요성도 마찬가지로 소멸하여 처분명령이 취소된다.

처분명령이 취소되더라도 그 이전에 내려진 처분은 영향을 받지 않는다. 법원의 정당한 판단에 따라 직접 혹은 대리행위를 통하여 부재자에게 이익이 되는 방향으로 이루어졌기 때문이다. 따라서 법원의 재산관리처분이 있기 이전에 이미 부재자가 사망하였고, 그 후 법원의 처분명령이 취소되었다고 하더라도 부재자의 상속인은 처분의 효력을 다투지 못한다.[1]

Ⅱ. 실종선고제도

1. 의의

실종선고제도란 부재자의 생사가 일정 기간 분명하지 않아 살아 돌아올 가능성이 희박할 경우 그를 사망한 것으로 의제하는 제도를 말한다. 특정인의 생사가 오랜 기간 불분명하여 사망했을 가능성이 매우 큼에도 불구하고 사망을 증명하지 못한다는 이유로 그의 재산상, 가족법상 법률관계를 그대로 유지하게 시키는 것은 배우자나 상

1) 대판 1970. 1. 27. 69다719.

속인과 같은 이해관계인에게 불이익을 줄 수 있다. 실종선고는 법원의 선고를 거쳐 부재자를 사망한 것으로 의제하여 법률관계의 변동을 가져오도록 하는 제도이다.

2. 실종선고의 요건

다음의 요건이 갖추어지면 가정법원은 실종선고를 하여야 한다.

(1) 부재자의 생사불명

부재자가 생사불명이어야 한다. 가족관계등록부에 사망으로 기재된 자는 사망의 기재가 위조나 변조된 문서에 의하여 이루어졌거나 신고인이 공정증서원본 부실기재죄로 처단되었거나 본인이 현재 생존해 있다는 사실이 증명되는 등으로 추정력이 깨지지 않는 한 기재된 시기에 사망한 것으로 보아야 한다.[1] 사망한 자이기 때문에 생존한 것을 전제로 하는 생사불명자로 볼 수 없고 따라서 실종선고를 내리지 못하는 것이다.

(2) 실종 기간의 경과

생사불명의 상태가 일정 기간 계속되어야 한다. 민법은 실종 기간과 관련하여 보통실종과 특별실종을 구별한다.

---

1) 대결 1997. 11. 27., 97스4.

1) 보통실종

보통실종의 경우 특별한 위난의 사유 없이 생사불명의 상태가 5년 동안 지속되면 실종 기간이 만료된다(제27조 제1항). 기간의 기산점은 부재자의 생존 사실이 마지막으로 확인된 때이다.

2) 특별실종

사망의 원인이 될 위난을 당한 자가 위난이 끝난 후 1년 동안 생사가 불명하게 되면 특별실종의 기간이 완성된다. 사망의 원인이 될 위난을 당한 자의 예로 민법은 전지에 임한 자, 침몰한 선박 중에 있던 자, 추락한 항공기 중에 있던 자 등을 들고 있다(제27조 제2항). 이러한 예로 비추어 보면 '사망의 원인이 될 위난'은 일반적, 객관적으로 사망의 결과를 발생시킬 가능성이 현저히 높은 변고(變故)를 의미한다. 따라서 홍수나 산사태, 지진, 화산폭발, 대형화재가 있었던 지역에서 실종된 경우에는 이러한 위난에 해당할 것이다. 반면 잠수장비를 착용한 채 바다에 입수하였다가 부상하지 아니한 채 행방불명되었다면 이는 개별적이고 특수한 상황으로 '사망의 원인이 될 위난'에 해당하지 않는다.[1] 보통실종에 해당할 뿐이어서 5년의 실종 기간이 경과하여야 한다.

특별실종 기간의 산정은 위난이 끝난 때로부터 시작된다. 전쟁이 종지(終止)된 때, 즉 완전히 종료한 경우뿐만 아니라 실제로 그치게 된 때, 선박이 침몰한 때, 항공기가 추락한 때, 홍수나 산사태가 그치게 된 때 등이 기산점이 된다.

1) 대결 2011. 1. 31., 2010스165.

(3) 일정한 자의 청구

이해관계인이나 검사의 청구가 있어야 한다. 이해관계인이란 실종자의 사망으로 인하여 신분상 또는 경제상의 권리를 직접 취득하거나 직접 의무를 면하게 되는 사람을 뜻한다.[1] 예를 들어 사망의 의제로 혼인 관계가 소멸하는 배우자, 상속을 받게 되는 친족, 의무를 면하게 되는 부재자의 재산관리인 등이 해당된다. 반면 선순위상속인이 있는 부재자의 자매[2], 종손[3]등은 사실상의 이익을 얻을 수 있다고 하더라도 실종선고청구가 가능한 이해관계인은 아니다. 검사는 공익의 대변자로서 그 청구가 인정된다.

3. 실종선고의 효과

(1) 사망의 의제

1) 의의

실종선고의 요건이 갖추어지면 가정법원은 실종을 선고하여야 한다(제27조). 실종선고가 내려지면 선고를 받은 자는 사망한 것으로 본다(제28조). '본다'는 것은 '의제'라고도 표현되는데 그 의미는 추정과 달리 반대의 증거가 있더라도 본래의 법적 효과에 영향을 주지 않는다는 의미이다. 따라서 사망으로 의제되면 그와 다른 시점에 사망하였다거나 사망하지 않았다는 사실이 입증된다고 하더라도 사망으로 인한 법률관계의 상태는 변경되지 않게 된다. 이러한 법률관계를

---

1) 대결 1986. 10. 10., 86스20.

2) 대결 1986. 10. 10., 86스20.

3) 대결 1992. 4. 14., 92스4.

변경하기 위하여는 실종선고 자체가 취소되어야 한다. 따라서 실종선고가 내려진 후에 그 선고를 취소될 사유가 발생하였다는 것만으로 다시 실종선고를 내리는 것은 허용되지 않으며 착오로 다시 실종선고가 내려진 경우에도 종전에 내려진 실종선고로 인한 법률관계는 부정되거나 변경되지 않는다.[1]

2) 사망의제의 시기

실종선고를 통하여 사망한 것으로 의제되는 시기는 실종선고의 때가 아니라 실종기간이 만료한 때이다(제28조). 보통실종의 경우에는 생존한 사실이 증명된 때로부터 5년이 지난 때에, 특별실종의 경우에는 위난이 종결된 후 1년이 지난 때이다.

사망이 의제되기 이전에는 실종자가 생존한 것으로 보게 된다.[2] 학설은 사망의제 이전에는 생존한 것으로 추정한다고 보나[3] 실종선고로 인한 사망의 의제라는 민법의 규정에 정면으로 배치된다. 만약 실종기간 중에 학설과 같이 생존한 것으로 추정된다고 하면 반증을 들어서 그 법률효과를 번복할 수 있어야 하는데, 민법은 이를 허용하지 않고 여전히 실종기간이 만료한 때에 사망한 것으로 보기 때문이다. 생존의 사실을 인정하려면 실종선고의 취소심판이 있어야만 하는 것이다.

3) 사망의제의 범위

사망한 것으로 의제되면 실종자는 종래의 주소나 거소를 중심으로 한 그의 법률관계가 소멸된다. 사망과 같이 권리능력을 상실하게

---

1) 대판 1994. 9. 27., 94다21542.

2) 대판 1977. 3. 22., 77다81.

3) 곽윤직/김재형, 민법총칙(민법강의I), 2018, 150면

되어 권리나 의무의 주체가 될 수 없게 된다. 이에 따라 종래의 혼인 관계가 소멸하며, 소유권을 포함한 재산권을 상실하게 되고 상속인이 자신의 재산상 지위를 승계하게 된다. 하지만 이러한 법률관계의 소멸은 자신의 주소지를 중심으로 한 종래의 법률관계에 대한 것이며, 실제로 생존해 있는 실종자로서는 여전히 사람으로서 권리능력을 보유한다(제3조). 따라서 그는 새로운 주소지에서 여전히 권리와 의무의 주체가 될 수 있다.

4. 실종선고의 취소

(1) 의의

실종선고가 되면 실종자는 사망한 것으로 의제되고 사망에 대한 다른 반증이 있더라도 사망의제의 법률효과는 변경되지 못한다. 따라서 사망의 의제를 변경하기 위해서는 실종선고 취소의 심판을 받아야 한다.

(2) 실종선고취소의 요건

1) 사망의제에 대한 다른 내용의 증명

실종자가 생존한 사실 또는 사망의제의 시기와 다른 시기에 사망한 사실에 대한 증명이 있어야 한다(제29조). 실종자가 생존한 사실은 그가 살아서 귀환한 경우는 물론이고 실종기간 중이나 실종선고 후에 살아 있었다는 것을 증명하는 것도 포함된다. 이러한 경우 종래의 실종선고취소의 심판 후에 다시 실종선고를 하면 사망의제의 시기가 달라지게 된다.

2) 이해관계인의 청구

본인, 이해관계인 또는 검사의 청구가 있어야 한다.

3) 실종선고취소의 심판

실종선고취소의 요건이 갖추어 지면 법원은 실종선고를 취소하여야 한다.

(3) 실종선고취소의 효과

1) 소급적 효력

실종선고가 취소되면 실종선고는 처음부터 내려지지 않은 것과 같이 된다. 사망의 의제로 소멸하였던 혼인관계는 다시 회복되고 상속된 재산권도 상속이 없었던 것과 같이 된다.

2) 소급적 효력의 제한

실종선고 후 그 취소 전에 선의로 한 행위는 그 효력에 영향을 받지 않는다(제29조 제1항 단서). 실종선고취소로 인한 법률관계회복의 소급적 효력을 무제한 적용하게 되면 실종선고의 심판을 믿고 이루어진 많은 법률관계가 소멸하게 되어 거래의 안전은 큰 위협을 받게 되고 원상회복과 관련하여 매우 복잡한 법률관계가 발생하기 때문이다. 따라서 민법은 소급적 효력에 대하여 일정한 제한을 가하고 있다. 예를 들어 실종선고 후에 다른 사람과 혼인을 한 경우, 상속인이 상속재산을 처분한 경우에 선의가 인정되면 그 법률행위는 유효하다.

학설은 법률행위의 당사자 모두가 선의이어야 하느냐, 한 사람만 선의이면 되느냐의 문제에 대하여 의견이 나뉜다.[1] 하지만 실종선고를 직접 원인으로 하는 이해관계인은 실종선고의 취소심판에 의하여 소급적으로 처분권이 없는 자가 되고 따라서 그의 법률행위는 선의, 악의를 떠나 원칙적으로 무효이다. 이러한 전제하에서 제29조 제2항은 별도로 원상회복의 범위를 정하고 있는 것이다. 실종선고를 직접 원인으로 하여 재산을 취득한 자는 자신이 선의이든 악의이든 부당이득으로 반환을 하여야 하는 것이다.

선의나 악의를 구별하여 법률행위의 효력을 다르게 정하는 것은 거래의 안전을 보호할 것이냐의 문제로 제한되어야 한다. 즉 선의나 악의의 여부는 제3자만을 기준으로 해야 한다. 예를 들어 제107조 내지 제110조에서 선의의 제3자를 보호하거나 제548조에서 제3자의 권리를 해하지 못하도록 하는 규정은 이러한 거래의 안전을 근거로 한 것이며, 같은 취지에서 제29조 제1항에는 비록 제3자에 대한 언급이 없지만 제3자가 선의인 경우로 해석하여야 한다.

제29조 제1항은 가족관계에도 적용된다. 따라서 실종자의 배우자가 실종선고를 믿고 다른 사람과 재혼하였는데 그 후 실종자가 생환하였다면 실종자의 배우자가 선의이더라도 재혼의 상대방 배우자가 악의인 경우에는 재혼이 중혼이 되어 후혼은 혼인취소사유가 된다(제818조). 다만 실종자의 배우자였던 자가 후혼의 관계를 계속 유지하기를 원한다면 생환한 실종자에 대하여 혼인을 계속하기 어려운 중대한 사유를 원인으로 이혼을 청구할 수 있을 것이다(제840조 제6호). 반면 실종자의 배우자가 악의라도 상대방 배우자가 선의였던 경우는 전혼은 부활하지 않게 되어 후혼만 유효하게 된다. 이 경우 재혼의 상대방 배우자는 사기로 이유로 혼인을 취소할 수 있으며(제

1) 이러한 의견대립에 대하여는 곽윤직/김재형, 민법총칙(민법강의I), 2019, 152면 이하 참조.

816조 제3호), 혼인을 계속할 수 없는 중대한 사유로 인정되면 이혼을 청구할 수도 있다(제840조 제6호).

제3편

권리의 객체

제1장
일반론

Ⅰ. 의의

권리는 일정한 이익의 향유를 내용으로 하고 그 이익은 특정한 대상을 매개하여 발생한다. 여기서 권리자에게 이익을 발생시키는 대상을 권리의 객체라고 한다. 예를 들어 소유권은 특정한 물건을 사용하거나 수익, 처분함으로써 발생하는 이익을 향유하는 권리로 소유권의 객체는 그 특정한 물건이 된다. 채권은 채무자에 대한 일정한 행위를 청구할 수 있는 것을 내용으로 하는데, 채무자의 일정한 행위로 인하여 발생하는 이익을 향유하는 권리이다. 따라서 채권의 객체는 채무자의 일정한 행위, 즉 급부가 된다.

Ⅱ. 민법의 규정

이렇게 물권은 물건의 직접 지배를 통하여 이익을 향유하는 권리이고 채권은 채무자의 일정한 행위인 급부를 통하여 이익을 향유하는 권리이다. 따라서 권리의 객체는 물건과 급부로 대별할 수 있을 것이다.

반면 채무자의 일정한 행위도 물건을 대상으로 하여 이루어지는 경우가 대부분이다. 예를 들어 매도인은 매매목적물인 특정한 물건의 소유권을 이전하여 줄 급부의무를 부담하는 것이고, 매수인도 금전이라는 일종의 종류물을 인도하여 줄 급부의무를 부담한다(제563

조). 임대인은 임대목적물의 점유를 인도해 주어야 할 의무를 부담하며 임차인은 금전을 포함한 대가를 지불할 급부의무를 부담한다(제618조). 즉 급부는 채무자의 일정한 행위이지만 그 행위도 결국 일정한 물건과 관련되어 있는 것이다. 이러한 물건을 채권의 객체인 급부와 구별하여 채권의 목적물이라고 한다.

이렇게 물건은 물권의 직접적인 객체가 되기도 하지만 채권의 경우에도 급부의 내용을 목적물로서 중요한 요소가 된다. 민법은 제98조 내지 제102조에서 이러한 물건에 관한 통칙적 규정을 두고 있다.

제2장
물건

Ⅰ. 의의

1. 개념

물건이란 유체물 및 전기 기타 관리할 수 있는 자연력을 말한다(제98조).

(1) 유체물과 자연력

유체물이란 공간 일부를 차지하는 유형적인 존재를 말한다. 고체나 액체로 이루어진 물질은 물론이고 기체도 유체물에 해당한다.

그러나 동물은 감정을 가지며 고통을 느낄 수 있는 신경체계를 가진 유기체[1]이므로 물건으로 볼 수 없다. 동물에 대하여는 동물보호법을 포함한 여러 법률이 있어서 원칙적으로 그 법률들이 적용된다. 하지만 이러한 법률에 의해 규율되지 않는 사항은 필요한 한도에서 민법의 물건에 관한 규정이 준용된다.

신체 전부나 일부는 인격권의 객체가 되는 것으로 물건에 해당하지 않는다. 학설은 인체 일부이더라도 생체로부터 분리된 것, 예를 들어 모발, 치아, 혈액 등을 물건으로 보나[2] 여전히 물건으로 볼 것은 아니다. 실질적으로 처분권이 있는 사람이라도 다른 물건과 동일

1) 동물보호법 제2조. 독일민법 제90조의 a는 "동물은 물건이 아니다"라고 명시한다.
2) 곽윤직/김재형, 민법총칙(민법강의Ⅰ), 2019, 221면

하게 함부로 취급하거나 처분하는 것은 허용되지 않으며 그럴 경우 인격권의 침해가 될 수 있기 때문이다. 사람의 유체·유골 등도 매장·관리·제사·공양의 대상이 될 수 있는 유체물[1])로 물건으로서의 일반적인 성질을 부정된다. 다만 필요한 경우 민법의 물건에 대한 규정이 준용될 것이다.

전기를 포함한 자연력도 물건에 해당한다. 유체물이 아닌 무체물을 의미하는 것으로 전기 이외에도 난방에 사용되는 열이나 조명을 위한 빛, 일정한 음향도 물건이 된다.

지식재산이란 인간의 창조적 활동 또는 경험 등에 의하여 창출되거나 발견된 지식·정보·기술, 사상이나 감정의 표현, 영업이나 물건의 표시, 생물의 품종이나 유전자원, 그 밖의 무형적인 것으로서 재산적 가치가 실현될 수 있는 것을 말한다(지식재산기본법 제3조), 이러한 지식재산[2])은 무체물이기는 하나 자연력이라고 할 수 없어서 민법 제98조의 물건에 해당하지 않는다. 지식재산에 관하여는 지식재산기본법을 포함한 관련 법률들에 의하여 규율된다. 하지만 이러한 법률에 의하여 규율되지 않는 사항에 대하여는 민법의 물건에 관한 규정이 준용된다.

---

1) 사람의 유체·유골은 매장·관리·제사·공양의 대상이 될 수 있는 유체물로서, (…) 피상속인 자신의 유체·유골은 제사주재자에게 승계된다. 피상속인이 생전행위 또는 유언으로 자신의 유체·유골을 처분하거나 매장장소를 지정한 경우에, (…) 피상속인의 의사를 존중해야 하는 의무는 도의적인 것에 그치고, 제사주재자가 무조건 이에 구속되어야 하는 법률적 의무까지 부담한다고 볼 수는 없다; 대판(전) 2008. 11. 20., 2007다27670.

2) 지식재산기본법 제3조는 '지식재산'을 "인간의 창조적 활동 또는 경험 등에 의하여 창출되거나 발견된 지식·정보·기술, 사상이나 감정의 표현, 영업이나 물건의 표시, 생물의 품종이나 유전자원(遺傳資源), 그 밖에 무형적인 것으로서 재산적 가치가 실현될 수 있는 것"이라고 정의한다.

(2) 관리가능성

물건이 되기 위하여는 관리가 가능한 것이어야 한다. 벼락에 동반되는 강한 전류나 공기 중의 산소는 그 자체로는 관리가 불가능하므로 물건이 되지 못한다. 반면 건전지의 전기나 산소통의 산소는 관리가 가능한 자연력으로 물건이 된다.

민법 제98조는 물건의 요건으로 자연력에 대하여서만 관리가능성을 언급하나 유체물의 경우에도 관리가능성이 필요하다. 예를 들어 달의 광물이나 토성의 고리를 이루는 얼음 등은 유체물에 해당할 것이나 현재로서는 관리가능성이 없어서 제98조의 물건에 포함되지 않는다.

(3) 독립성

물건은 물권의 객체이면서 동시에 거래의 대상으로서 채권의 목적물이 될 수 있다. 물권의 객체라는 것은 물건에 대한 독점적 지배를 할 수 있다는 것으로 독점은 대상의 독립적 성질을 전제로 한다. 또한 계약 등을 통하여 거래의 대상이 된다는 것도 물건에 대한 배타적 통제를 이전한다는 것을 의미한다. 따라서 물건은 다른 물건과 구별되어야 하며 하나의 물건의 일부가 아니어야 한다. 다만 물건의 독립성은 반드시 그 물건이 독립적으로 존재하여야 한다는 것은 아니다. 일정한 기준에 의하여 다른 물건과 구별 가능하면 족하다. 예를 들어 지반이 연속된 토지는 필지라는 단위로 구획되고 각각의 필지에 지번을 부여함으로써 물건으로서의 독립성을 확보한다.

2. 물건의 분류

물건에 대한 분류는 다양하나 민법상 중요한 분류로는 가분물과 불가분물, 대체물과 부대체불, 특정물과 불특정물, 소비물과 비소비물이 있다.

(1) 가분물과 불가분물

물건의 성질이나 거래 관념상 분할하여 거래의 대상으로 할 수 있는 물건을 가분물이라고 하고 그렇지 않은 물건을 불가분물이라고 한다. 예를 들어 육류나 야채 등과 같이 일정한 무게나 용량을 기준으로 거래를 하는 경우는 가분물에 해당한다. 반면 자동차, 냉장고 등과 같이 하나의 독립된 물건으로서 분할을 하는 경우 그 물건의 성질이 상실되거나 심하게 훼손되는 경우는 불가분물에 해당한다. 가분물에 대하여 다수당사자의 법률관계가 있게 될 경우 민법은 분할채권관계를 원칙으로 한다(제408조).[1]

(2) 대체물과 부대체물

각 물건의 개성이 중요시되지 않고 종류나 품질, 수량으로 거래될 수 있어 대체가 가능한 물건을 대체물이라고 한다. 반면 각 물건

---

1) 예를 들어 정육점에서 친구 두 명이 2kg의 고기를 사는 계약을 체결하였다면 친구 각자는 1kg의 고기에 대한 자신만을 지불하고 1kg의 고기를 사서올 수 있다. 즉 정육점 주인은 한 친구에게 2kg의 고기값을 모두 요구하지 못한다. 고기는 가분물이고 가분물에 대한 채권은 민법 제408조에 따라 분할채권관계가 원칙이기 때문이다. 하지만 가분물이더라도 당사자의 의사표시(제408조)나 채권채무의 성질상(제409조, 제411조) 불가분채권채무가 발생하기도 한다. 판례는 건물의 공유자가 공동으로 건물을 임대하고 보증금을 수령한 경우, 특별한 사정이 없는 한 그 임대는 각자 공유지분을 임대한 것이 아니고 임대목적물을 다수의 당사자로서 공동으로 임대한 것이고 그 보증금 반환채무는 성질상 불가분채무에 해당된다고 보았다; 대판 1998. 12. 8., 98다43137.

의 고유한 특성이 거래의 중요한 요소를 이루는 관계로 상호 대체가 불가능한 경우를 부대체물이라고 한다. 미술작품이나 골동품, 건물 등이 부대체물에 해당한다. 반면 대량으로 생산되는 물품, 곡물 그리고 차별성이 없는 금전 등이 대체물에 해당한다. 대체물만이 소비대차(제598조)의 목적물이 될 수 있다.

(3) 특정물과 종류물

당사자에 의하여 거래의 목적물로 된 물건이 다른 물건으로 대체될 수 있는 경우를 종류물이라고 하고 그렇지 못한 경우를 특정물이라고 한다. 대체물과 부대체물의 구별이 거래 관념상 객관적으로 이루어지는 점에 반해 특정물과 종류물의 구별은 당사자의 의사에 의하여 구별된다는 점에 차이가 있다. 따라서 거래 관념에 비추어 일반적으로 대체 가능한 물건이라고 하더라도 일단 거래의 대상으로 정해진 물건을 다른 물건으로 교환하지 못하도록 하면 특정물이 된다. 중고가구점에서 고가구를 사는 경우 각 가구의 특성이 중요한 관계로 각각의 가구는 일반적인 거래 관념상 부대체물에 해당하겠지만 매수인이 다수의 가구 중에 어떤 것이라도 동일한 가격에 사기로 하였다면 그 가구들은 종류물이 된다. 반면 대량으로 생산된 동일한 종류의 가구 중에서도 매수인이 매장에 비치된 특정한 가구를 구입하기로 하였다면 그 특정한 가구는 대체물임에도 불구하고 특정물이 된다. 특정물은 다른 물건으로의 교환이 불가능하기 때문에 특정물이 멸실되면 이행불능이 되고, 인도 전까지 채무자는 선량한 관리자의 주의로 보관하여야 하며(제374조), 인도는 채권성립 당시에 그 물건이 있던 장소에서 하여야 한다(제467조).

(4) 소비물과 비소비물

소비물이란 물건의 용도에 따른 사용이 있게 되면 다시 그 물건을 사용하지 못하는 것이고 비소비물은 반복적인 사용이 가능한 것을 말한다. 소비물의 대표적인 예로 농산물, 식료품, 음료 등을 들 수 있지만 소모품으로 분류되는 기계의 부품도 소비물이 될 수 있다. 소비물과 비소비물의 구별은 빌려 쓰는 대차계약에서 의미를 갖는다. 소비대차는 그 물품의 소비를 위하여 물건을 빌리는 경우로 그와 동일한 품질과 수량의 대체물을 반환하여야 한다(제598조). 반면 사용대차(제609조)나 임대차(제618조)는 사용을 위하여 물건을 빌리는 경우로 사용 후 빌린 그 물건을 반환하여야 한다.

Ⅱ. 동산과 부동산

1. 의의

물건에 대한 분류 중에서 법률적으로 가장 중요한 것은 동산과 부동산의 구별이다. 동산과 부동산은 이동성, 공시가능성 및 경제적 가치 등에서 기본적으로 차이를 보인다. 이러한 특성으로 민법은 동산과 부동산에 대한 권리변동의 요건을 구별하는데, 부동산의 권리변동을 위하여서는 원칙적으로 등기를(제186조), 동산에 대하여는 인도라는 공시방법(제188조)을 요구하고 있다. 권리보호의 측면에서는 장소의 변경이 없으며 공시가 확실한 부동산의 경우에는 권리자를, 동적 거래를 전제로 하는 동산의 경우에는 제3자의 신뢰를 더 보호한다(제249조).

2. 부동산

(1) 개념

토지와 그 정착물은 부동산이다(제99조 제1항). 토지는 물론 그 토지에 부착되어 있는 것으로 토지 위에 존재하는 건물, 교량, 도로, 수목 등도 부동산에 포함된다.

(2) 토지

1) 의의

민법상 토지란 구획을 통하여 지적공부에 지번으로 등록된 육지를 말한다. 따라서 바다는 토지에 해당하지 않는다. 육지와 바다의 구별은 해안선을 기준으로 하며 해안선은 약최고고조면(略最高高潮面: 일정 기간 조석을 관측하여 분석한 결과 가장 높은 해수면)에 이르렀을 때의 육지와 해수면과의 경계를 말한다(공간정보의 구축 및 관리 등에 관한 법률 제6조 제1항 제4호). 그리고 육지 중에 해안선으로부터 지적공부에 등록된 지역까지 바닷가이며, 지적공부에 등록되기 시작한 곳부터 토지가 된다.

2) 토지의 등록 및 단위

토지는 구획을 통하여 지적공부에 지번으로 등록되며 그렇게 등록된 토지는 필(筆)을 단위로 하여 계산된다. 토지 한 필은 분필절차를 통하여 여러 필의 토지가 될 수 있으며 여러 필의 토지는 합필절차를 통하여 한 필이 된다.

(3) 토지의 정착물(定着物)

토지의 정착물이란 사회 관념상 토지에 부착되어 있는 상태로 사용되는 물건을 말한다. 건축물, 수목, 교량, 도로 위의 포장 등이 여기에 해당하며 모두 부동산이다. 토지의 정착물은 대부분 토지의 일부분으로 다루어진다. 따라서 토지가 처분되면 그 구성 부분으로서의 정착물도 함께 처분된다. 하지만 토지의 정착물 중에서 독립한 부동산으로 인정되는 예외적인 경우가 있다. 독립된 부동산으로서의 거래 수요가 존재하기 때문이다.

1) 건물

건물은 토지의 정착물임에도 불구하고 완전히 독립된 부동산으로, 토지등기부와 별도의 건물등기부에 등기되며, 특별한 사정이 없는 한 토지의 처분에 영향을 받지 않는다. 따라서 토지 위의 건물을 처분하기 위하여는 토지와 별도로 건물에 대한 처분의 합의와 등기가 있어야 한다.

최소한의 기둥과 지붕 그리고 주벽이 완성된 경우에 건물로 인정된다.[1] 따라서 지상 7층 건물로 설계되었으나 지상 1층만 완성된 미완성건물인 경우에도 건물로서 요건을 갖추고 있으므로 독립한 부동산으로 거래의 대상이 될 수 있다.[2] 건물의 요건이 갖추어지면 그 건물의 소유권은 원칙적으로 비용과 노력을 들어 건물을 신축한 자가 등기와 관계없이 원시취득한다.[3] 따라서 내장공사만 남겨둔 채 공사가 중단된 상황에서 그 건물을 인도받은 자가 내장공사를 마무리하

1) 대판 1986. 11. 11., 86누173.
2) 대판 2001. 1. 16., 2000다51872.
3) 대판 2002. 4. 26., 2000다16350.

였다고 하더라도 건물의 소유권은 본래의 건축주가 취득한다.[1]

2) 입목

토지에 심어진 나무는 토지의 정착물로서 원칙적으로 토지의 구성 부분을 이룬다. 하지만 입목에 관한 법률은 수목의 집단이 독립된 거래의 객체가 되는 점을 감안하여 토지와 분리된 부동산이 될 수 있도록 하였다(동법 제3조 제1항). 따라서 입목의 소유권자는 토지와 분리하여 입목을 양도하거나 저당권의 목적으로 할 수 있다(동법 제3조 제2항).

3) 명인방법에 의하여 공시되는 수목의 집단 또는 미분리의 과실

명인방법이란 의용민법시대부터 인정되던 관습법상의 공시방법으로, 팻말를 세우거나[2] 나무의 껍질을 깎아 그곳에 이름을 쓰는 등의 방법으로 수목의 집단이나 미분리의 과실[3]에 대한 독립한 소유권을 다른 사람이 식별할 수 있게 하는 것을 말한다. 이렇게 공시된 수목의 집단이나 미분리의 과실은 토지와 분리된 독립한 부동산으로 취급되며 소유권의 변동은 명인방법을 통해 그 변동이 공시된 때에 효력이 발생한다.[4]

---

1) 대판 2007. 4. 26., 2005다19156. 대판 2006. 11. 9., 2004다67691; 대판(전) 2013. 1. 17., 2010다71578도 참고(자세한 사항은 물권법에서 다룸)

2) 대판 1967. 12. 18., 66다2382; 대판 1989. 10. 13., 89다카9064.

3) 대판 1966. 3. 15., 66다135.

4) 대판 1967. 2. 28., 66다2442.

4) 타인의 정당한 권원에 의하여 부속된 정착물

토지의 소유자는 그 토지에 부합한 물건의 소유권을 취득한다. 따라서 토지의 소유자가 아닌 자가 그 토지에 설치한 시설, 식재한 수목 등은 토지의 소유자가 소유권을 갖는다. 여기에는 두 가지의 예외가 인정된다.

먼저 타인의 권원에 의하여 부속된 것은 부속한 타인의 소유로 독립한 부동산이 된다. 예를 들어 토지의 임차인이나 지상권자가 권원에 기초하여 설치한 시설이나 식재한 나무는 그 사람의 소유인 부동산이다.

또한 대법원은 농작물에 대한 예외를 인정하여 타인 소유의 토지에 농작물을 경작한 경우에도 그 생산물은 사실상 이를 경작한 사람의 소유가 된다는 입장이다.[1] 따라서 토지임대차계약이 무효라 할지라도 식재한 채소의 소유권은 임차인에게 있다 할 것이므로 토지의 소유권자가 이를 멸실시킨 경우 불법행위로 인한 손해배상의 책임이 발생한다.[2]

3. 동산

(1) 개념

부동산 이외의 물건은 모두 동산이다. 토지에 정착되지 않고 가식(假植)된 나무도 동산이다. 동산은 점유의 인도에 의하여 물권이 변동된다(제188조 제1항). 다만 선박, 자동차, 항공기, 건설기계 등은 동산이지만 등기나 등록을 통하여 거래되는 것으로 부동산과 같이

1) 대판 1968. 6. 4., 68다613.
2) 대판 1978. 1. 17., 77다1745.

취급된다.

(2) 금전

국가에 의하여 강제통용력이 인정되는 금전도 동산의 일종이다. 하지만 금전은 금전이 표상하는 가치가 법률행위의 대상이 된다는 점에서 물건 그 자체가 대상이 되는 통상의 동산과 구별된다. 따라서 금전의 점유가 원인 없이 이전되어 그 반환을 청구하는 경우 특정물의 점유침해 등을 전제로 하는 물권적 청구권(제213조 등)은 원칙적으로 문제 되지 않으며 이익으로서의 가치에 대한 부당이득반환청구권(제741조)만이 문제 될 뿐이다. 물론 강제통용력이 없는 고대의 화폐는 이러한 금전이 아니라 특정물에 해당하여 통상의 동산과 구별되지 않는다.

Ⅲ. 주물과 종물

1. 의의

특정한 물건의 소유자가 그 물건의 상용에 공하기 위하여 자기 소유인 다른 물건을 이에 부속시킨 경우 그 물건을 '주물'이라고 하고 그 부속물은 '종물'이라고 한다(제100조 제1항). 주물과 종물은 독립된 두 개의 물건이지만 경제적 관점이나 거래의 관념에 비추어 함께 취급되는 것이 타당한 경우에 인정된다.

2. 종물의 요건

(1) 독립한 물건

종물은 주물로부터 독립한 물건이어야 한다. 따라서 물건과 부합하여 독립성이 상실된 부속품은 다른 물건 일부를 구성할 뿐이므로 종물이 되지 못한다. 흔히 배와 노의 관계를 주물과 종물로 본다. 종물은 동산인 경우도 있지만, 부동산인 경우도 있다. 주택에 부속되어 지어진 연탄창고[1]나 횟집에서 횟감용 생선을 보관하기 위하여 지어진 수족관 건물[2], 주유소를 위하여 매립된 유류저장탱크[3] 등이 종물로 인정된다.

(2) 주물의 상용에 공할 것

종물은 주물의 사용에 상시적으로 활용되는 물건이어야 한다. 따라서 주물을 위하여 일시적으로 활용되는 물건은 종물이 아니다. 또한, 주물의 상용에 이바지해야 하므로 주물의 소유자나 이용자의 상용에 공여되고 있더라도 주물 그 자체의 효용과는 직접 관계없는 물건은 종물이 아니다.[4] 예를 들어 주택의 내부에 있는 가구나 가전제품 등은 주택의 상용에 이바지하지만 주택 자체의 효용과는 직접 관련이 없으므로 주택의 종물이 아니다. 종물은 자물쇠에 대한 열쇠 등과 같이 용도뿐만 아니라 장소적으로도 밀접한 관계가 유지된다.

1) 대판 1991. 5. 14., 91다2779.
2) 대판 1993. 2. 12., 92도3234.
3) 대결 2000. 10. 28., 2000마5527.
4) 대판 1994. 6. 10., 94다11606.

"백화점 건물의 지하 2층 기계실에 설치되어 있는 전화교환설비가 건물의 원소유자가 설치한 부속시설이며, 위 건물은 당초부터 그러한 시설을 수용하는 구조로 건축되었고, 위 시설들은 볼트와 전선 등으로 위 건물에 고정되어 각 층, 각 방실까지 이어지는 전선 등에 연결되어 있을 뿐이어서 과다한 비용을 들이지 않고도 분리할 수 있고, 분리하더라도 독립한 동산으로서 가치를 지니며, 그 자리에 다른 것으로 대체할 수 있는 것이라면, 위 전화교환설비는 독립한 물건이기는 하나, 그 용도, 설치된 위치와 그 위치에 해당하는 건물의 용도, 건물의 형태, 목적, 용도에 대한 관계를 종합하여 볼 때, 위 건물에 연결되거나 부착하는 방법으로 설치되어 위 건물인 10층 백화점의 효용과 기능을 다 하기에 필요불가결한 시설들로서, 위 건물의 상용에 제공된 종물이라 할 것이다."[1)]

(3) 주물과 동일한 소유자

종물은 주물의 소유자에게 속하여야 한다. 주물에 대하여 종물을 인정하는 이유는 주물의 처분에 종물도 함께 따르도록 하기 위함이다(제100조 제2항). 만약 종된 물건이 다른 사람의 소유라고 한다면 주물과 종물의 관계를 인정할 실익이 없다. 그저 두 개의 독립된 물건이 있을 뿐이다.[2)] 다만 이 경우 주된 물건이나 종된 물건의 소유자가 그에 대응하는 물건을 양도받아 소유하게 되면 비로소 주물과 종물의 관계가 된다.

1) 대판 1993. 8. 13., 92다43142.

2) 대판 2008. 5. 8., 2007다36933. 따라서 저당권의 실행으로 경매된 부동산과 소유자를 달리하는 동산이 부동산의 종물로 함께 경매되었다고 하더라도 이 경우 동산은 저당권의 효력이 미치지 않으므로 선의취득이 인정되지 않는 한 낙찰자가 당연히 이를 취득하는 것은 아니다.

3. 종물의 효과

종물은 주물의 처분에 따른다. 따라서 주물에 대하여 처분이 이루어지면 종물에 대한 특별한 언급이 없더라도 종물은 주물과 함께 처분된다. 즉 주물의 소유권이 양도되면 종물의 소유권도 양도되고, 주물에 저당권이 설정되면 저당권의 효력은 종물에도 미치게 된다(제358조). 물론 주물과 종물은 모두 독립한 물건이므로 이를 별도로 처분하기로 하는 약정도 유효하다.

주물과 종물은 주된 권리와 종된 권리의 관계에 유추적용된다. 따라서 건물에 대한 저당권이 실행되어 경락인이 건물의 소유권을 취득한 경우 건물의 소유를 목적으로 하는 지상권[1]이나 토지임차권[2]도 경락인에게 이전된다. 원본채권이 양도되는 경우 종된 채권인 기본적 이자채권도 양도되는 것이 원칙이나 이미 변제기에 도달한 지분적 이자채권은 원본채권과 별도의 채권으로 볼 수 있어서 당연히 양도되는 것은 아니다.[3]

Ⅳ. 원물과 과실

1. 의의

특정한 물건으로부터 생산된 물건을 과실이라고 하며 과실을 발생시킨 물건을 원물이라고 한다. 민법은 과실을 천연과실과 법정과실

1) 대판 1992. 7. 14., 92다527.
2) 대판 1993. 4. 13., 92다24950. 다만 토지임차권의 경우 원칙적으로 임대인에게 대항하지 못한다(제622조 제1항).
3) 대판 1989. 3. 28., 88다카12803. 지분적 이자채권은 원본채권과 별도로 변제할 수 있고, 소멸시효도 달리 진행되는 등 그 독립성이 인정된다.

로 나누어 규정하고 있다.

2. 천연과실

물건의 용법에 의하여 수취하는 산출물이 천연과실이다(제101조 제1항). 물건의 용법에 의한다는 것은 그 물건이 가지는 본래의 용도에 좇아 수취한다는 것을 의미한다. 자연적 수익이라 할 수 있는 과수의 열매, 가축의 새끼뿐만 아니라 경작지에서의 곡물, 채석장에서 채취된 석재와 같이 조성된 용도에 맞춰 인위적으로 생산된 산출물도 천연과실에 해당한다. 반면 관상용 화분에서 생산된 열매는 천연과실이 아니다. 관상이 주된 용도인 경우라면 비록 그 나무에서 열매가 열렸더라도 본래의 용도에 좇아 수취한 것이 아니기 때문이다. 천연과실은 원물로부터 분리되는 경우 독립한 물건이 되며, 분리한 때의 수취권자에게 귀속된다(제102조 제1항).

3. 법정과실

물건의 사용 대가로 받는 금전 기타의 물건은 법정과실이 된다(제101조 제2항). 임대차계약에서의 임대료, 금전소비대차에서의 이자가 여기에 해당된다. 법정과실은 수취할 권리의 존속기간일수의 비율로 취득한다(제102조 제2항). 따라서 임대 중의 가옥이 매매된 경우 그 임료의 귀속은 가옥의 소유권이 이전되는 날을 기준으로 비율에 의하여 결정된다.

4. 과실수취권자

원물로부터 과실이 발생하면 천연과실의 경우 이를 분리할 때에, 법정과실은 발생한 기간에 비례하여 이를 수취할 권리가 있는 자에게 귀속한다. 문제는 누가 과실수취권을 갖느냐이다.

통상 수취권자는 천연과실의 분리 당시에 원물의 소유권자가 될 것이다. 하지만 원물의 소유자가 아닌 자에게 수취권이 있는 경우도 있다. 원물을 점유하면서 사용, 수익할 수 있는 자로 지상권자(제279조)나 사용차주(제609조), 임차인(제618조)이 여기에 해당한다. 학설에 따라 유치권자(제323조)나 질권자(제343조)도 과실수취권이 있다고 보나[1] 이 경우 과실수취권은 그 물건의 소유권자에게 귀속되고 단지 유치권자나 질권자는 그 과실을 변제에 우선적으로 충당할 권리가 있는 것에 불과할 뿐이다.[2]

명인방법에 의하여 독립된 부동산으로 인정되는 미분리의 과실이나 수목의 집단 및 입목법 상 등기된 입목은 공시방법을 갖춘 때부터 토지와 분리되어 소유권자로 공시된 자에게 속하게 되므로 그로부터 분리된 과실이나 벌목된 목재도 소유권자로 공시된 자의 소유가 된다.

민법은 선의의 점유자(제201조)에게는 그를 보호하는 차원에서 과실수취권을 인정하고 있다. 과실수취권이 있다고 믿는 선의의 점유자는 과실을 취득한 후에 소비하게 되는 경우가 많은데 그 반환을 인정하게 되면 선의의 점유자에게 너무 가혹한 결과가 되기 때문이다. 나아가 판례는 위법한 경작으로 인한 경우에도 경작한 농작물은

1) 곽윤직/김재형, 민법총칙(민법강의I), 2019, 241면.

2) 양창수,

경작자에게 귀속된다는 입장을 취한다.[1] 저당권은 저당부동산의 점유를 그 내용으로 하지 않아 저당물의 과실은 원칙적으로 부동산의 소유자에게 귀속된다. 다만 저당권의 실행으로 경매절차가 개시되어 목적부동산이 압류되면 그 이후의 과실은 경락인에게 귀속된다(제350조).

민법 제587조에 비추어 매매계약이 있은 후에도 매매대금을 완납받지 못하여 인도하지 않은 목적물로부터 생긴 임료 등의 과실은 매도인에게 귀속된다.[2] 반면 매도인이 매매대금을 완납받았음에도 인도하지 않은 목적물로부터 생긴 과실은 매수인에게 귀속된다.[3]

---

1) 대판 1968. 6. 4., 68다613.

2) 대판 1992. 4. 28., 91다32527.

3) 대판 1993. 11. 9., 93다28928.

제4편

법률관계의 변동

제1장

일반론

Ⅰ. 의의

인간의 생활관계는 사회적 활동과 더불어 매우 다양한 모습을 보인다. 가장 기본적으로는 가족관계와 친족관계, 학교에서의 교우관계나 사제관계, 직장에서 동료 사이에 이루어지는 생활관계 등 사회적 존재로서의 인간은 동시에 여러 생활관계를 형성한다. 그리고 이러한 생활관계는 새로운 만남으로 형성되기도 하고 구성원의 변동으로 변경되기도 하며 졸업이나 퇴사로 소멸하기도 한다. 법률관계란 이러한 생활관계 중에서 법률에 의하여 규율되는 관계를 말한다. 그리고 법률관계도 이러한 생활관계와 마찬가지로 새롭게 발생하거나 변경되며 소멸하며 이를 법률관계의 변동이라고 한다. 법률관계는 권리의무관계라고 볼 수 있으므로 법률관계의 변동은 결국 권리의무의 발생, 변경, 소멸이라고 할 수 있다.

법률관계의 변동은 법률이 정하고 있는 일정한 요건을 충족하는 경우에만 가능하다. 여기서 법률관계 변동의 전제가 되는 요건을 법률요건이라고 하고 요건충족의 결과로 발생하는 법률관계의 변동을 법률효과라고 한다.

Ⅱ. 법률요건

1. 의의

법률관계의 변동은 법률요건이 충족된 경우에만 가능하다. 그리고 그러한 법률요건은 통상 하나 이상의 법률적 사실이 존재할 것을 요구한다. 예를 들어 부당이득반환청구권이 발생하기 위하여는 법률상 원인이 없는 이익이 발생하고, 상대방에게 손해가 발생해야 하며 이익과 손해 사이에 인과관계가 있어야 한다. 이렇게 법률요건을 구성하는 개별적인 요소들을 법률사실이라고 한다.

법률요건은 법률효과를 발생시키는 근거를 어디에서 찾느냐에 따라 크게 두 유형으로 구별할 수 있다. 하나는 당사자의 자유로운 의사에 근거하여 법률효과를 부여하는 경우이고, 다른 하나는 당사자의 의사와 상관없이 법률의 규정을 근거로 법률효과가 발생하는 경우이다. 전자를 법률행위에 의한 변동이라고 하고 후자를 법률의 규정에 의한 변동이라고 한다.

2. 법률행위에 의한 변동

민법은 사적 자치의 원칙을 법률관계 변동의 가장 중요한 원리로 채택하고 있다. 이는 법률관계의 변동이 원칙적으로 당사자의 자유로운 의사에 기초하여 이루어진다는 것을 의미한다. 예를 들어 타인의 물건을 소유하기를 원하는 사람은 일정한 가격을 제시하며 그 타인에게 물건을 판매할 것을 제안할 것이다. 그리고 상대방도 제시된 대금이 적절하다고 여기면 그 제안을 받아들일 것이다. 이렇게 매매계약이 체결되면 매수인은 매도인에 대하여 매매목적물에 대한 소유권이전채권을 갖게 되고 동시에 대금지급채무를 지게 된다. 매도인도 마찬가지로 매매계약의 체결에 의하여 매수인에 대해 대금지급채권과 물건에 대한 소유권이전채무를 지게 된다. 당사자의 자유로운 의사에 기초한 매매계약으로 두 사람 모두에게 법률관계 변동의 모습인 권리, 의무가 발생한 것이다. 이렇게 당사자의 자유로운 의사에 기초하여 법률관계의 변동이 있게 된 경우 그 법률요건을 법률행위라고 한다.

3. 법률의 규정에 의한 변동

민법은 예외적으로 당사자의 의사와 상관없이 일정한 사실이 있으면 법률관계가 변동하는 것으로 정하고 있다. 예를 들어 일정한 기간이 지나면 기존의 권리가 소멸하거나(제162조), 발생하도록 하며(제245조), 타인의 위법한 행위로 손해가 발생한 경우 그 손해를 타인에게 전가할 수 있는 권리를 부여하기도 한다(제750조). 의무 없이 타인의 사무를 관리하며 비용이나 손해를 입은 경우에는 그 비용이나 손해를 전보 받을 수 있는 권리를 주며(제734조), 사망이라는 사실이 있게 되면 망자의 재산상 지위가 모두 상속인에게 이전되도록 하는 것(제1005조)도 법률의 규정에 의한 법률관계의 변동에 해당한다. 법률의 규정에 의하여 법률관계의 변동이 일어나는 것은 입법자가 일반인의 정의 관념이나 법적 안정성, 법 정책 등을 고려하여 내린 결단의 결과이다.

Ⅲ. 법률효과

1. 의의

법률요건이 충족되면 그에 따른 법률효과가 발생하고 이는 법률관계의 변동을 초래한다. 법률관계의 변동은 그 모습에 따라 법률관계의 발생, 변경, 소멸의 경우로 나눌 수 있다.

2. 법률관계의 발생

당사자 사이에 법률관계가 권리의 취득에 의하여 새롭게 형성되는 경우가 있다. 이는 다시 이전에 없던 새로운 권리가 발생한 것인지 혹은 종래의 권리를 승계받는 것인지에 따라 원시취득과 승계취득으로 구별할 수 있다. 또한 법률관계의 발생을 위하여 취득된 권리가 어떠한 내용을 갖느냐에 따라 채권관계와 물권관계로 구별된다.[1)]

(1) 원시취득과 승계취득

원시취득이란 전에 없던 권리가 새롭게 발생하는 경우로 무주물의 선점(제252조), 유실물 습득(제253조), 취득시효(제245조)[2)] 등이 해당된다. 승계취득은 다른 사람의 권리를 이전받은 경우로, 다시 특정한 권리가 승계되는 경우와 권리와 의무를 포함한 모든 재산상의 지위가 포괄적으로 승계되는 경우가 있다. 전자를 특정승계라고 하고

1) 출생이나 입양, 혼인 등에 의하여 친족관계가 발생하며, 특정인의 사망으로 그의 재산과 관련한 당사자 사이에 상속관계가 발생하게 되는데 모두 법률관계의 일종이다. 친족관계나 상속관계에 대한 자세한 내용은 친족법과 상속법에서 설명한다.

2) 대판 1993. 10. 12., 93다1886.

후자를 포괄승계라고 한다. 채권의 양도나 채무의 인수 혹은 물권의 양도는 특정한 권리가 새로운 주체에게 개별적으로 이전한다는 점에서 특정승계에 해당한다. 반면 상속이나 포괄유증은 채권자로서의 지위와 물권자로서의 지위를 포함한 피상속인의 재산상 지위가 포괄적으로 이전한다는 점에서 포괄승계에 해당한다. 이러한 승계취득에 의하여 법률관계의 변동이 있게 되면 종래의 법률관계는 새로운 당사자에게 동일성을 유지하면서 이전한다.

그 외에 권리를 구성하는 일부 권능만이 이전하는 경우도 있다. 예를 들어 소유권자가 지상권을 설정하여 주면 소유권자는 여전히 토지의 소유권을 보유하지만 지상권자는 그 토지의 용익권능을 갖게 된다. 이러한 경우를 권리의 전부가 동일성을 유지하며 이전하는 이전적 승계에 대응하여 설정적 승계라고 한다.

(2) 채권관계와 물권관계

일정한 법률관계의 발생을 초래한 권리가 어떠한 내용을 갖느냐에 따라 채권관계와 물권관계로 구별할 수 있다.

채권관계는 당사자 사이에 채권이나 채무가 발생하고 이를 매개로 법률관계가 형성되는 경우이다. 계약을 체결하게 되면 계약의 당사자 사이에는 이행을 내용으로 하는 채권채무의 법률관계가 발생한다. 불법행위를 저지른 가해자는 손해배상의 채권채무를 매개로 피해자와 법률관계가 형성된다.

물권관계는 특정인이 특정한 물건에 대하여 지배권으로서의 물권을 취득함으로써 발생한다. 예를 들어 매매계약에 근거하여 매도인이 매매목적물의 소유권을 합의에 따라 매수인에게 이전하면 매수인은 새로운 소유권자가 되고 그 물건과의 사이에 물권관계가 발생한다. 타인의 토지에 건물을 소유하기 위하여 토지의 소유권자와 지상권설정계약을 체결하고 등기한 자는 등기한 때로부터 지상권을 매개로 하여 토지와 물권관계가 발생한다. 물권관계가 법률의 규정에 의하여 발생하는 경우도 있다. 대표적인 것이 저당물의 경매로 인한 법정지상권(제366조)과 관습법상의 법정지상권[1]이다.

물권이 침해된 경우 물권자는 침해자에 대하여 배제를 청구할 권리가 있다. 이에 따라 물권자와 침해자 사이에 물권적 청구권을 매개로 한 법률관계가 발생하게 된다. 그런데 이러한 법률관계는 상대방에 대하여 청구를 내용으로 하는 것이지만 물건에 대한 완전한 지배를 위한 것으로 채권이 아닌 물권에 근거하여 발생하는 법률관계, 즉 물권관계로 보아야 한다.

3. 법률관계의 변경

법률관계의 변경은 법률관계의 내용이 변경되는 경우를 말한다. 예를 들어 특정 부동산의 소유권자가 타인을 위하여 제한물권을 설정한 경우 소유권자는 제한물권의 범위에서 권리행사의 제한을 받게 된다. 채권관계의 내용이 변경되는 경우도 있다. 채무가 이행불능이 되면 그 채무는 소멸하게 되나 채무자의 이행불능을 초래한 원인이 동시에 채무자에게 권리나 이익을 발생시켰다면 채권자는 본래 채무의 이행에 갈음하여 그 이익에 대한 반환을 청구할 수 있는 권리를 취득한다.[2] 이 경우 채권의 대상이 소유권이전이라는 급부에서 그에 갈음하는 이익의 반환으로 바뀌게 된 것이다.

---

1) 대판 1980. 7. 8., 79다2000.

2) 매매의 목적물인 토지가 국가에 수용되어 이행불능이 된 경우, 매수인은 매도인이 받게 되는 수용보상금의 지급을 청구하거나 보상금청구권의 양도를 청구할 수 있다; 대판 1996. 10. 29., 95다56910. 화재보험금에 대해서는 대판 2016. 10. 27. 2013다7769 참조.

이 외에 대법원은 계약에 의해 발생하는 채권채무관계와 이러한 채무의 불이행으로 발생하는 손해배상채권관계(제390조)도 동일성이 있는 법률관계의 내용의 변경으로 이해한다.[1] 이에 따라 계약관계가 존재하지 않는 경우에는 제390조를 적용하지 못하게 된다. 예를 들어 취득시효로 인한 등기청구권이 이행불능이 된 경우 채무불이행으로 인하 손해배상청구권이 발생하지 않고 불법행위로 인한 손해배상채권만이 발생한다.[2] 마찬가지로 물권적 청구권이 이행불능이 된 경우에도 채무불이행으로 인한 손해배상청구권이 발생하지 않는다는 것이 대법원의 입장이다.[3] 하지만 이러한 설명은 이행불능으로 인한 전보배상의 경우에는 설명이 가능할지 몰라도 계약관계가 여전히 유지되면서 손해배상채권관계가 발생하는 이행지체의 경우는 설명하지 못한다. 더욱이 계약관계는 당사자의 의사에 의하여 발생한 채권관계이고 채무불이행으로 인한 손해배상채권관계는 의사와 상관없이 법률의 규정에 의하여 발생하는 채권관계라고 보아야 하므로 채무불이행으로 인한 손해배상채권관계도 불법행위로 인한 손해배상채권관계와 동일한 성질의 새로운 채권관계라고 볼 것이다. 즉 채무불이행으로 인한 손해배상채권관계는 계약관계의 내용의 변경이 아니라 새로운 채권관계의 발생으로 보아야 한다.[4]

---

1) 대판(전) 2012. 5. 17., 2010다28604. 이에 따라 민법 제390조의 손해배상채권과 제750조의 손해배상채권은 청구권경합이 된다; 대판 1980. 11. 11., 80다1812.

2) 대판 1999. 9. 3., 99다20926.

3) 대판(전) 2012. 5. 17., 2010다28604.

4) 박희호, "채무불이행책임의 본질에 관한 소고", 재산법연구 제22권 제3호(2006), 81면 이하 참조.

4. 법률관계의 소멸

법률관계가 소멸하는 경우도 채권관계와 물권관계에서 모두 나타난다. 채권관계의 대표적인 소멸원인은 채권을 실현시키는 변제(제460조 이하)이다. 그 외에 상계(제492조), 면제(제506조), 혼동(제507조) 등으로 인하여 채권관계가 소멸한다.

물권관계는 물권의 대상이 되는 물건의 멸실이나 물권의 포기 등에 의하여 소멸한다. 권리자가 자신의 물건을 다른 사람에게 처분한 경우 기존의 물권관계는 소멸하게 된다.

채권이 양도되는 준물권행위로 채권자가 변경되면 종전의 채권자(양도인)와 채무자의 채권관계는 소멸한다.[1] 채권이나 제한물권이 시효로 소멸하는 경우도 법률관계의 소멸로 볼 수 있다(제162조).

1) 대판 2002.4.26., 2001다59033.

제2장
법률행위

제1절 서설

Ⅰ. 의의

법률행위란 의사표시를 필수 불가결의 요소로 하는 법률요건을 말한다. 민법은 사적 자치의 원칙에 따라 특별한 사정이 없는 한 당사자가 의도한 대로 법률효과를 부여한다. 그런데 당사자가 의도한 법률효과가 발생하기 위해서는 당사자의 의사가 표시되어야 하는데, 이를 민법은 의사표시라고 한다. 법률행위는 법률의 규정에 의한 법률요건과 달리 이러한 의사표시를 필수적 요건으로 한다는 점에 그 특징이 있다.

Ⅱ. 법률행위의 종류

1. 의무부담행위와 처분행위

법률행위는 당사자 사이의 법률관계가 상대방의 이행이라는 별도의 실현행위를 필요로 하는지에 따라 의무부담행위와 처분행위로 구별된다.

(1) 의무부담행위

의무부담행위는 법률행위로 인하여 타인에게 일정한 의무가 발생하고 그 의무의 이행이 있는 경우에 비로소 법률관계의 목적이 달성되어 소멸하는 경우를 말한다. 의무부담행위의 대표적인 경우가 채권행위이다. 채권행위는 채무자의 이행을 청구할 수 있는 채권을 발생시키는 것이므로 채무자의 이행이라는 다음의 단계를 염두에 두고 있다. 즉 채권자가 원하는 이행행위를 채무자가 실현함으로써 법률관계의 최종적인 목적이 달성되는 것이다. 예를 들어 다른 사람의 시계를 갖고자 하는 사람은 그 시계를 소유하는 사람과 매매계약을 체결할 것이다. 하지만 매매계약을 체결한 것만으로는 그 시계의 소유권을 취득하지 못한다. 그는 매매계약을 체결함으로써 상대방에 대하여 시계의 소유권을 이전하라는 채권을 갖게 된 것에 불과하기 때문이다. 시계에 대한 소유권의 취득이라는 최종적인 목적은 시계소유자의 소유권이전이라는 채무의 이행에 의하여 이루어진다.

(2) 처분행위

처분행위는 법률행위가 있게 되면 당사자가 원하는 법률효과가 곧바로 발생하여 그 법률행위만으로도 당사자 사이의 법률관계가 소멸하게 되는 경우를 말한다. 처분행위는 대표적으로 물권행위와 준물권행위가 있으며 형성권의 행사도 처분행위에 해당한다.

1) 물권행위

물권행위는 법률효과로서 직접적으로 물권의 변동을 발생시키는 법률행위로 채권행위와 달리 이행의 문제를 남기지 않는다. 다른 사람의 행위를 내용으로 하는 채무를 발생시키지 않으며 물권행위가 완료되는 동시에 행위자가 원하는 물권의 변동이 발생한다. 다만 물권행위는 절대권으로서 제3자에 대하여도 효력을 갖게 되므로 그 변동을 제3자에게 공시할 필요성이 있다. 따라서 법률은 물권행위가 있게 되면 이를 등기나 인도 등을 통하여 공시하도록 한다. 이러한 공시를 갖추지 않는 경우에 민법은 물권변동 자체가 일어나지 않는 것으로 규정하고 있다(제186조, 제188조).[1]

2) 준물권행위

준물권행위는 물권 이외의 권리에 대한 변동을 초래하는 법률행위를 말한다. 채권양도(제449조)와 면책적 채무인수(제453조)가 대표적인 예이다. 채권을 양도하게 되면 양도의 합의에 의하여 채권은 곧 양수인에게 이전한다.[2] 또한 채무인수에 대하여는 채권자의 처분행위, 즉 준물권행위와 인수인의 의무부담행위가 결합된 것으로 이해된다.[3]

3) 형성의 의사표시

취소권이나 철회권, 해제권의 행사를 위하여 그 의사를 표시하는 경우에도 당사자가 원하는 법률효과가 직접 발생하므로 처분행위에 해당한다. 권리가 행사되면 법률관계는 소급적으로 소멸한다. 소멸될 채권관계에서 이행이 아직 이루어지지 않은 경우에는 채권관계가 소멸하는 것에 그칠 것이지만 이행이 이루어져 이미 물권의 변동이 초

---

1) 다만 입법례에 따라서는 이러한 공시를 제3자에 대한 대항요건으로 규정하는 경우도 있다. 프랑스민법과 일본민법이 취하고 있는 태도이다.

2) 대판 2005. 11. 10. 2005다41818.

3) 곽윤직, 채권총론(민법강의Ⅲ), 2018, 234면

래된 경우에는 물권의 변동도 소급적으로 무효가 된다.[1] 무권대리의 경우 형성권의 일종인 추인권의 행사로 법률관계가 소급하여 유효인 것이 되므로(제133조) 추인권의 행사도 처분행위의 일종이다.

2. 단독행위와 계약

법률행위의 성립을 위하여 필요한 의사표시의 개수를 기준으로 단독행위와 계약으로 구별된다.

(1) 단독행위

하나의 의사표시만으로 이루어지는 법률행위로 상대방의 존재 여부에 따라 상대방 있는 단독행위와 상대방 없는 단독행위로 나뉜다.

상대방 있는 단독행위는 그 의사표시가 상대방에게 도달하여야 효력이 발생한다. 상계, 취소, 추인, 해제, 해지 등 대부분의 단독행위는 상대방 있는 단독행위에 해당한다.

상대방 없는 단독행위는 의사표시의 상대방이 존재하지 않아 의사표시의 도달이 요구되지 않는 경우이다. 권리의 포기나 유언, 재단법인 설립행위 등이 해당된다.

1) 특히 해제의 효과에 대하여 대법원은 직접효과설의 입장에서 "우리의 법제가 물권행위의 독자성과 무인성을 인정하고 있지 않는 점과 민법 548조 1항 단서가 거래안성을 위한 특별규정이란 점을 생각할 때 계약이 해제되면 그 계약의 이행으로 변동이 생겼던 물권은 당연히 그 계약이 없었던 원상태로 복귀한다 할 것"이라고 본다; 대판 1977. 5. 24., 75다1394.

(2) 계약

두 개 이상의 의사표시가 합치되어 성립하는 법률행위를 말한다. 좁은 의미에서는 청약과 승낙이라는 대립되는 의사표시의 합치로 성립하는 법률행위를 가리킨다. 그 외에 사단법인의 설립과 같이 같은 방향의 의사표시가 합치하여 법률효과를 발생하는 합동행위도 넓은 의미에서는 계약에 해당한다. 다만 합동행위는 좁은 의미의 계약과 달리 다수의 의사표시 중에 하나의 의사표시가 무효나 취소가 되더라도 여전히 그 효력을 유지한다는 특성을 갖는다.

3. 무인행위와 유인행위

모든 법률행위에는 당사자의 주관적인 이유나 목적이 있기 마련이다. 유인행위란 이러한 이유나 목적 달성에 따라 법률행위의 효력이 발생하고 유지되는 경우를 말하고, 무인행위란 법률행위의 이유나 목적 달성에 상관없이 그 효력이 발생하여 유지되는 경우를 말한다. 우리 민법은 법률행위의 유인성을 원칙으로 한다.

예를 들어 자동차에 대한 매매계약이 체결된 경우 매수인은 자동차의 소유권을 취득하려는 목적이 있고, 매도인은 대금인 금전을 취득할 목적을 갖는다. 그런데 이러한 법률행위의 목적을 달성하는 것이 불가능하게 되는 경우가 있다. 자동차가 계약체결 전에 주차장에서 일어난 화재로 소실되었다면 그 후에 이루어진 법률행위는 여전히 효력을 갖는가? 민법은 해당 계약을 무효로 본다(제535조). 왜냐하면 매수인은 화재에도 불구하고 여전히 대금을 지급할 수 있지만 계약을 체결한 목적인 자동차를 이전받지 못하게 되었고 따라서 대금을 지급할 이유가 없어졌기 때문에 매매계약 전체의 효력이 계약체결시부터 발생하지 않게 되는 것이다.

사후적으로 목적이 좌절되는 경우도 마찬가지이다. 예를 들어 계약이 체결된 후에 매매목적물이 멸실되었다면, 계약의 목적달성이 불가능하게 되어 매수인의 대금지급채무는 소멸한다. 다만 민법은 매도인의 과실로 후발적 불능이 된 경우 매수인에게 해제권을 부여한다(제546조). 하지만 민법이 해제권을 허용한다고 하여 기존의 계약관계가 종래와 같이 그대로 유지된다고 이해할 것은 아니다. 후발적 이행불능으로 매도인의 채무는 이행될 수 없게 되었고, 이 경우 목적달성이 불가능한 매수인에게만 이행의무를 지우는 것은 부당하기 때문이다. 계약관계는 원칙적으로 소멸하되 민법은 매수인 보호를 위하여 그에게 선택권을 부여할 뿐이라고 보아야 한다. 즉 매수인은 해제권을 통하여 계약관계를 '소급적으로' 소멸시키고 원상회복청구권(제548조 제1항)과 함께 부가적으로 손해배상청구권을 행사할 수 있거나, 해제권을 행사하지 않고 계약의 내용에 '갈음하는' 전보배상을 청구할 수도 있다.

대가관계가 없는 채권행위, 즉 무상행위인 증여도 원칙적으로 유인행위에 해당한다. 증여계약도 증여자의 주관적 목적에 따라 그 효력이 좌우되기 때문이다. 예를 들어 결혼 축하를 위하여 친구에게 가전제품을 사주기로 하였는데, 실제로 그 친구가 결혼에 이르지 못하게 된 경우 증여자는 계약상 채무로부터 해방된다(제555조 참조).[1] 이미 이행이 이루어진 경우에도 물권행위의 유인성에 따라 증여한 물건의 반환이나 부당이득반환을 청구할 수 있다.

---

1) 민법 제555조는 서면에 의하지 않은 증여에 대하여는 당사자에게 해제권을 부여하고 있는데 이 규정에서의 서면은 원인의 존재에 대한 추정 근거에 불과하다고 보아야 할 것이다. 따라서 서면에도 불구하고 증여자가 정당화 원인이 없음을 증명하면 여전히 계약을 해제할 수 있다. 반면 서면이 없다고 하더라도 증여자의 정당화 원인이 충족된 경우에는 계약을 해제하지 못한다. 결국 이 규정은 증여자의 동기가 표시되지 않은 경우에 제한적으로 적용된다. 자세한 내용은 박희호, "증여계약에 있어서 서면의 의미에 관한 연구", 외법논집 제40권 제3호, 29면 이하 참조.

반면 물권행위가 채권행위의 유인행위인지에 대하여는 학설이 대립한다. 이는 채권행위의 이행을 위한 물권행위가 채권행위의 무효의 경우에도 여전히 효력을 가질 것인가의 문제이다. 판례는 물권행위가 채권행위의 유효를 전제로 한다는 점에서 유인행위로 보고 있다.[1] 민법 제186조의 '법률행위'를 채권행위로 이해해야 한다는 점에서 판례의 이론이 타당하다. 따라서 부동산매매계약이 체결되고 매도인이 토지에 대한 등기를 이전해 주었는데, 매매계약이 무효이거나 취소된 경우 그 등기는 원인무효의 등기로 효력이 없다. 부동산의 소유권은 여전히 매도인이 갖는 것이다.

무인행위로 인정되는 대표적인 행위는 어음행위이다. 채무자가 이행을 위하여 어음을 발행해 준 경우, 그 채무가 원인행위의 부존재나 무효로 존재하지 않게 된 경우에도 발행된 어음은 여전히 유효하다. 따라서 어음을 취득한 제3자가 어음을 발행인에게 제시하는 경우 그는 채무의 부존재를 이유로 어음의 결제를 거부하지 못한다. 다만 어음을 발행한 채무자는 본래의 채권자에게 부당이득의 반환을 청구할 수 있을 뿐이다.

Ⅲ. 법률행위의 요건

1. 의의

법률행위가 있다고 하기 위하여서는 의사표시 이외에도 다른 몇 가지 추가적인 요소가 있어야 한다. 이를 법률행위의 성립요건이라고 한다. 민법은 법률행위의 성립요건과 별도로 법률행위에 효력을 부여

1) 대판 1977. 5. 24., 75다1394.

하기 위하여 다른 실질적인 요건을 요구한다. 이를 법률행위의 효력요건이라고 한다.

법률행위의 성립요건과 효력요건의 구별은 당사자의 입증책임과 관련하여 그 실익이 있다. 법률행위의 성립요건은 그 법률효과의 발생을 주장하는 자가 입증해야 하는 반면 법률행위의 효력요건은 법률효과의 발생을 부정하는 자가 주장, 입증하여야 한다.

2. 법률행위의 성립요건

법률행위의 성립요건은 법률행위가 외형상 존재하기 위한 최소한의 형식적인 요건이다. 여기에는 법률행위의 ① 당사자 ② 의사표시 ③ 법률행위를 통하여 당사자가 얻으려는 법률행위의 내용이 있어야 한다. 법률행위의 내용은 법률행위를 통하여 당사자가 얻으려는 법률상 효과를 말한다. 법률행위의 목적이라고도 한다.

3. 법률행위의 효력요건

성립요건을 갖춘 법률행위가 모두 효력을 갖는 것은 아니다. 법률행위가 효력을 갖기 위하여 개별 성립요건들은 법률이 요구하는 추가적인 요건을 충족하여야 한다. 즉 ① 당사자는 권리능력, 의사능력, 행위능력이 있어야 하고, ② 의사표시에는 흠결이 없어야 하며, ③ 법률행위의 목적은 효력을 발생할 수 있을 정도의 확정성을 갖추고, 실현 가능하여야 하며, 법률적으로나 사회적으로 정당한 것이어야 한다.

그 외에도 당사자는 법률행위의 효력을 발생하기 위한 요건을 스스로 정할 수 있다. 예를 들어 법률행위가 효력을 발휘하려면 일정한 조건이 성취되거나, 기한이 도래하여야 한다고 합의하는 것이 가능하다.

또한 민법은 법률행위의 효력 발생을 위하여 특별한 형식이나 법률행위의 성질에 따른 별도의 요건을 요구하는 경우가 있다. 예를 들어 보증계약은 요식계약으로서 서명이 있는 서면으로 작성되지 않으면 그 효력이 부정되며(제428조의2 제1항), 유언은 유언자의 사망이 있어야 효력이 발생한다(제1073조 제1항).

제2절 법률행위의 내용

Ⅰ. 의의

1. 개념

법률행위의 내용이란 법률행위를 통하여 당사자가 얻으려고 하는 법률효과를 말한다. 예를 들어 매매계약을 체결하는 당사자는 각자의 채권을 확보하려는 목적을 가지고 계약에 임한다. 그리고 사적자치의 원칙에 기초한 민법은 특별한 사유가 없는 한 당사자가 합의한 내용대로 법률효과를 부여한다. 결국 매매계약의 체결로 인하여 매수인은 목적물의 소유권이전채권을, 매도인은 대금지급채권을 취득하게 된다.

2. 법률행위 내용에 따른 유형의 강제

사적 자치의 원칙상 법률행위의 내용을 정하는 것은 당사자의 자유에 맡겨져 있다. 따라서 민법이 제545조 이하에서 14종의 전형계약을 정해 두고 있지만, 당사자는 이러한 유형에서 벗어나는 내용의 계약을 당연히 체결할 수 있으며, 민법은 그에 따른 법률효과를 부여하여야 한다. 반면 민법이 정하는 14종의 전형계약은 당사자의 법률행위의 내용을 온전히 이해하고 어떠한 법률효과를 줄 것이냐를 정하는 기준을 제시한다. 즉 당사자가 특정한 계약을 체결하는 경우 당사자가 원하는 법률행위의 내용은 민법이 규정하는 14종의 전형계약을 기준으로 판단되며 그에 따른 효력을 부여하는 것이다. 이를 법률에 의한 행위유형의 강제(numerus clausus der Aktstypen)[1]라고 한다. 예를 들어 대법원은 제작물공급계약이 매매와 도급의 성질을 함께 가지고 있다고 전제한 후 "그 적용 법률은 계약에 의하여 제작 공급하여야 할 물건이 대체물인 경우에는 매매로 보아서 매매에 관한 규정이 적용된다고 할 것이나, 물건이 특정의 주문자의 수요를 만족시키기 위한 부대체물인 경우에는 당해 물건의 공급과 함께 그 제작이 계약의 주목적이 되어 도급의 성질을 띠는 것이나"[2]라고 하는데 이는 법률행위의 유형강제의 모습을 보여주는 좋은 예이다. 이러한 행위유형의 강제는 계약의 유형뿐만 아니라 기타의 법률행위에 대하여서도 당연히 적용된다. 특정인이 계약을 해제하겠다고 하는 경우, 법원은 그 특정인이 사용하는 해제라는 단어에 초점을 맞추는 것이 아니라 계약의 소멸이라는 법률행위의 목적에 초점을 맞추어 민법이 규정하는 취소, 철회, 해제 및 해지 등, 계약의 소멸과 관련된 행위유형들을 그 요건과 효과를 중심으로 특정인의 법률행위의 목적을 검토해야 하는 것이다.

---

1) Flume, Rechtsgeschäft, § 1 2.(S.2).

2) 대판 1996. 6. 28., 94다42976. 승강기를 제작하여 신축하는 건물에 설치해 주는 계약은 신축건물에 맞추어 승강기를 제작하는 계약으로 그 대체가 어렵거나 불가능한 제작물의 공급을 목적으로 하는 계약으로서 도급의 성질을 갖고 있다; 대판 2010. 11. 25., 2010다56685.

3. 법률행위의 내용에 대한 효력요건

당사자가 법률행위를 하고 그 법률행위의 내용에 부합하는 민법상 유형이 파악되었다고 하더라도 그 즉시 당사자가 원하는 법률행위의 효력이 인정되는 것은 아니다. 법률행위의 내용을 확정할 수가 없거나 내용의 실현이 불가능한 경우에는 그 효력의 부여가 불가능하며, 법률행위의 목적이 법률이나 선량한 풍속에 반하는 경우에 법률은 당사자의 행위를 금지해야 할 것이지 그 효력을 인정하여 불법이나 부정에 도움을 주어서는 안 된다

법률행위의 목적 즉 내용은 법률행위의 목적물과 구별되어야 한다. 법률행위의 목적은 법률행위를 통하여 당사자가 얻으려는 법률효과인 반면 목적물은 법률효과로 발생하게 될 권리의무의 객체를 말한다. 예를 들어 자동차에 대한 매매계약을 체결한 경우 매매계약으로 발생하는 자동차의 소유권이전채권 및 대금지급채권의 발생은 법률행위의 내용이 되나 자동차는 매매계약의 목적물에 해당한다. 법률행위의 목적물은 통상 물건이 될 것이나 그 이외에 채권 기타 권리도 가능하다.

Ⅱ. 내용의 확정성

1. 의의

법률행위의 내용은 원칙적으로 법률행위 당시에 확정되어 있어야 한다. 무엇을 원하는지 알아야 그에 따른 법률효과를 줄 수 있는데, 원하는 것이 불분명하면 그에 따른 효과를 주려고 해도 줄 수 없기 때문이다. 다만 이러한 확정성은 그 확정이 가능한 경우에도 인정될 수 있다. 법률의 규정이나 당사자의 합의에 그 내용을 정할 수 있

는 방법이나 기준이 정해져 있어서 장래에 법률행위의 내용을 확정할 수 있다면 법률행위의 확정성 요건은 충족된다.[1] 예를 들어 매도인이 장차 자신의 밭에서 수확하는 귤 100kg을 팔기로 한 경우 계약체결 당시에는 매매의 목적물이 확정되어 있지 않았다. 그러나 매도인이 제375조의 규정에 따라 자신의 밭에서 수확한 귤 중에서 중등품질의 것을 골라 매수인의 주소지로 가져가면 그 귤은 매매의 목적물로 확정된다.

2. 내용의 확정이 문제되는 경우

법률행위 내용의 확정성이 문제되는 경우는 두 가지가 있다.

먼저 법률행위의 내용 자체가 확정되지 않은 경우이다. 예를 들어 물건을 인도하기로 합의하였는데, 이 인도가 증여를 위한 것인지, 매매를 위한 것인지, 또는 임대차나 사용대차, 소비대차를 위한 것인지 불분명할 수 있다. 이러한 경우 민법은 계약 유형자체를 확정할 수가 없어서 법률행위에 아무런 법률효과도 부여하지 못한다.

법률행위의 확정성과 관련하여 주로 문제되는 것은 두 번째 경우로 행위에 따른 계약의 유형은 확정되었지만 급부나 구체적인 대가가 확정되지 않은 경우이다. 예를 들어 매매계약을 체결한 것은 확실한데 그 대상인 목적물이 무엇인지 혹은 그 대금은 얼마인지가 확정되지 않은 경우이다. 이 경우에도 법률행위는 내용의 불확정으로 효력이 발생하지 않는다.

대법원은 망인이 소유하던 일정 행정구역 소재의 부동산 전체에 대한 매매계약이 체결되었는데, 그 부동산이 건물인지 토지인지 몇

1) 대판 1986. 2. 11., 84다카2454.

개나 있는 것인지 당사자가 전혀 모르는 상태에서 계약이 체결되었고, 그 후 17년이 지나서야 그 소재나 개수, 상태 등이 파악된 경우에는 내용의 불확정으로 그 매매계약은 효력이 없다고 보았다.[1)]

대금의 경우 계약체결 당시 확정금액이 정해질 필요는 없고 산정기준에 대하여 정하여져 있으면 계약은 효력을 갖는다. 예를 들어 대금은 '시가에 따른다'라고 하는 경우 동일한 종류물이 공개시장에서 거래될 때의 대가 혹은 평균 대가를 기준으로 확정가능성이 인정된다.[2)]

내용의 확정가능성이 인정되는 경우 그 매매계약은 확정적으로 효력을 갖게 되고 약정된 방법이나 기준에 따른 내용의 확정에 있어서 당사자 사이에 다툼이 있더라도 그 매매계약은 여전히 유효하다. 다만 법원이 이를 정할 뿐이다.[3)]

Ⅲ. 내용의 실현가능성

1. 의의

법률행위의 내용은 그 실현이 가능하여야 한다. 법률효과의 결과로 발생하는 의무가 실현이 불가능한 경우라면 법률은 이를 강제할

1) 대판 1997. 1. 24., 96다26176.

2) 매매대금의 액수를 일정 기간이 지난 후일의 시가에 의하여 정하기로 하였다고 하여 그와 같은 사유만을 들어 매매계약이 아닌 매매예약이라고 속단할 수 없다; 대판 1978. 6. 27., 78다551. 또한 '타시장에 준한다'는 의미를 '타시장에 준한 토지대금을 뜻하는 것'이라고 이해하여 대금의 확정가능성을 인정하고 있다; 대판 1986. 2. 11., 84다카2454. 이와 관련하여 유럽민사법공통기준안(DCFR)은 계약당사자들이 합의한 내용이나 적용 가능한 법률 또는 관습, 관행으로 가격을 정할 수 없는 경우에는 계약의 체결 당시에 이에 준하는 가격 또는 그러한 가격이 없는 경우에는 합리적인 가격으로 한다고 규정하고 있다(DCFR Ⅱ.-9:104).

3) 대판 2002. 7. 12., 2001다7940.

수 없기 때문이다. 그러한 목적을 갖는 법률행위는 효력이 없다. 목적의 실현이 불가능한 경우를 불능(제535조) 혹은 이행불능(제546조)이라고 한다.

2. 실현가능성의 판단

목적의 실현가능성은 사회 관념이나 거래 관념에 비추어 판단해야 한다는 점에 학설[1]과 판례[2]가 일치한다. 물리적으로 불가능한 경우는 물론이고, 물리적으로 가능하지만 그 비용이나 노력 기타 사정에 비추어 그 목적을 실현하는 것이 불가능하다고 여겨지는 경우도 포함된다. 예를 들어 시계를 팔기로 하였는데 인도 전날에 집에 도둑이 들어서 시계를 도둑맞은 경우에 매매계약의 목적인 시계의 소유권을 매수인에게 이전해 주는 것, 특정 토지를 팔기로 하여 매매계약을 체결하였는데 그러한 사정을 모르는 사람이 더 좋은 조건으로 팔 것을 제안하자 그에게 매도하고 등기까지 이전해 준 경우 등도 본래의 매수인에게 토지의 소유권을 이전해 주는 것은 사회 관념상 불가능한 일이 된다.[3] 반면 타인의 소유물을 매도하거나 타인의 권리를 증여하는 경우 그 자체만으로 목적의 실현이 불가능하다고 볼 수는 없다. 그 물건이나 권리를 매수하여 다시 이전해 줄 수 있기 때문이다. 이러한 경우 채무이행이 확정적으로 불능인 것으로 되었는지 여부는 계약의 체결에 이르게 된 경위와 그 경과, 채무자와 그 권리를 보유하고 있는 제3자와의 관계, 채무자가 그 권리를 취득하는 것이 불가능하다고 단정할 수 있는지 여부, 채무의 이행을 가로막는 법

1) 곽윤직/김재형, 민법총칙(민법강의Ⅰ), 2019, 272면.
2) 대판 1995. 2. 28., 94다42020.
3) 대판 1983. 3. 22., 80다1416.

령상 제한의 유무 등을 따져서 개별적으로 판단하여야 한다.[1)]

3. 불능의 종류

(1) 원시적 불능과 후발적 불능

법률행위를 할 때에 이미 내용의 실현이 불가능하게 되었는가 혹은 법률행위 이후에 불가능하게 되었는가에 따라 원시적 불능과 후발적 불능으로 구별된다. 법률행위 시에 이행이 불가능한 원시적 불능의 경우 민법은 그 법률행위가 효력이 없음을 전제하고 있다(제535조). 예를 들어 특정 카메라에 대한 매매계약을 체결하였는데, 그 전날 아이가 카메라를 들고 나갔다가 분실하여 찾지 못한 경우 그 매매계약은 무효가 된다.

이에 반하여 법률행위 시에 내용의 실현이 가능하게 되었다면 그 법률행위는 효력이 발생한다. 하지만 그 후 법률행위의 내용이 실현 불가능하게 되었다면 법률은 그 법률행위의 효력을 계속 유지하도록 할 수 없다. 이 경우 법률행위 목적의 부도달로 인하여 그 법률행위는 효력을 상실한다. 흔히 위험부담의 문제라고 하며 효력을 유지하는 것으로 설명하나 우리 민법은 명백히 효력의 상실을 전제로 대가채무도 소멸하는 것으로 규정하고 있다(제537조).

반면 채무자의 귀책사유에 의하여 법률행위의 목적이 이행불능이 된 경우, 예를 들어 매도인의 잘못으로 매매목적물이 멸실된 경우에는 매수인에게 계약해제권을 부여하고 있다(제546조). 하지만 이러한 경우에도 계약관계가 존재하여 여전히 매수인인 채권자가 이행청구권을 갖는 것은 아니다. 이 규정은 단지 귀책사유 없는 채권자를

1) 대판 2016. 5. 12., 2016다200729.

보호하기 위한 것으로, 채권자는 계약해제권을 행사함이 없이 전보배상을 내용으로 하는 손해배상청구권을 행사하거나, 계약해제권에 따른 원상회복청구권(제548조)과 동시에 손해배상을 청구할 수 있을 뿐이다. 계약관계 소멸 이후 발생한 손해배상채권관계에서 책임없는 상대방을 위한 선택적 구제방안을 인정해 준 것이다.

요약하자면 내용의 달성이 불가능하게 된 경우 그것이 원시적이건 후발적이건 계약상 법률관계는 소멸하여 당사자 사이의 구속력은 소멸하되, 채권자는 귀책사유를 근거로 발생한 손해배상채권관계에서 채무자에게 선택채권을 행사할 수 있다.

(2) 객관적 불능과 주관적 불능

법률행위의 내용이 누구에게나 불가능한 경우인지 혹은 채무자에게만 불가능한 것인지를 기준으로 하는 구별이다. 흔히 매매의 목적물이 절취된 경우 매도인은 그 목적물의 소유권을 이전할 수 없지만 절도한 사람은 그 물건을 이전할 수 있으므로 이는 주관적 불능이라고 설명한다. 그리고 이러한 주관적 불능의 경우에는 법률행위가 효력을 갖고 채무자는 채무를 이행하여야 한다고 설명한다. 하지만 사회 관념상 불능의 개념을 불능의 판단 기준으로 설정한 이상 주관적 불능과 객관적 불능의 구별은 아무런 차이가 발생하지 않는다. 절취된 목적물의 경우에도 이를 찾아 이행할 수 없다면 사회 관념상 불능에 해당하여 법률행위는 효력을 갖지 못한다. 학설은 민법 제535조의 불능을 객관적 불능으로 한정하려고 하나 제535조는 그러한 내용을 포함하지도 않고 그러한 해석이 나당하지도 않다. 객관적 불능과 주관적 불능은 구별의 실익이 없다. 다만 금전을 포함한 종류채무는 그 종류물이 시장에서 거래의 대상이 되는 한 언제든지 조달하여 이행할 수 있으므로 이행불능이 되지 않는다.

(3) 전부불능과 일부불능

법률행위 내용의 실현이 전부 불가능한지 혹은 일부만 불가능한지에 따라 전부불능과 일부불능으로 나뉜다. 전부불능의 경우에는 법률관계의 전부가 소멸할 것이다. 일부불능의 경우에 대하여 법률은 아무런 규정을 두고 있지 않다. 반면 민법은 일부무효의 경우 "그 무효부분이 없더라도 법률행위를 하였을 것이라고 인정될 때에는 나머지 부분은 무효가 되지 아니한다"고 규정하고 있다(제137조). 이 규정은 법률행위 내용의 일부불능에도 유추적용될 수 있을 것이다. 따라서 법률행위의 목적이 일부 불능인 경우 전부무효를 원칙으로 하되 일부의 목적달성이 불가능하더라도 나머지의 목적 부분만으로도 법률행위를 하였을 것이라고 인정될 경우에는 그 한도에서 유효한 것으로 된다.

Ⅳ. 목적의 적법성

1. 의의

민법은 사적자치의 원칙에 따라 법률행위의 내용대로 그 효력을 부여한다. 하지만 법률행위의 내용이 법률의 금지규정에 위반하는 경우에도 그 내용대로 효력을 부여한다면 법률은 스스로를 부인하는 모순된 결과를 낳는다. 따라서 법률행위는 그 목적이 법률에 위반하지 않는 적법한 경우에만 효력을 갖는다. 다만 법률의 금지규정에는 그 효력을 인정하지 않아 직접적인 금지의 결과를 발생시키는 효력규정과 효력은 인정하되 행위자에 대한 제재나 행정적인 처벌 등을 주어 간접적으로 금지의 결과를 유도하는 단속규정이 있다.

통상 목적의 적법성을 설명하면서 법률규정을 강행규정과 임의규정으로 나누고, 전자를 다시 효력규정과 단속규정으로 구별하여 설명한다.[1] 하지만 강행규정과 임의규정의 구별은 법률행위의 목적과 직접적으로 관련되는 구별이 아니라 법률의 규정과 다른 합의를 하였을 경우에 그 합의의 효력이 있느냐를 기준으로 구별한 것이고 법률행위의 효과를 인정할 것이냐의 문제를 다루는 법률행위 목적의 적법성의 문제와는 다른 차원의 것이다. 법률행위의 효력의 문제는 법률이 법률행위의 목적을 금지하는 경우에도 효력을 부여할 것인지의 문제이므로 금지규정에 대한 구별로 이어져야 한다.

2. 효력규정과 단속규정

(1) 효력규정

법률행위를 하더라도 그 법률행위의 내용이 법률이 금지하는 규정에 위반하여 효력이 발생하지 않는 경우 이를 효력규정이라고 한다. 예를 들어 아편(형법 제198조 이하) 등의 거래를 내용으로 하는 계약은 효력이 없다. 광업권(광업법 제11조)[2]이나 어업권(수산업법 제33조)[3]을 대차하는 계약도 법률에 위반되어 효력이 없다. 대법원은 학교교육에 직접 사용되는 학교법인 재산의 매도 및 담보금지에 관한 규정(사립학교법 제28조 제2항)은 효력규정에 해당하여 이에 위반한 근저당권 설정계약은 효력이 없고 비록 그 설정자가 스스로 무효를 주장하더라도 신의칙에 반하지 않는다고 보았다.[4]

효력규정에 위반한 행위와 반사회적 법률행위는 별도의 개념이

1) 곽윤직/김재형, 민법총칙(민법강의I), 2019, 275면.
2) 대판 1981. 7. 28., 81다145.
3) 대판 1981. 7. 28., 81다145.
4) 대판 1997. 3. 14., 96다55693.

다. 따라서 효력규정에 위반한 행위라도 반사회적 법률행위에 해당하지 않는 한 이행된 급부는 불법원인급여에 해당하지 않아(제746조) 반환청구가 가능하다. 예를 들어, 마약거래는 위법행위이면서 동시에 반사회적 법률행위에 해당하므로 마약대금으로 지급한 금전은 반환을 청구하지 못한다. 반면 어업권을 불법으로 임차한 임차인은 양식어장(어업권)을 점유·사용함으로써 얻은 이익을 임대인에게 부당이득으로 반환하여야 한다.[1] 부동산실권리자명의등기에 관한 법률에 위반하여 무효인 명의신탁약정을 근거로 이루어진 수탁자 명의의 부동산등기(2자간 명의신탁)나 수탁자에게 지급된 매수자금(계약명의신탁)도 부당이득반환청구의 대상이 된다.[2]

(2) 단속규정

내용이 금지규정에 위반한 법률행위이더라도 효력을 상실시키지는 않지만 그에 대한 행정제재 등의 간접적인 방법에 의하여 금지의 목적을 달성하려는 규정을 단속규정이라고 한다. 예를 들어 무허가 음식점의 음식물판매행위는 당사자 사이에 여전히 효력을 갖지만, 그 음식점은 그 판매행위로 벌금 등의 처분을 받게 된다(식품위생법 제37조, 제94조). 국토이용관리법상 신고구역에 있는 토지에 대하여 신고 없이 체결한 매매계약도 효력을 갖는다.[3] 금융실명거래 및 비밀보장에 관한 법률 제3조 제1항에 위반하여 명의인이 아니라 출연자를 당사자로 금융거래를 하는 계약도 효력이 인정된다. 즉 출연자에게

---

1) 대판 1981. 7. 28., 81다145.

2) 대판 2003. 11. 27., 2003다41722.

3) 대판 1993. 3. 9., 92다56575. 반면 국토이용관리법상 허가를 받아야 하는 규제구역의 토지에 대하여 허가없이 체결된 계약은 유동적 무효이다; 대판(전) 1991. 12. 24., 90다12243.

예금반환채권이 귀속된다.[1)]

(3) 두 규정의 구별

금지규정이 효력규정에 해당하는지 혹은 단속규정에 불과한 것인지는 특별한 기준이 없어서 개별 법규의 입법취지를 고려하여 개별적으로 판단할 수밖에 없다. 대법원은 법률의 입법취지와 더불어 거래의 안전, 공정한 거래질서의 유지, 경제적 약자의 보호, 이익의 부당한 귀속 차단 등도 효력규정의 판단에서 고려하고 있다.[2)]

대법원은 상호저축은행법상 차입제한규정(제17조) 및 담보제공금지 등의 채무부담제한에 관한 규정(제18조의2 제3호)은 상호신용금고의 무분별하고 방만한 채무부담행위로 인해 서민거래자의 이익침해를 방지하기 위한 것으로 효력법규에 해당하고 이에 위반한 채무부담행위는 무효라고 보았다.[3)] 또한 공인중개사법의 초과보수약정 금지규정(제33조)도 부동산거래의 공정성과 국민 개개인의 재산적 이해관계 및 국민생활의 편의에 미치는 영향이 매우 큰 점을 감안하여 효력규정으로 해석하였다.[4)]

3. 탈법행위

탈법행위란 법률행위의 내용이 직접 효력규정의 내용에 위배되어 효력이 없는 것은 아니지만 효력규정이 금지하는 내용을 우회적인 방

1) 대판(전) 2009. 3. 19. 2008다45828.
2) 대판 2018. 10. 12., 2015다256794.
3) 차입제한규정에 대하여는 대판 1985. 11. 26., 85다카122. 담보제공금지규정에 대하여는 대판 2004. 6. 11., 2003다1601.
4) 대판(전) 2007. 12. 20., 2005다32159.

법으로 실현하는 법률행위를 말한다. 즉 형식적으로는 효력규정을 위반하지 않지만 실질적으로 효력규정의 취지에 반하는 결과를 초래하는 경우이다. 이러한 탈법행위도 원칙적으로 무효이다. 예를 들어 국유재산법 제20조는 "국유재산에 관한 사무에 종사하는 직원은 그 처리하는 국유재산을 취득하거나 자기의 소유재산과 교환하지 못한다"고 하여 이 규정에 위반하는 경우는 무효로 하고 있다. 그런데 국유재산에 관한 사무에 종사하는 직원이 타인의 명의로 국유재산을 취득하는 행위는 이 규정에서 직접 금지한 것이 아니라고 하더라도 이 효력규정의 적용을 잠탈하기 위한 탈법행위로서 무효이다.[1)]

또한 비의료인 甲이 의료인 乙을 고용하여 乙명의로 병원을 운영하면서 병원의 운영 및 손익 등은 甲에게 귀속되도록 하는 약정을 체결하고, 甲이 乙에게 의료기관 운영과 관련된 각종 금원을 지급하겠다는 취지로 각서를 작성하였다면 이는 의료법위반으로 무효이고(의료법 제33조 2항), 이러한 각서를 전제로 한 새로운 약정 및 그 청구도 무효이다.[2)]

반면 효력규정의 취지가 특정한 결과의 발생을 금지하는 것이 아니라 그 결과에 이르는 수단이나 형식을 금지하려는 경우에는 그 결과를 발생시킨 법률행위는 효력이 있다. 예를 들어 계약명의신탁의 신탁자는 명의신탁계약에 근거하여서는 어떠한 형태로든 수탁자가 취득한 부동산의 반환을 청구하지 못한다. 반면 이러한 부동산실권리자 명의 등기에 관한 법률의 규정은 명의신탁계약을 통한 부동산의 취득을 금지하는 것이지 그 부동산의 취득 자체를 금지하려는 것이 아니다. 따라서 계약명의신탁의 수탁자가 매수자금반환의무의 이

1) 대판 2017. 12. 22., 2015다205086.

2) 대판 2011. 1. 13., 2010다67890; 다만 이 경우에 무효인 약정으로 인하여 상호 실질적으로 취득하게 된 이득은 부당이득으로 반환하여야 한다.

행에 갈음하여 명의신탁된 부동산 자체를 양도한 것은 탈법행위가 아니라 유효한 법률행위가 된다.[1)]

V. 내용의 사회적 타당성

1. 의의

법률행위의 내용이 선량한 풍속 기타 사회질서에 반할 때에 그 법률행위는 효력을 갖지 못한다(제103조). 법률행위의 내용이 법률에 반하는 경우 그 법률행위에 대하여 효력을 부여하지 못하는 것은 법률이 자기 부정을 할 수 없다는 점에서 당연하다. 그런데 민법은 법률행위의 내용이 법률에 위반하지는 않더라도 선량한 풍속을 포함한 사회질서에 반하는 경우에도 그 효력을 부정한다.

선량한 풍속 기타 사회질서란 사회구성원이 갖는 건전한 윤리관을 포함하여 그 사회를 유지하고 보존하도록 하는 기본적 질서를 말한다. 사회구성원이 따르는 선량한 윤리나 도덕은 물론이고 법규범화되어 있지는 않지만 법질서가 기초로 삼고 있는 기본적인 가치질서가 모두 포함된다. 특히 민법 제2조, 제750조와 더불어 민법 제103조의 규정은 헌법적 가치가 사법질서에 투영되는 통로의 역할을 한다. 신체의 자유나 종교의 자유, 직업선택의 자유를 부당하게 침해하는 경우나 성별 등에 따른 부당한 차별을 하는 법률행위에 대하여 그 효력을 인정하지 않음으로써 헌법적 가치가 보호받게 된다.

다만 법률행위의 성립 과정에서 불법적 방법이 사용된 경우에는 의사표시의 하자를 이유로 그 효력을 논의할 수는 있을지언정 반사

1) 대판 2014. 8. 20., 2014다30483.

회질서의 법률행위로서 무효라고 할 수는 없다.[1]

2. 사회질서에 반하는 구체적 경우

선량한 풍속을 포함하는 사회질서라는 것은 매우 포괄적인 개념으로 이를 하나의 척도에 의하여 간명하게 그 위반 여부를 판단하는 것은 불가능하다. 그러한 판단은 당사자가 법률행위에 나아가게 된 배경, 당사자의 사회적 지위나 경제적인 상황, 법률행위 체결 당시의 상황과 그 효력으로 인한 사회적인 영향 등을 종합적으로 고려하여 이루어져야 한다. 또한 사회질서는 그 위반 여부를 판단을 할 당시를 기준으로 할 터인데 윤리적 상황이나 사회적 가치관이 고정되어 있는 것이 아니고 또 헌법적 근본가치도 변할 수 있다. 결국 사회질서위반의 여부는 문제된 사안에 대하여 개별적으로 판단을 내리는 수밖에 없다. 다만 판례에 나타난 사회질서 위반의 경우는 어느 정도 유형화가 가능해 보인다.

(1) 법률행위의 내용 자체가 사회질서에 반하는 경우

1) 정당한 거래 관념에 반하는 경우

법규범에 직접 위반하지 않지만 일반인의 거래 관념에 반하는 내용의 법률행위는 사회질서에 반하는 것으로 효력을 갖지 못한다. 대표적으로 부동산의 이중양도에 있어서 매도인의 배임행위에 적극 가담하여 부동산의 소유권을 취득하는 법률행위를 들 수 있다.[2] 즉 이

1) 대판 1992. 11. 27., 92다7719.
2) 대판 1977. 1. 11., 76다2083.

미 부동산에 대한 매매계약이 체결된 것을 알고 있음에도 매도인을 적극적으로 설득하여 자신에게 매도하도록 하고 소유권이전등기를 받은 경우 그 매매계약은 제103조에 해당하여 효력이 발생하지 않는다. 그로 인하여 소유권이전등기도 원인무효의 등기가 된다. 유사한 경우로 취득시효가 완성된 부동산에 대한 적극적인 설득으로 자신에게 소유권을 이전하도록 하는 경우도 사회질서에 반하는 법률행위에 해당한다.[1] 제3자가 피상속인으로부터 토지를 전전매수하였다는 사실을 알면서도 그 사정을 모르는 상속인을 기망하여 토지를 이중매도하게 하였다면, 그 양도계약은 반사회적 법률행위로서 무효이다.[2] 이중양도의 경우뿐만 아니라 이미 매도된 부동산이라는 사실을 알면서 소유자를 적극 권유하여 저당권을 설정하는 경우도 마찬가지이다.[3] 다만 어느 경우이든 소유자의 배임행위에 적극적으로 가담하여야 하므로 단순히 해당 부동산이 이미 매도되었다는 사실을 알았다는 것만으로는 반사회적 법률행위에 해당하지 않는다.[4]

거래 관념에 비추어 과도한 위약금이나 위약벌을 부과하는 경우도 그 효력이 인정되지 않는다. 예를 들어 채권양도의 대가로 받게 될 금액이 58억원에 불과한 반면 채무불이행으로 146억원의 위약벌이 약정된 사안에서 채무자는 계약이 합의해제되어 아무런 이행을 할 필요가 없음에도 상대방에 대하여 146억원을 위약벌로 청구할

1) 이 경우 대법원은 점유자는 소유자에 대하여도 불법행위를 이유로 손해배상을 청구할 수 있다는 입장이다; 대판 1995. 6. 30., 94다52416. 점유자는 취득시효 완성 당시의 소유자를 대위하여 위 제3자 앞으로 경료된 원인무효인 등기의 말소를 구함과 아울러 이 소유자에게 취득시효 완성을 원인으로 한 소유권이전등기를 구할 수 있다. 대판 2002. 3. 15., 2001다77352.

2) 대판 1994. 11. 18., 94다37349. 이 사안에서 점유자는 사기를 원인으로 상속인의 양도계약에 대한 취소권(제110조)을 대위하여(제404조) 행사할 수도 있을 것이다(무효와 취소의 이중효).

3) 대판 1998. 2. 10., 97다26524.

4) 대판 1998. 2. 10., 97다26524.

수 있다고 하는 것은 그 의무의 강제에 의하여 얻어지는 이익에 비하여 약정된 벌이 과도하게 무거워 공서양속에 반한다.[1] 반면 임대인이 임차인으로부터 보증금, 월차임, 관리비 등을 지급받지 아니하고 그 대신 매출액의 일정 비율의 금원을 징수하기로 하는 수수료위탁판매 매장계약에서 매출액의 10%를 수수료로 지급하기로 하였고, 임차인이 매출금액을 누락시켜 입금하지 아니할 경우에는 누락금액의 10배에 해당하는 금액을 벌칙금으로 임대인에게 지급하기로 하였을 경우 이 위약벌은 정당한 이익을 확보하기 위하여 임차인의 정확한 매출신고를 담보할 필요가 있는 임대인의 입장을 고려해 보면 과도하지 않다.[2]

2) 선량한 풍속에 반하는 경우

배우자 있는 자가 다른 사람과 성관계를 맺기로 하는 계약은 그 대가 여부를 떠나서 일부일처제의 윤리의식에 반하는 것으로 효력이 발생하지 않는다. 첩계약이 대표적인 예이다. 배우자가 없는 경우라도 일정한 대가를 주고 성관계를 갖기로 하는 계약도 선량한 풍속에 반하는 것으로 이해되며, 이러한 성매매를 대가를 받고 알선하거나 권유하는 행위 등도 마찬가지로 효력을 갖지 못한다.[3] 다만 부첩관계를 해소하기로 하면서 첩이었던 사람이 상대방에 대하여 바친 노력과 비용 등의 희생을 배상하고 위로하며 부첩관계 해소 이후의 생활대책을 마련해 준다는 의미로 금원을 지급하기로 약정한 것이라면 이는 선량한 풍속에 반하지 않아 효력이 있다.[4] 대리모계약도 선량한

1) 대판 2015. 12. 10., 2014다14511.
2) 대판 1993. 3. 23., 92다46905.
3) 대판 2004. 9. 3., 2004다27488.
4) 대판 1980. 6. 24., 80다458.

풍속 기타 사회질서에 반하는 것으로 효력이 없다.[1)]

3) 헌법적 가치에 반하는 경우

개인이 가지는 자유권을 과도하게 제한하거나 침해하는 것을 내용으로 하는 계약도 사회질서에 반하는 법률행위에 해당한다.

어떠한 경우에도 이혼하지 않기로 합의하였더라도 이러한 합의는 배우자관계에 대한 개인의 의사결정의 자유를 과도하게 침해하는 것으로 사회질서에 반한다.[2)] 연인 사이에 앞으로 다른 이성은 전혀 만나지 않기로 하는 계약도 자유로운 이성 교제를 막는 것으로 효력이 없다.

연예인이 기획사에 전속되어 있는 경우, 기획사가 제공하는 연습이나 공연계획에 충실하게 참여하며, 기획사의 허락 없는 방송이나 다른 활동을 하지 않기로 하는 내용 등의 계약은 연예 활동의 특성상 계약자유의 원칙에 비추어 효력을 갖는다. 그럼에도 연예인의 자유권이나 인격권을 과도하게 침해하는 경우, 예를 들어 이성의 교제를 전혀 허락하지 않거나 일정한 체중을 반드시 유지해야 한다거나 기획사가 주문하는 성형수술을 하여야 한다는 등의 조항을 두고 이를 지키지 않는 경우에는 계약을 해지한다는 등의 내용은 반사회적 법률행위로 효력이 없다. 피용자인 여성이 혼인하거나 임신하는 경우에 고용계약을 해지할 수 있도록 하는 조항도 성차별을 금지하는 헌법적 가치에 반하는 것으로 효력이 없다.

---

1) 서울가법 2018. 5. 9., 2018브15. 대리모계약이란 혼인관계에 있는 부부와 배우자 아닌 여성과의 합의로 그 여성이 임신하여 출산하되 출산한 자녀는 혼인관계의 부부에게 인도하며 비배우자인 여성은 자녀에 대한 모성을 주장하지 않기로 하는 계약을 말한다.

2) 대판 1969. 8. 19., 69므18.

(2) 동기의 불법으로 인하여 사회질서에 반하는 경우

법률행위의 목적 자체는 사회질서에 반하지 않으나 그 동기가 위법한 행위를 목적으로 하는 경우 그 법률행위는 효력을 갖지 못한다. 예를 들어 점포에서 칼을 구매하려고 하는데 그 목적이 살인을 저지르기 위함인 경우에 점포의 주인이 그러한 사실을 알고 있었다면 이를 판매하여서는 안 될 것이다. 이는 범죄행위에 가담하는 행위로 사회질서에 반하여 그러한 매매계약은 효력이 없다. 하지만 칼을 구매하는 사람이 그 칼의 구매 목적을 밝히지 않는 경우 구매자의 동기를 알 수 없는 점포 주인의 입장에서 이러한 매매계약을 무효로 한다는 것은 불합리하다.

불법의 동기가 표시된 경우에 한하여 법률행위가 효력을 갖지 못하는지에 대해 학설은 대립한다.[1] 반드시 동기가 표시될 필요는 없고 표시되지 않았더라도 상대방이 그러한 사실을 인식하고 있었다면 그 법률행위를 무효로 하는 것이 타당하다.[2]

이 이외에도 도박의 목적으로 돈을 빌리거나[3], 도박 빚을 담보하기 위하여 저당권 설정계약을 체결하는 경우[4], 성매매의 목적을 알면서 건물주가 건물의 임대차계약을 체결한 경우 모두 동기의 불법에 해당하여 법률행위는 무효가 된다.

---

1) 곽윤직/김재형, 민법총칙(민법강의I), 2019, 288면 참조.
2) 대판 1996. 4. 26., 94다34432.
3) 대판 1973. 5. 22., 72다2249.
4) 대판 1995. 8. 11., 94다54108.

(3) 금전적 대가와 결부됨으로써 사회질서에 반하는 경우

법률행위의 목적 자체는 정당하나 그러한 정당한 행위가 금전적인 대가와 결합함으로써 사회질서에 반하는 경우이다. 예를 들어 명의신탁자가 명의신탁을 입증하여 부동산의 반환을 받는 과정에서 그러한 사정을 잘 아는 사람에게 증언을 부탁하였고 그에 대한 대가로 그 부동산의 5/12를 주기로 합의하였다면 이는 증인으로서의 의무이행에 대한 부당한 이익을 부여하는 행위로 반사회적 법률행위에 해당한다.[1] 또한 형사사건에서 성공보수약정은 수사·재판의 결과를 금전적인 대가와 결부시킴으로써, 기본적 인권의 옹호와 사회정의의 실현을 사명으로 하는 변호사 직무의 공공성을 저해하고, 의뢰인과 일반 국민의 사법제도에 대한 신뢰를 현저히 떨어뜨릴 위험이 있으므로 선량한 풍속 기타 사회질서에 위배된다.[2]

3. 반사회적 법률행위의 효과

(1) 원칙

반사회적 법률행위는 무효이다. 따라서 법률행위의 당사자는 그 이행을 청구하지 못한다. 반사회적 법률행위에 해당하는 경우 법률은 그로 인한 결과 자체를 용납하지 않는 것이므로 당사자가 유효한 것으로 추인하여도 효력을 갖지 못한다.[3]

1) 대판 1994. 3. 11., 93다40522.
2) 대판(전) 2015. 7. 23., 2015다200111.
3) 대판 2002. 3. 15., 2001다77352; 취득시효 완성 후 경료된 무효인 제3자 명의의 등기에 대하여 시효완성 당시의 소유자가 무효행위를 추인하여도 그 제3자 명의의 등기는 무효이다.

(2) 이행된 급부의 반환

1) 원칙

법률행위가 무효인 경우에 이미 이행된 급부가 있는 경우 이러한 급부는 그 급부의 보유를 정당화할 법률상 원인이 없다. 따라서 민법 제741조의 부당이득반환청구권의 대상이 된다. 만약 이행된 급부의 목적물이 금전이 아니라 부동산과 같은 물건인 경우에 그 물건의 소유권은 여전히 채무자에게 있다. 예를 들어 매매계약을 체결하고 그 이행으로 부동산의 등기를 이전하여 주었는데, 매매계약이 효력을 상실하게 되면 그로 인하여 부동산의 소유권을 이전한 물권행위도 효력을 상실한다. 채무를 소멸시키기 위하여 소유권의 이전 절차를 진행하였는데, 그러한 채무가 처음부터 없었던 경우 채무의 소멸이라는 물권행위의 목적은 달성불가능하게 되어 물권행위도 효력이 없는 것이다. 따라서 소유권의 이전을 내용으로 하는 물권행위는 효력이 없고 결국 소유권은 이전되지 않은 것으로 되는 것이다.

2) 불법원인급여

a. 불법의 원인으로 인하여 재산을 급여하거나 노무를 제공한 때에는 그 이익의 반환을 청구하지 못한다(제746조). 여기서 불법의 원인이란 그 원인된 행위가 선량한 풍속 기타 사회질서에 위반하는 경우를 말한다.[1] 즉 급여를 하도록 하는 원인된 행위가 민법 제103조의 선량한 풍속 기타 사회질서에 위반하는 경우에 그 급여의 반환을 청구하지 못한다는 것이다. 사회질서에 반하는 행위를 한 자를 도와서 급여를 회복하게 하는 것은 사회질서의 위반에 협력을 하는 것이

1) 대판 1983. 11. 22., 83다430.

되어 정의구현이라는 법의 근본취지에 반하기 때문이다.[1] 따라서 급여를 받은 자가 임의로 반환하게 되는 경우 그 반환은 유효하다.[2]

반면 금지규정에 위반하여 효력을 상실한 법률행위는 원칙적으로 그 반환이 허용된다.[3] 이러한 금지규정은 일정한 법률행위를 금지하여 당사자가 그 법률행위 하지 못하게 하려는 것이 기본 취지이기 때문이다.

b. 급여는 종국적인 것이어야 한다. 따라서 도박자금으로 금원을 대여함으로 인하여 발생한 채권을 담보하기 위한 근저당권설정등기가 경료되었을 뿐인 경우와 같이 수령자가 그 이익을 향수하려면 경매신청을 하는 등 별도의 조치를 취하여야 하는 경우에는, 그 불법원인급여로 인한 이익이 종국적인 것이 아니므로 등기설정자는 무효인 근저당권설정등기의 말소를 구할 수 있다.[4]

c. 불법원인급여로 부당이득반환이 허용되지 않는 경우에는 청구권경합을 이루는 다른 청구권에 의하여서도 그 반환이 허용되지 않는다. 사회질서에 위반한 자를 도울 수 없다는 제746조의 취지는 사법의 기본이념을 표현하는 것이므로 다른 법률적 수단에 의하여서도

1) 대판 1992. 12. 11., 92다33169; 사회적 타당성이 없는 행위를 한 사람은 형식 여하를 불문하고 스스로 한 불법행위의 무효를 주장하여 복구를 소구할 수 없다는 법의 이상을 표현하는 것이다.

2) 대판 1964. 10. 27., 64다798.

3) 예를 들어 강제집행을 면할 목적으로 부동산의 소유자명의를 신탁하는 것은 부동산실명법에 위반되어 무효이지만 그 자체가 불법원인급여에 해당하지 않아 명의반환에 해당하는 말소등기는 허용된다; 대판 1991. 3. 12. 90다18524. 부동산실명법은 부동산의 소유자명의를 수탁자에게 하는 명의신탁약정을 금지하는 것이지 그로 인하여 수탁자가 소유권을 취득하게 하려는 것은 아니다.

4) 대판 1995. 8. 11., 94다54108. 반면 대법원은 도박채무에 대한 양도담보로 부동산의 소유권이전등기를 하여준 경우는 급여가 이루어진 것으로 보아 말소청구가 인정되지 않는다는 입장이다; 대판 1989. 9. 29., 89다카5994.

이러한 취지는 몰각되자 않아야 하기 때문이다. 따라서 급여한 물건의 소유권은 여전히 자기에게 있다고 하여 소유권에 기한 반환청구도 할 수 없고 따라서 급여한 물건의 소유권은 급여를 받은 상대방에게 귀속된다.[1] 도지사에게 택시운송사업면허를 받아줄 것을 부탁하면서 금원을 교부하였고, 금원을 교부할 당시에 그 면허를 취득하지 못하게 될 경우 금원을 반환하여 주기로 약정하였더라도 그 약정은 효력이 없다.[2] 이 경우 도지사의 불법행위를 이유로 손해배상도 청구하지 못한다.[3] 관세포탈을 위하여 수입업자가 신용장에 수입대금을 실제거래가액보다 낮게 기재하고 나머지 금액은 암달러상에게 교부하여 수출업자에게 송금하도록 한 약정도 불법한 원인에 근거한 것이므로 수입업자는 송금계약의 해제에도 불구하고 교부한 금액의 반환을 청구하지 못한다.[4]

Ⅵ. 불공정한 법률행위

1. 의의

불공정한 법률행위란 당사자의 궁박, 경솔 또는 무경험으로 인하여 현저하게 공정을 잃은 법률행위를 말한다. 불공정한 법률행위는 효력이 없다(제104조). 불공정한 법률행위는 민법 제103조에서 정하는 반사회적 법률행위의 예시적인 경우로 정당한 거래 관념에 반하는 법률행위의 유형에 해당한다.[5]

---

1) 대판(전) 1979. 11. 13. 79다483.
2) 대판 1991. 3. 22., 91다520.
3) 대판 2013. 8. 22., 2013다35412.
4) 대판 1992. 12. 11., 92다33169.
5) 대판 1964. 5. 19., 63다821

2. 요건

불공정한 법률행위가 되기 위해서는 궁박, 경솔 또는 무경험으로 인하여 법률행위가 현저하게 공정을 잃어야 한다.

(1) 궁박, 경솔 또는 무경험

법률행위를 하는 당사자 일방이 궁박한 상황이었거나 경솔하였거나 또는 경험이 없는 상황에서 법률행위를 하였어야 한다.

여기서 궁박이란 급박한 곤궁, 즉 사정이 절박하여 모든 상황을 고려한 합리적인 판단을 내리는 것이 어려운 상태를 말한다. 경제적 원인에 기인할 수도 있고 정신적 또는 심리적 원인에 기인할 수도 있다. 궁박한 상태에 있었는지 여부는 그의 나이와 직업, 교육 및 사회경험의 정도, 재산 상태 및 그가 처한 상황의 절박성의 정도 등 여러 사정을 종합하여 구체적으로 판단하여야 한다.[1] 초등학교를 졸업하고 20년 동안 자동차정비 일만을 해온 일반인이 수사기관에서 30시간 이상 불법구금된 상태에서 구속을 면하고자 합의에 응하였다면 정신적 또는 심리적 원인에 기인한 급박한 곤궁의 상태에서 합의가 이루어진 것이다.[2] 교통사고로 사망한 망인의 채권자들이 손해배상청구권에 대하여 법적 조치를 취할 움직임을 보이자 전업주부로 가사를 전담하던 망인의 처가 망인의 사망 후 5일 만에 친지와 보험회사 담당자의 권유에 따라 보험회사와 사이에 보험 약관 상 인정되는 최소금액의 손해배상금만을 받기로 하고 부제소 합의를 하였다면 이는 궁박한 상태에서 이루어진 합의에 해당한다.[3] 시부모와 남편 및

1) 대판 2011. 9. 8., 2011다35722.
2) 대판 1996. 6. 14., 94다46374.
3) 대판 1999. 5. 28., 98다58825.

본인까지도 병중에 있었고, 경영하던 회사는 부도 위기에 처하여 구속을 빨리 벗어나 사태를 수습해야 하는 상황에서 어쩔 수 없이 고소인과 합의했다면 이는 정신적, 경제적으로 궁박한 상태에서 이루어진 합의이다.[1)]

경솔은 행위자가 행위 자체나 행위의 결과에 대하여 신중한 고려를 하지 않는 심리적 상태를 말한다. 통상 행위자가 경솔할 경우 일반인이라면 당연히 예견하였을 행위의 결과를 예견하지 못하게 되거나 다른 결과가 발생할 것으로 착각하게 될 것이다. 예를 들어 공무원이 재산가격조서를 작성하면서 토지의 평당 단가를 금 2,100원으로 기재할 것을 금 21,000원으로 오기하고 이를 기초로 토지대금을 계산하여 현저하게 공정을 잃은 매매계약을 체결하게 하였다면 이러한 공무원의 행위는 경솔한 행위라 할 것이다.[2)]

'무경험'이라 함은 거래에 대한 경험이 부족한 경우를 말한다. '무경험'에 대한 판단은 어느 특정 영역에 있어서의 경험 부족이 아니라 거래 일반에 대한 경험 부족을 기준으로 한다.[3)] 무학문맹에 동맥경화성 정신증의 증세를 가졌지만 가난하여 치료조차 제대로 받지 못하고 있던 67세의 노인이 이러한 사정을 잘 알고 있는 인근의 사람에게 다른 생활대책도 강구함이 없이 유일한 생활 근거인 가옥을 헐값에 매도하는 계약을 체결하였다면 무경험이 인정된다.[4)]

궁박, 경솔, 무경험의 세 가지 주관적 요건은 이 중 하나만 충족되면 족하다. 반면 이 요건들은 행위자에게 동시적으로 나타날 수 있다. 이 경우 그 요건들은 중첩적으로 고려되어 주관적 요건의 충족

1) 대판 1998. 3. 13., 97다51506.
2) 대판 1977. 5. 10., 76다2953.
3) 대판 2008. 3. 14., 2007다11996.
4) 대판 1979. 4. 10., 79다275.

을 보다 용이하게 할 것이다.

대법원은 제대로 교육을 받지 못하고 시골에서 날품팔이로 생계를 유지하는 66세의 노인이 사고 경위도 잘 알지 못한 채 해외 파견 근무 중이었던 아들의 교통사고 사망 소식으로 큰 충격을 받은 상태에서 가해 회사의 말만 믿고 원래 받을 수 있는 손해배상금보다 훨씬 적은 금액만을 지급받아 합의한 경우, 이 합의를 경솔, 궁박, 무경험 상태에서 이루어진 현저하게 공정을 잃은 법률행위로 보았다.[1)]

의사표시의 효력이 의사의 흠결, 사기, 강박 또는 어느 사정을 알았거나 과실로 알지 못한 것으로 인하여 영향을 받을 경우에 그 사실의 유무는 대리인을 표준하여 결정한다(제116조 제1항). 경솔과 무경험은 어느 사정을 과실로 알지 못한 것에 대응될 수 있는 것이므로 대리행위에 있어서의 경솔과 무경험은 대리인을 기준으로 판단하면 된다. 반면 궁박의 경우는 절박한 사정이 문제되는 것이므로 본인을 기준으로 판단하는 것이 타당하다.[2)]

(2) 급부와 반대급부의 현저한 불균형

불공정한 법률행위가 되기 위해서는 급부와 반대급부가 현저하게 불균형을 이루어야 한다. 급부와 반대급부 사이의 '현저한 불균형'은 단순히 시가와의 차액 또는 시가와의 배율로 판단할 수 있는 것은 아니고 구체적·개별적 사안에 있어서 일반인의 사회통념에 따라 결정하여야 하며[3)], 피해 당사자의 궁박·경솔·무경험의 정도도 아울러 고려할 수 있다.[4)] 불균형 판단의 대상이 되는 급부와 반대급부의 가치는

1) 대판 1987. 5. 12., 86다카1824.
2) 대판 2002. 10. 22., 2002다38927.
3) 대판 2002. 10. 22., 2002다38927.
4) 대판 2010. 7. 15., 2009다50308.

당사자의 주관적 가치가 아닌 거래상의 객관적 가치에 따라 판단하여야 한다.[1)]

(3) 폭리행위의 악의

대법원은 불공정한 법률행위가 무효이기 위하여는 폭리행위의 악의, 즉 피해 당사자가 궁박, 경솔 또는 무경험의 상태에 있었다는 사정을 알면서 이를 이용하려는 상대방의 의사가 있어야 한다는 입장이다.[2)] 학설은 대체로 이 요건을 부정한다.[3)] 하지만 폭리행위가 반사회적 법률행위의 한 경우로 윤리반가치적인 성격을 갖는 것이라면 판례와 같이 상대방의 주관적 상황을 이용하려는 의사가 요구된다고 보는 것이 타당하다. 물건을 가지려는 당사자 일방의 입장에서는 물건을 저렴하게 구입하려고 노력하는 것이 당연하며, 피해 당사자가 급하게 돈을 필요하여 그 돈을 마련하려고 나쁜 조건에서 법률행위를 하는 것을 모두 무효로 하는 것이 그 당사자에게 도움이 되는 것인지 의문이다. 또한 불공정행위의 효력과 관련하여 폭리자는 불법원인급여로 자신이 급여한 것의 반환을 청구하지 못하는 반면 상대방에 대하여는 수령한 급여를 반환해야 하는데, 이러한 결과는 폭리행위에 대한 악의가 있는 폭리자의 비윤리성이 인정되는 경우에야 정당화된다. 대법원과 같이 상대방의 주관적 상황을 이용하려는 폭리행위의 악의도 불공정한 법률행위의 요건이라고 보아야 한다.

---

1) 대판 2017. 5. 30., 2017다201422.
2) 대판 2002. 9. 4., 2000다54406.
3) 곽윤직/김재형, 민법총칙(민법강의Ⅰ), 2019, 294면.

3. 효과

불공정한 법률행위는 효력이 없다(제104조). 이미 이행이 이루어진 경우 반환청구가 가능하다. 폭리행위는 반사회적 법률행위에 해당하지만 그 불법원인이 폭리자에게만 있으므로 폭리자는 급여한 것의 반환을 청구하지 못하고 자신은 수령한 급여를 반환하여야 한다. 불공정한 법률행위에 해당하여 무효일 경우 그 법률행위로 인하여 불이익을 입는 당사자로 하여금 위와 같은 불공정성을 소송 등 사법적 구제수단을 통하여 주장하지 못하도록 하는 부제소합의 역시 다른 특별한 사정이 없는 한 무효가 된다.[1]

대법원은 불공정한 법률행위로 무효인 법률행위도 급부와 반대급부에 대한 당사자의 가정적 의사에 의한 합의가 인정될 수 있다면 무효행위의 전환에 관한 제138조에 의하여 그 가정적 의사에 따른 합의로 효력을 갖는다고 보았다.[2]

제3절 법률행위의 해석

Ⅰ. 의의

법률행위의 해석이란 법률행위의 내용을 확정하는 것을 말한다. 민법은 사적 자치의 원칙에 따라 법률행위에 나타난 당사자가 의도대로 법률효과를 부여한다. 따라서 법률행위에 나타나는 당사자의 의사를 찾는 것은 법률효과를 부여하기 위한 필수적인 전제가 된다. 법

1) 대판 2017. 5. 30., 2017다201422.
2) 대판 2010. 7. 15., 2009다50308.

률행위의 해석은 이렇게 당사자가 법률행위를 통하여 어떠한 법률효과를 얻으려고 하는지를 찾는 과정이다. 민법은 법률행위의 해석에 대하여 원칙적인 규정을 두고 있지 않다. 다만 민법 제106조는 "법령 중의 선량한 풍속 기타 사회질서에 관계없는 규정과 다른 관습이 있는 경우에 당사자의 의사가 명확하지 아니한 때에는 그 관습에 의한다"고 하여 사실인 관습을 불명확한 의사표시를 해석하는 하나의 수단으로 활용하고 있다.

Ⅱ. 법률행위 해석의 방법

1. 의의

법률행위를 해석하는 경우 원칙적으로 당사자의 구체적인 의사를 밝히는 것이 1차적인 목적이 될 것이다. 이 과정에서 당사자의 의도가 명확하여지고 당사자가 동일한 법률효과를 원하였다면 그대로의 법률효과를 부여하면 된다. 그런데 당사자의 의사가 명확하지 않거나 일치하지 않는 경우에 문제가 발생한다. 또한 법률행위의 중요한 부분은 합의를 하였는데 그 이행과 관련하여 부수적인 합의가 없어서 분쟁이 발생하기도 한다. 이러한 상황들에 대한 대응으로 법률행위의 효력을 부인하는 방법이 있을 수 있다. 하지만 이러한 태도는 당사자의 본래의 의도를 살리고 거래의 활성화를 꾀하려는 민법의 태도에 반한다. 특히 유효한 법률행위를 전제로 이미 이행이 된 경우나 당사자가 사이에 계속적인 법률관계가 있었던 경우 법률행위의 효력을 소급적으로 부정하는 것은 거래의 안전에도 큰 타격을 줄 수 있다. 법률행위의 효력이 유지되는 방향으로 해석하여야 하는 이유이다.

예를 들어 대법원은 은행신용카드에 의한 거래약관에서 카드의 분실, 도난으로 인한 모든 책임이 카드회원에게 귀속된다고 약정되어 있을 경우에 이 규정을 포함한 약관의 전부를 무효로 할 것은 아니고 "회원이 분실, 도난 등의 사실을 은행에 통지하고 소정양식에 따라 지체없이 그 내용을 서면신고 하였음에도 불구하고 은행이 가맹점에 대한 통지를 게을리하였거나 가맹점이 분실, 도난카드의 확인과 서명의 대조 등을 게을리하여 거래가 성립되었을 경우까지 그 책임을 회원에게 물을 수는 없다고 함이 거래의 안전을 기하는 신의성실의 원칙상 당연한 풀이"[1)]라고 해석하여 법률행위의 효력을 유지시켰다.

법률행위 해석의 주요한 방법으로 자연적 해석, 규범적 해석, 보충적 해석을 들 수 있다.

2. 자연적 해석

(1) 의의

법률행위 당사자의 진정한 의도를 밝히는 해석을 자연적 해석이라고 한다. 법률행위의 해석에 있어서 가장 선행되어야 하는 방법으로 법률행위에 객관적으로 나타난 표시와 상관없이 당사자가 진정으로 원하는 내용대로 효력을 부여하는 해석이다.

(2) 구체적인 방법

유언과 같은 상대방 없는 단독행위는 당사자 일방의 의사표시에 의하여 그에 합당한 법률효과를 부여하는 것이므로 다른 사람이 표

1) 대판 1986. 3. 11., 85다카1490.

시자의 의사표시를 어떻게 이해하였는지는 법률적으로 의미가 없다. 실제로 그가 어떤 법률효과를 의도하였는지가 법률행위 해석의 가장 중요한 경우이다. 예를 들어 유언서에 '나의 가장 훌륭한 조력자'에게 유증하는 내용이 담겨 있을 경우, 망인의 가장 훌륭한 조력자라고 스스로 생각하는 사람이 많다고 하더라도 그가 유증하려고 하는 '그의 가장 훌륭한 조력자'를 찾아내는 것이 해석의 목적이 된다. 만약 이를 찾아내지 못하면 그의 유언은 법률행위 내용의 불확정성으로 인하여 효력이 없다.

상대방 있는 법률행위의 경우에도 당사자의 진의가 그 표시와 상관없이 상대방에게 온전히 전달된 경우라면 자연적 해석이 적용된다. 예를 들어 매매계약에서 망치를 30만원에 팔기로 합의하였는데, 당사자 모두 이 망치가 매도인의 강아지를 가리킨다는 것을 알고 계약을 체결하였다면 망치가 매매목적물이 아니라 강아지가 매매목적물이 된다.

당사자가 착오로 목적물을 잘못 표시한 경우도 마찬가지이다. 당사자 사이에 X 부동산을 팔기로 하면서 계약서에는 Y 부동산을 파는 것으로 잘못 표시하였다면 자연적 해석에 의하여 X 부동산이 매매대상물이 되고 매도인은 X 부동산의 소유권을 이전해 주어야 한다. 만약 매도인이 Y 부동산에 대한 등기를 경료해 주었다면 그 등기는 원인무효의 등기이고 매도인은 X 부동산에 대한 등기이전을 다시 해주어야 한다.[1] 이렇게 당사자 사이에 표시된 것과 다른 내용으로 합의가 이루어진 경우에 실제 합의된 내용대로 법률효과가 발생하는 것을 '오표시 무해(falsa demonstratio non nocet)'라고 하는데, 이 법언은 자연적 해석의 원리를 잘 설명하고 있다.

오표시 무해는 법률행위의 내용뿐만 아니라 당사자를 확정하는

1) 대판 1993. 10. 26., 93다2629.

경우에도 당연히 적용된다. 따라서 본래의 합의를 변제기한과 이율에 관한 사항만 변경하기로 하면서 다시 작성한 합의서에 착오로 연대보증인과 근질권자를 서로 바꿔 기입하여 기명날인하였더라도 본래의 연대보증인과 근질권자를 내용으로 유효한 합의가 이루어진 것으로 보아야 한다.[1]

3. 규범적 해석

(1) 의의

규범적 해석이란 자연적 해석을 통하여서는 당사자 사이의 법률행위의 내용을 확정할 수 없는 경우에 표시를 기준으로 법률행위의 내용을 확정하는 해석방법이다.

(2) 구체적인 방법

규범적 해석은 상대방 없는 단독행위에는 적용될 여지가 없고 상대방이 있는 법률행위에서만 활용된다. 구체적으로 의사표시의 상대방의 입장에서 정당하게 이해될 수 있는 객관적인 내용을 확정하는 방법에 의한다. 따라서 상대방의 입장에서 실제 주관적으로 이해한 것이 아니라 객관적으로 이해되어야 하는 것이 기준이 되며, 계약이 체결되는 과정, 당사자의 구체적인 동기와 목적, 거래의 관행 등이 종합적으로 고려된다.[2]

대법원은 한쪽 당사자가 주장하는 약정의 내용이 상대방에게 권

1) 대판 2018. 7. 26., 2016다242334.
2) 대판 1996. 7. 30., 95다29130.

리를 포기하는 것과 같은 중대한 불이익을 부과하는 경우에는 그 약정의 의미를 엄격하게 해석하여야 한다는 입장에서 건물매도인이 매수인의 매매계약불이행으로 인한 손해배상채권에 충당할 수 있는 계약금을 매수인에게 반환하기로 약정한 사실만으로는 그 손해배상채권을 포기하였다고 단정할 수 없다고 하였다.[1)]

법률행위의 당사자를 확정하는 경우에도 마찬가지이다. 계약당사자에 대한 의사가 일치하지 않는다면 상대방의 입장에서 객관적으로 누구를 계약당사자로 볼 것인가에 의해 당사자가 확정된다. 예를 들어 계약을 체결하는 행위자가 타인의 이름으로 법률행위를 한 경우에 그 계약체결 전후의 구체적인 제반 사정을 토대로 상대방이 합리적인 사람이라면 누구를 계약당사자로 이해할 것인가에 따라 당사자를 결정하여야 한다.[2)] 따라서 사업자등록도 할 수 없어서 보험계약을 체결할 수 없는 甲이 계속적 거래로 인해 丙에 대해 부담하는 자신의 채무를 담보하기 위하여 乙의 명의를 도용하여 보험계약을 체결한 후 그 거래대금을 체불함으로써 보험자가 丙에게 보험금을 지급한 사안에서, 보험자의 입장에서 보면 보험계약자는 甲이 아니라 乙이 된다. 그런데 실제로 계약을 체결한 사람은 甲이므로 甲이 대리권 등이 없는 한 그 계약은 효력이 없게 되고, 따라서 무효인 보험계약에 기초하여 지급한 보험금을 보험자는 부당이득으로 반환청구할 수 있게 된다.[3)]

규범적 해석에 의하여 확정된 법률행위의 내용이 만약 당사자 일방의 의도와 다르게 된 경우 그는 민법 제109조의 착오를 근거로 의사표시를 취소할 수 있다.

---

1) 대판 1987. 3. 24., 86다카1907.
2) 대판 2009. 7. 23., 2008다76426.
3) 대판 1995. 9. 29., 94다4912.

4. 보충적 해석

(1) 의의

법률행위의 중요 부분에 해당하는 법률행위의 목적이나 목적물, 대금 등이 정해지지 않은 경우에 통상 그 법률행위는 목적의 불확정성으로 인하여 효력이 발생하지 않는다. 하지만 법률행위의 중요 부분을 제외한 채무이행의 방법이나 장소, 채무이행과 관련하여 부수적으로 발생하는 부담 등을 누가 부담할 것이냐의 문제 등에 대하여 당사자 사이에 합의가 없음을 이유로 법률행위의 효력을 부정하는 것은 법률행위효력유지의 원칙에 비추어 바람직하지 않다. 이러한 경우에 당사자의 의사를 고려하여 법률행위의 내용을 보충하고 법률행위의 효력을 발생·유지하도록 해석하는 방법이 활용되는데 이를 보충적 해석이라 한다.

(2) 구체적인 방법

보충적 해석은 당사자가 법률행위의 내용에 공백이 있다는 사정을 알았더라면 약정하였을 것으로 보이는 가정적 의사를 추가하는 방식으로 이루어진다. 다만 당사자의 실제 의사 또는 주관적 의사가 아니라 계약의 목적, 거래 관행, 적용법규, 신의칙 등에 비추어 객관적으로 추인되는 정당한 이익조정 의사를 보충하는 방법에 따른다.[1] 보충적 해석은 상대방 없는 단독행위를 포함하여 모든 법률행위에 적용된다.

1) 대판 2014. 4. 24., 2013다218620.

(3) 법률의 규정에 의한 보충

1) 임의규정과 강행규정

민법은 사적 자치의 원칙에 기초하여 당사자가 의도한 대로 법률 효과를 부여한다. 이 원칙은 법률이 일정한 사안에 대하여 특별한 규정을 두고 있는 경우에도 마찬가지로 적용된다. 예를 들어 제467조는 채무변제의 장소에 관하여 규정하고 있지만 당사자는 합의에 의하여 이러한 규정과 다른 내용으로 변제 장소를 정하는 것이 가능하다. 이렇게 당사자 사이에 법률의 규정과 다른 내용의 합의가 허용되는 경우 그 법률규정을 임의규정이라고 한다.

반면 당사자의 의사에 의하여 법률의 규정을 변경하거나 그 적용을 배제하는 것이 허용되지 않는 경우가 있는데, 이러한 법률규정을 강행규정이라고 한다. 예를 들어 미성년자를 보호하기 위하여 그에게 취소권을 부여하는 규정(제5조)이나 불공정한 법률행위의 효력을 인정하지 않는 규정(제104조)은 당사자 사이에 그와 다른 내용의 합의를 하더라도 그 효력을 갖지 못한다.

2) 임의규정에 의한 법률행위 내용의 보충

민법이 임의규정을 두고 있는 것은 당사자가 법률행위의 내용에 대하여 모든 사항을 합의하는 것은 아니며 이를 할 수도 없기 때문이다. 즉 임의규정은 당사자가 합의하지 않거나 온전히 합의하지 못한 사항을 보완하는 보충적 해석의 기능을 수행한다. 민법은 법률 중의 선량한 풍속 기타 사회질서에 관계없는 규정을 임의규정이라고 하고 있다(제106조).

(4) 사실인 관습에 의한 보충

사회의 관행에 의하여 발생한 사회생활규범으로 법적 확신을 취득하지 못한 사실인 관습도 법률행위의 내용을 보충하는 기능을 수행한다.[1] 민법 제106조는 "법령 중의 선량한 풍속 기타 사회질서에 관계없는 규정과 다른 관습이 있는 경우에 당사자의 의사가 명확하지 아니한 때에는 그 관습에 의한다"고 규정하고 있다. 따라서 임의규정이 있더라도 당사자의 의사가 명확하지 않은 경우에는 임의규정이 적용되는 것이 아니라 당사자가 속해 있는 지위나 지역에서 통용되는 관습이 법률행위의 내용을 결정하게 된다.

학설은 법률행위 해석의 기준이 되는 관습을 사실인 관습이라고 하여, 법적 확신을 취득하여 재판규범의 지위를 갖는 관습법과 구별하고 있다.[2] 하지만 의사표시나 법률행위의 내용을 보충하는 기능으로서의 관습은 그것이 법적 확신을 획득하였느냐의 여부와 관련이 없다. 관습법이나 사실인 관습은 모두 법률행위의 내용을 보충한다는 점에서 동일한 역할을 하므로 그 한도에서 구별의 실익이 없는 것이다.[3] 결국 법률행위의 내용이 불명확하거나 공백이 있는 경우, 관습이나 관습법에 의하여 그 내용이 보충되며 관습과 관습법이 없는 경우에 법률상 임의규정이 법률행위의 내용을 보충한다.

1) 대판 1983. 6. 14., 80다3231.
2) 곽윤직/김재형, 민법총칙(민법강의Ⅰ), 2019, 301면.
3) 곽윤직/김재형, 민법총칙(민법강의Ⅰ), 2019, 300면.

제3장
의사표시

Ⅰ. 총설

1. 의의

의사표시란 특정한 법률효과를 원하는 내부의 의사를 외부에 표시하는 행위 또는 그러한 행위에 의하여 표시된 것을 말한다. 의사표시는 법률행위의 필수적인 요소로 의사표시 없는 법률행위는 존재하지 않는다.

법률행위는 하나의 의사표시만으로도 성립할 수 있다. 취소권과 같은 형성권의 경우 취소라는 하나의 의사표시로 법률관계의 소급적 무효라는 법률효과가 나타나게 된다. 반면 계약과 같이 당사자 사이에 두 개 이상의 의사표시가 있어야 법률행위가 성립하는 경우도 있다.

2. 의사표시의 구성요소

의사표시는 내부의 의사를 표시하는 것이므로 기본적으로 내부의 의사와 표시행위로 구성된다. 하지만 이러한 의사표시가 있기까지의 진행 과정을 살펴보면 의사표시의 형성과 완성에 관여하는 보다 많은 요소들이 개입된다.

(1) 의사표시의 동기

1) 의의

동기란 행위자로 하여금 의사표시에 나아가도록 하는 심리적인 계기를 말한다. 예를 들어 자녀가 결혼을 하게 되어 그에 필요한 혼수를 준비해야겠다고 결심하게 되었을 경우 자녀의 결혼을 위한 혼수 장만의 의도는 특정의 혼수품을 구입하려는 구체적인 의사표시로 나아가는 계기가 된다. 아파트가 너무 답답하고 층간소음 등의 문제가 많아 전원에 있는 단독주택에서 살겠다고 결심하게 될 경우 이러한 이사의 결심은 그 후 주택신축을 위한 특정의 토지를 구입하는 계기가 된다. 이러한 계기들이 동기이다.

2) 의사표시와의 관계

동기는 의사표시를 하도록 하는 단초를 제공하지만 법률적 의미를 갖는 의사표시와는 직접적인 관련을 갖지 못한다. 의사표시라는 법률적 행위에 나아가도록 하는 심리적인 시작점에 불과하여 상대방에 대한 표시 여부와 상관없이 의사표시의 효력에 아무런 영향을 주지 못한다. 예를 들어 자녀의 혼수를 위하여 냉장고를 구입하였는데, 파혼이 되어 냉장고가 불필요하게 되었더라도 부모의 청약의 의사표시는 아무런 영향을 받지 않는다. 따라서 이를 근거로 체결한 매매계약도 착오를 이유로 취소하지 못하게 된다. 동기는 상대방의 관여가 인정될 수 없어 법률행위의 내용이 되지 못하기 때문이다(제109조 참조).

(2) 의사표시의 원인

1) 의의

사실적 의미밖에 갖지 못하는 동기는 행위자의 경제적인 여건이나 상황, 행위자가 의사표시를 통하여 달성하려는 구체적인 목적, 행위자의 선호나 취향 등에 의하여 내부적으로 구체화의 과정을 거치게 된다. 예를 들어 결혼할 자녀가 받기를 원하는 구체적인 물품, 좋아하는 색깔, 자녀가 신혼생활을 시작할 집의 평수와 구조, 구입하려는 종류의 가전 중에서 선호하는 상표 등을 고려하여 구체적인 구입물품의 종류와 그 물품이 가져야 하는 특성을 확정하게 된다. 또한 집을 신축하기 위하여 부지를 구입하는 경우에도 그 부지가 갖는 특성, 예를 들어 그 토지가 건축허가가 날 수 있는 지역이어야 하며, 면적이 어느 정도 이상이어야 하며, 건축허가면적이 부지의 절반을 넘을 수 있어야 하고, 토지에 자동차가 출입할 수 있어야 하는 등의 특성을 가지고 있어야 한다. 이렇게 구체적인 효과의사로 나아가려는 표의자에게는 그가 원하는 급부나 목적물의 특성이 있게 되는데 이러한 급부나 목적물의 특성에 대한 관념을 의사표시의 원인이라고 한다. 의사표시의 원인은 행위자가 의사표시에 나아오도록 하는 사실적 계기를 넘어서 구체적으로 어떠한 의사표시를 할 것인가를 확정하는 결정적 기준을 제시해 준다.

2) 의사표시와의 관계

의사표시의 원인은 의사표시와 관련이 없는 의사표시의 동기와 구별된다. 의사표시의 동기는 의시표시와 직집적인 관련이 없기 때문에 그 동기가 성취되지 못하더라도 의사표시의 법률적 효력에는 아무런 문제가 발생하지 않는다. 반면 의사표시의 원인은 의사표시의 구성요소인 효과의사를 형성하는 직접적인 원인이 되므로 상대방이 이를 알았거나 알고 있었다면 법률행위의 중요 부분이 되어 착오에 의한 취소(제109조)가 가능하다. 의사표시의 원인은 그 법률효과로서의 채권의 목적인 채무자의 급부의 본질 내지 핵심을 이루기 때문이다. 예를 들어 건축을 목적으로 특정 X 토지에 대한 매매계약을 체결하였는데, 그 토지가 실제로는 건축허가가 나지 않는 토지라고 한다면 이 토지에 대한 매매계약은 의사표시의 중요 부분의 착오로 취소할 수 있고, 이미 이행이 된 경우라도 목적달성불능(제580조, 제575조 제1항)을 이유로 해제할 수 있게 된다. 결국 의사표시의 원인은 동기와 달리 상대방이 이를 알았거나 알 수 있었을 경우에는 효과의사와 함께 의사표시의 구성요소가 된다.[1]

대법원은 착오와 관련하여 동기표시설의 입장에서 "동기의 착오가 법률행위의 중요 부분의 착오가 되려면 표의자가 그 동기를 당해 의사표시의 내용으로 삼을 것을 상대방에게 표시하고 의사표시의 해석상 법률행위의 내용으로 되어 있다고 인정되면 충분하고 당사자들 사이에 별도로 그 동기를 의사표시의 내용으로 삼기로 하는 합의까지 이루어질 필요는 없다"고 하여 동기가 표시된 경우에는 모두 의사표시의 내용이 된다고 보았다.[2] 의사표시의 원인도 효과의사를 형성하는 데 기여하였다고 보면 넓은 의미의 동기에 해당한다. 하지만 모든 동기가 다 의사표시의 내용이 될 수 있는 것은 아니다. 효과의사에 직접 관여한 표시된 의사표시의 원인만이 의사표시의 내용을 구성하는 동기로 보아야 하기 때문이다. 대법원의 태도는 의사표시의 동기와 의사표시의 원인을 엄밀하게 구별하지 못하여 발생한 것으로 타당하지 않다.

---

1) 대판 1989. 12. 26., 88다카31507.

2) 대판 2015. 7. 23., 2012다15336.

(3) 효과의사

1) 의의

효과의사란 법률효과만을 향한 의사를 말한다. 예를 들어 매수인의 효과의사는 "특정 상표의 X 냉장고를 대리점에서 판매하는 가격에 사겠다"는 것이고 이에 대응하는 매도인의 효과의사도 "특정 상표의 X 냉장고를 대리점에서 판매하는 가격에 팔겠다"는 것이 될 것이다.

효과의사는 의사표시의 가장 핵심적인 내용으로 효과의사가 없으면 법률효과가 부여되지 못한다. 또한 효과의사만 있으면 기타 당사자의 동기나 원인이 표시되지 않더라도 법률효과가 부여될 수 있다. 하지만 의사표시의 원인은 효과의사의 실질적인 내용을 이루는 것이므로 의사표시의 원인이 표시되면 효과의사와 함께 법률행위의 내용을 이루게 된다. 예를 들어 단순한 X 토지가 아니라 '건축이 가능한' X 토지, Y 에어컨이 아니라 '25평의 공간에 적합한' Y 에어컨이라고 표시되었는데, 실제로는 해당 물건이 그러한 특성을 갖지 못하였다면 진의와 의사표시의 불일치가 발생하게 되는 것이다.

반면 의사표시를 통하여 얻으려는 경제적 목적을 넘는 효과의사가 존재하는 것도 가능하다. 예를 들어 의사표시를 하는 원인은 채권의 담보를 위한 것인데 실제로 소유권의 양도라는 효과의사로 나타나는 양도담보나, 채권의 추심을 목적으로 채권양도의 의사표시를 하는 경우 등이다. 이러한 효과의사는 표의자가 스스로 경제적 혹은 법률적 목적을 달성하기에 적합하다고 보아 내린 결정이므로 심리적으로 아무런 문제가 발생하지 않는다. 즉 의사표시의 원인에 부합하는 효과의사가 있다고 볼 수 있다.

2) 의사표시와의 관계

효과의사는 내부적 의사의 핵심적 요소이다. 효과의사에 부응하여 민법은 의사표시에 법률효과를 주기 때문이다. 따라서 효과의사가 없는 의사표시는 원칙적으로 의사표시가 아니다. 그런데 문제는 이러한 효과의사가 있는 것 같은 외관이 창출된 경우이다. 경매참여자가 손을 들면 경매진행자가 제시하는 가격에 응찰하는 것으로 인정되어 제시된 경매가격으로 경매가 확정되는 와인경매시장에서 이 시장을 들른 관광객이 반대편에 있는 다른 관광객에게 인사를 한다며 손을 들자 경매진행자가 그 관광객을 낙찰자로 하여 경매를 확정한 경우를 예로 들 수 있다. 학설은 이러한 경우에 '내심적 효과의사'는 없지만 '표시상의 효과의사'는 있으므로 효과의사가 존재하는 것으로 보고 있다. 즉 의사표시의 구성요소로서 표시상의 효과의사가 있으면 되고 내심적 효과의사는 의사표시의 요건이 아니라고 보는 것이다.[1] 다만 이 경우에 행위자는 착오를 이유로 의사표시를 취소할 수 있다고 한다.

하지만 이는 의사표시가 법률효과와 관련하여 갖는 의미를 온전히 이해하지 못한 태도이다. 즉 의사표시가 갖는 진정한 의미와 거래의 안전보호의 문제를 혼동하는 것이다. 정상적인 의사표시가 있기 위하여는 당연히 내심의 효과의사가 있어야 하고 이러한 효과의사를 표시행위를 통하여 외부에 표시하면 법률은 그 의사표시에 대응하는 법률효과를 부여한다. 사적 자치의 원칙이 전제하는 의사표시의 본질은 내심의 효과의사이다. 따라서 내심의 효과의사가 없는 경우는 진정한 의미에서 의사표시가 없는 것이다.

물론 민법은 내심의 효과의사가 없거나 내심의 효과의사가 표시

1) 곽윤직/김재형, 민법총칙(민법강의 I), 2019, 259면.

상의 효과의사와 다를 경우에 표시상의 효과의사대로 효력을 부여하기도 한다(제107조, 제109조). 그런데 이는 의사표시가 완전하여서가 아니라 내심의 효과의사에도 불구하고 표시상의 효과의사를 창출한 경우 표의자를 보호할 필요가 없어서이거나(제107조), 의도적인 창출이 아니라면 의사표시가 불완전함을 내세워 표의자에게 의사표시의 효력에 대한 선택권을 주는 것이다(제109조). 따라서 민법의 이러한 태도를 가지고 의사표시가 표시상의 효과의사만 구성요소로 한다는 주장은 논리의 비약이다. 오히려 표시상의 효과의사만 의사표시의 요소라고 보는 견해[1]는 민법이 표시상의 효과의사와 진의가 다른 경우에 표의자가 의사표시를 취소하게 하거나(제109조) 표의자의 상대방이 그러한 사정을 알았을 경우에 효력을 주지 않는 것(제107조)을 설명하지 못한다. 이는 민법도 내심의 효과의사가 있어야 완전한 의사표시가 있다고 보기 때문이다.

(4) 표시의사

1) 의의

효과의사를 외부에 표시하려는 의사를 표시의사라고 한다. 예를 들어 X 부동산을 사려는 마음을 가진 상황에서 저녁 초대장에 참석하기로 서명을 하였는데 실제로는 X 부동산에 대한 매매계약서에 서명한 경우이다. 즉 X 부동산을 사겠다는 효과의사는 존재하지만 이를 외부로 표시할 의사가 존재하지 않은 상태에서 서명이 이루어진 경우이다.

1) 곽윤직/김재형, 민법총칙(민법강의I), 2019, 257면.

2) 의사표시와의 관계

위 사안의 경우 행위자의 효과의사 자체를 인정할 수 없다. 그에게 효과의사를 표시하겠다는 의사가 없다는 것은 효과의사 자체가 아직 확정되지 않은 상태이기 때문이다. 효과의사와 행위의사를 나누어서 다루는 것은 너무 기교적이며 행위의사를 효과의사의 일부로 이해하여 효과의사의 존재 여부를 판단하는 것이 옳다.

(5) 표시행위

1) 의의

효과의사를 외부로 표시하는 행위를 표시행위라고 한다. 효과의사는 특정인이 어떤 의사표시를 하겠다고 하는 심리적인 상태에 불과하다. 이러한 효과의사가 외부로 표시되지 않는다면 외부에서는 그의 효과의사를 인식하지 못한다. 따라서 법률도 이에 대해 아무런 효과를 부여하지 못한다.

2) 의사표시와의 관계

표시행위는 효과의사와 함께 의사표시의 필수적 구성요소이다. 다만 표시행위가 적극적인 작위이어야 할 필요는 없다. 부작위도 당사자의 합의나 구체적인 정황에 따라 효과의사의 표시행위가 될 수 있다. 예를 들어 당사자 사이에 하루가 지나도 아무런 연락이 없으면 매매의 청약을 받아들이는 것으로 합의하였다면 연락이 없는 하루 동안의 부작위가 승낙의 표시행위가 되는 것이다.

3. 의사와 표시의 불일치

행위자에게 일정한 내부적 의사가 존재하고 또한 그러한 의사를 표시하면 의사표시는 완성되고 민법은 그 의사표시에 대응하는 일정한 법률효과를 부여한다. 이러한 과정이 의사표시의 정상적이며 일반적인 과정이다. 반면 의사와 이를 표시하는 행위가 일치하지 않는 경우가 종종 발생한다. 예를 들어 내부적으로는 A라는 물건을 사려고 하였는데, B라는 물건을 사겠다고 계약서에 잘못 기입하는 경우나, A 물건을 특정인에게 증여하려고 하면서 상대방과 매매의 형식으로 소유권을 이전하기로 합의하는 등이 있을 수 있다. 이러한 법률관계에 대하여 민법은 제107조 내지 제110조에서 규율하고 있다.

Ⅱ. 비진의 의사표시

1. 의의

비진의 의사표시란 표의자의 인식하에 진의와 다른 의사표시를 하는 경우를 말한다(제107조). 예를 들어 증여의 의사없이 대가없이 주겠다고 하는 경우를 들 수 있다. 직원이 회사의 구조조정의 대상이 되어 대기발령을 받은 상태에서 회사는 사직원 제출을 지속적으로 요구하고 있었고 사직원은 제출하지 않는 다른 직원이 실제로 해고되는 상황에서 어쩔 수 없이 사직서를 제출한 경우에도 근로자의 비진의 의사표시가 인정된다.[1)]

---

1) 대판 2005. 11. 25., 2005다38270.

2. 요건

(1) 의사표시의 존재

비진의 의사표시는 의사표시의 외관이 존재하여야 한다. 즉 내부적으로 다른 효과의사가 있을 수도 있고 효과의사 자체가 없을 수도 있지만 특정한 효과의사를 추단하도록 하는 표시행위는 있어야 한다. 이러한 표시행위는 법률적으로 의미가 있어야 하므로 명백한 농담이나 뻔한 허풍, 홧김에 뱉은 진정성 없는 말 등은 의사표시 자체가 없다고 보아야 한다.

(2) 진의와 표시의 불일치

진의와 표시가 일치하지 않아야 한다. 표시가 진의와 다를 수도 있지만 표시에 대한 진의가 없을 수도 있다. 예를 들어 팔 생각으로 "그냥 가져가라"라고 하면 전자의 경우에 해당하겠지만 줄 마음이 전혀 없으면서 "그냥 가져가라"라고 할 경우에는 후자에 해당한다. 진의의 의미에 대하여 대법원은 "특정한 내용의 의사표시를 하고자 하는 표의자의 생각을 말하는 것이지 표의자가 진정으로 마음속에서 바라는 사항을 뜻하는 것은 아니므로 표의자가 의사표시의 내용을 진정으로 마음속에서 바라지는 아니하였다고 하더라도 당시의 상황에서는 그것이 최선이라고 판단하여 그 의사표시를 하였을 경우에는 이를 내심의 효과의사가 결여된 진의 아닌 의사표시라고 할 수 없다"[1]고 보았다. 그러한 선택이 최선이라고 판단하여 의사표시를 하였다면 표시에 대응하는 진의가 있다고 본 것이다. 진의를 판단하는 시

1) 대판 2003. 4. 25., 2002다11458.

기는 의사표시가 있었던 때를 기준으로 하는 것이 당연하나 그 판단을 위하여서는 사전의 상황, 표의자가 회사에 대하여 보인 태도, 표의자가 표시 이후에 취한 조치 등이 함께 고려된다.

> "희망퇴직원을 제출하고 피고로부터 퇴직금과 희망퇴직가산금 및 창업재취업 교육비를, 노동조합으로부터 퇴직위로금을 아무런 이의 없이 수령하였으며, 면직처분이 있은 뒤에도 즉시 노동위원회 등에 불복신청을 하지 아니하고 그 때로부터 약 2년 10개월이 경과한 후에야 비로소 위 면직처분의 무효확인을 구하는 이 사건 소를 제기한 점 등 원고들에 대한 면직처분 전후의 사정에 비추어 보면, 원고들이 당시 희망퇴직의 권고를 선뜻 받아들일 수는 없었다고 할지라도 그 당시의 국내 경제상황, 피고의 구조조정계획, 피고가 제시하는 희망퇴직의 조건, 퇴직할 경우와 계속 근무할 경우에 있어서의 이해관계 등을 종합적으로 고려하여 심사숙고한 결과 당시의 상황으로는 희망퇴직을 하는 것이 최선이라고 판단하여 본인의 의사에 기하여 희망퇴직신청원을 제출한 것이라고 봄이 상당하다."[1)]

(3) 표의자의 인식

진의와 표시의 불일치에 대한 표의자의 인식이 있어야 한다. 이 점에서 비진의 의사표시는 통정허위표시(제108조)와 동일하며 착오(제109조)와는 구별된다.

3. 효과

(1) 원칙

비진의 의사표시에 대하여 민법은 효력을 인정한다. 즉 증여의 의사가 없으면서 무상으로 주겠다고 말하면 증여의 청약이 있다고 보

1) 대판 2005. 9. 9., 2005다34407.

는 것이다. 따라서 그에 대한 승낙이 있으면 증여계약이 유효하게 성립하여 표의자는 자신의 물건을 이전할 채무를 부담하게 된다.

(2) 예외

상대방이 표의자의 진의 아님을 알았거나 이를 알 수 있었을 경우에 그 의사표시는 효력이 없다(제107조 제1항 단서). 알 수 있었을 경우란 거래 관념에 비추어 베풀어야 할 주의를 충분하게 베풀었다면 알 수 있었을 객관적인 상황이 존재하는 경우이다.

근로자가 사용자의 지시에 좇아 일괄하여 사직서를 작성 제출하였다면 그러한 사직원을 수리한 사용자도 근로자의 비진의 의사표시를 알고 있었다고 보아야 한다.[1] 따라서 사직원의 제출로 인한 의원면직의 형식을 취하였더라도 이는 부당한 해고에 해당한다. 사직원의 제출 자체가 비진의의사표시로 무효이기 때문이다. 또한 근로자가 회사의 경영방침에 따라 사직원을 제출하고 즉시 재입사하는 형식을 취함으로써 근로자가 그 퇴직 전후에 걸쳐 실질적인 근로관계의 단절이 없이 계속 근무하였다면 사직원제출은 근로자가 퇴직을 할 의사 없이 퇴직의사를 표시한 것으로서 비진의 의사표시에 해당하고 재입사를 전제로 사직원을 제출케 한 회사는 그의 진의 아님을 알고 있었다고 보아야 한다.[2]

의사표시가 비진의 의사표시에 해당하여 무효라고 주장하는 경우에 그 입증책임은 그 주장자에게 있다. 따라서 표의자는 상대방이 비진의 의사표시라는 것을 알았거나 알 수 있었다는 점을 입증하여

---

1) 대판 1991. 7. 12., 90다11554.

2) 대판 1988. 5. 10., 87다카2578. 따라서 사용자는 퇴직 이전에 적용되어 근로자에게 유리한 기존 취업 규칙을 적용하여 근로자의 퇴직 당시의 1개월분의 평균임금에 근속연수에 따라 누진되는 지급계수를 곱한 금액을 퇴직금으로 지급하여야 한다.

야 한다.[1]

(3) 선의의 제3자 보호

비진의 의사표시의 무효는 선의의 제3자에게 대항하지 못한다(제107조 제2항). 따라서 비진의 의사표시라는 사실을 알았거나 알 수 있었던 상대방이 비진의 의사표시를 통하여 취득한 물건을 제3자에게 양도하였는데 제3자가 이러한 사정을 알지 못하였다면 그는 그 물건을 유효하게 취득한다. 통상 동산의 경우에는 선의취득이 인정되어 이 규정이 큰 의미를 갖지 못하나 부동산의 경우에는 거래의 안전을 위한 중요한 의미를 갖는다. 제3자의 선의는 추정된다.

4. 적용범위

(1) 상대방 있는 의사표시와 상대방 없는 의사표시

상대방 없는 의사표시에는 상대방의 인식 여부가 문제되지 않으므로 비진의 의사표시는 항상 유효하다. 반면 상대방 있는 의사표시는 상대방의 인식 여부에 따라 그 효력이 결정된다.

(2) 가족법상 신분행위

가족법상 신분행위는 당사자의 진의가 절대적으로 중시된다. 따라서 비진의 의사표시에 관한 제107조는 적용되지 않는다. 예를 들어 혼인의 의사없이 이루어진 혼인의 합의는 혼인신고에도 불구하고

1) 대판 1992. 5. 22., 92다2295.

효력이 없다.

(3) 배임적 대리행위

대법원은 배임적 대리행위에 대하여 제107조의 규정을 유추적용한다. 즉 "진의 아닌 의사표시가 대리인에 의하여 이루어지고 그 대리인의 진의가 본인의 이익이나 의사에 반하여 자기 또는 제3자의 이익을 위한 배임적인 것임을 그 상대방이 알았거나 알 수 있었을 경우에는 민법 제107조 제1항 단서의 유추해석상 그 대리인의 행위에 대하여 본인은 책임을 지지 않는다"[1]는 입장이다. 나아가 대법원은 선의의 제3자 보호의 규정도 대리권남용의 사안에서 동일하게 적용된다고 보고 있다.[2] 따라서 비진의의사표시의 상대방과 거래행위를 한 제3자가 선의인 경우에는 상대방의 악의에도 불구하고 본인은 책임을 부담한다.

Ⅲ. 통정허위표시

1. 의의

통정허위표시란 상대방과 모의하여 진의와 다른 표시를 하는 경우를 말한다. 예를 들어 자녀에게 재산을 증여하면서 탈세를 위하여 그와 매매계약을 체결하는 경우나 채권자의 강제집행을 면하기 위하여 타인과 허위로 부동산에 대한 매매계약을 체결하고 등기를 이전

1) 대판 2007. 4. 12., 2004다51542.
2) 대판 2018. 4. 26., 2016다3201.

하여 주는 경우 등이다.[1] 통정허위표시로 이루어진 법률행위를 가장행위라고 한다.

2. 요건

(1) 의사표시의 존재

통정허위표시가 있기 위하여서는 의사표시가 있어야 한다. 의사표시자에게 표시와 다른 효과의사를 있을 수도 있고 효과의사가 전혀 없을 수도 있다. 예를 들어 매매계약을 체결하면서 매매계약에 따른 소유권양도의 의도 자체가 없을 수도 있고, 소유권양도의 의사는 있지만 증여를 원인으로 하는 효과의사가 있을 수도 있다. 하지만 최소한 이러한 효과의사를 추단하게 하는 표시행위는 있어야 한다.

(2) 의사와 표시의 불일치

의사표시자의 내심의 의사와 표시행위에 따른 표시가 불일치하여야 한다. 표의자가 이러한 불일치를 인식한다는 점에서 비진의 의사표시와 동일하다.

(3) 표의자와 상대방의 통모

표의자와 상대방이 표의자의 비진의 의사표시를 함께 모의했어야 한다. 즉 표의자의 비진의표시에 대하여 상대방의 동의 내지 양해가

1) 이러한 계약은 제108조의 통정허위표시일 뿐만 아니라 제406조의 사해행위에도 해당된다; 대판 1998. 2. 27., 97다50985.

있어야 한다. 이러한 동의나 양해가 명시적일 필요는 없다.

3. 효과

(1) 원칙

상대방과 통정한 허위의 의사표시는 효력이 없다(제108조 제1항).[1] 표시행위로 나타난 내심의 효과의사가 존재하지 않기 때문이다. 반면 내심의 효과의사가 있으나 외형적 효과의사와 다른 경우에는 내심의 효과의사대로 효력이 발생한다. 자연적 해석에 따른 의사표시의 합치가 있기 때문이다. 이러한 내심의 효과의사를 내용으로 하는 법률행위를 은닉행위라고 한다. 예를 들어 당사자가 내심 증여계약을 체결할 의사로 외형상 매매계약을 체결하였다면, 전자인 은닉행위는 효력을 갖고 후자인 가장행위는 효력이 없다.

통정허위표시의 무효는 그 무효를 주장하는 자가 입증하여야 한다. 대법원은 제3자에 의하여 부동산에 대한 점유취득시효가 완성된 후에 남편이 아내에게 특별한 사유없이 그 부동산을 매도하고 소유권이전등기까지 경료한다는 것은 이례에 속하는 일로서 가장매매라고 추정하여 그 효력을 부정하였다.[2]

허위표시로 인하여 재산의 출연이 있더라도 이는 민법 제746조의 불법원인급여에 해당하지 않는다. 따라서 급여자는 수익자를 상대로 부당이득반환청구권을 행사할 수 있다. 대법원은 탈세 등을 목적으

---

1) 채무자의 법률행위가 통정허위표시인 경우에도 채권자취소권의 대상으로 된다고 할 것이고, 한편 채권자취소권의 대상으로 된 채무자의 법률행위라도 통정허위표시의 요건을 갖춘 경우에는 무효라고 할 것이다; 대판 1998. 2. 27., 97다50985.

2) 대판 1978. 4. 25., 78다226. 다만 이 규정은 남편을 중심으로 하는 과거의 가부장적인 사회에 있었던 판례로 이를 현대적인 사안들의 선례로 인정하는 것은 다소 무리가 있어 보인다.

로 자신의 부동산을 타인 명의의 등기로 하였거나 매수자금을 지급하여 타인 명의로 등기하게 하였다는 이유만으로 그 등기나 매수자금이 불법원인급여에 해당한다고 볼 수 없다는 입장을 취한다.[1)]

(2) 예외

1) 선의의 제3자

통정허위표시의 무효는 선의의 제3자에 대항하지 못한다(제108조 제2항). 선의는 추정되며 무과실을 요구하지 않는다.

일반적으로 제3자는 허위표시의 당사자와 그의 포괄승계인 이외의 자 모두를 가리킨다. 하지만 통정허위표시의 제3자는 보다 제한적으로 해석되어 허위표시행위를 기초로 하여 새로운 이해관계를 맺은 자로 한정된다.[2)] 예를 들어 허위의 매매계약으로 등기를 이전받은 양수인으로부터 그 목적 부동산을 다시 매수한 선의의 제3자는 그 양수인이 진정한 소유자가 아니라고 하더라도 부동산의 소유권을 취득한다.[3)]

반면 형식적으로 허위표시에 기초한 제3자의 법률행위이더라도 실질적으로 그 법률행위가 허위표시와 관련이 없는 기존의 법률원인의 실행에 해당한다면 '새로운 법률행위'로 볼 수 없어서 통정허위표시의 제3자에 해당하지 않는다. 예를 들어 甲이 부동산의 매수자금을 丙으로부터 차용하고 담보조로 가등기를 경료하기로 약정한 후 채권자들의 강제집행을 우려하여 자신이 아닌 乙에게 허위로 양도하도록 한 후 丙 앞으로 가등기를 경료케 한 경우에 있어서 丙은 형식

1) 대판 2003. 11. 27., 2003다41722.
2) 대판 1983. 1. 18., 82다594.
3) 대판 2006. 3. 10., 2002다1321.

상은 가장 양수인으로부터 가등기를 경료받은 것으로 되어 있으나 실질적인 새로운 법률원인에 의한 것이 아니므로 통정허위 표시에서의 제3자로 볼 수 없다.[1] 가장매매에서 매수인의 상속인이나 제3자를 위한 계약에서의 수익자도 허위표시행위를 기초로 하여 새로운 이해관계를 맺은 자에 해당하지 않는다.

'대항하지 못한다'는 규정에 대하여 다수설[2]은 제3자가 무효를 주장하는 것은 허용된다는 입장이다. 이 규정이 제3자를 보호하기 위한 취지 때문이라는 것이다. 이 규정이 제3자를 보호하려는 취지라는 점은 명확하다. 하지만 나아가 제3자에게 거래의 유·무효를 스스로 결정할 수 있도록 하는 규정은 아니다. 즉 제3자를 보호하는 것은 그가 애초에 원했던 대로 효력을 주겠다는 의미이지 사후에 마음이 바뀌었을 경우 그 효력을 임의로 부정할 수 있다는 것은 아니다.[3]

선의의 제3자에 대하여는 허위표시의 당사자뿐만 아니라 그 누구도 허위표시의 무효를 주장하지 못한다. 이는 통정허위표시에 기초하여 새로운 법률관계를 맺는 선의의 제3자로 인하여 제3자의 법률행위뿐만 아니라 통정허위표시의 법률행위 자체도 효력이 갖게 됨을 의미한다. 예를 들어 甲이 乙과 통정하여 허위로 자신의 A 토지에 대하여 매매예약을 하였고 이에 근거하여 소유권이전등기청구권 보전을 위한 가등기를 경료한 후 丙이 甲으로부터 A 토지를 매수하여 소유권이전등기를 마쳤고, 그 후 乙 명의의 가등기에 기한 소유권이전의 본등기가 경료되어 丙 명의의 소유권이전등기는 말소된 사안에서,

---

1) 대판 1982. 5. 25., 80다1403. 다만 이 경우에도 가등기는 甲과 丙 사이의 매매대금 차용에 따른 담보제공약정에 따라 그 이행으로서 이루어진 것이므로 丙 명의의 본건 가등기는 실체관계에 부합된다 할 것이고, 甲은 자신과 乙의 통성허위표시에 터 잡이 이루어진 것을 이유로 이 가등기의 말소를 구할 수 없다.

2) 곽윤직/김재형, 민법총칙(민법강의 I), 2019. 313면; 이은영, 민법총칙, 2009. 504면 등.

3) 김증한/김학동, 민법총칙, 2001, 336면.

丁이 등기명의자인 乙을 소유권자로 믿고 乙로부터 A 토지를 매수하여 소유권이전등기를 마쳤다면, 丙은 소유권을 상실하게 되고 丁이 정당한 소유권자가 된다.[1]

2) 구체적인 사례

a. 물건이 허위로 양도된 경우

허위의 양수인과 제3자가 매매계약을 체결하였는데 아직 목적물에 대한 이행이 이루어지지 않은 상태에서, 허위양도인이 양도계약의 무효를 이유로 양수인에게 목적물의 반환을 청구하였다면, 허위양수인은 제3자와의 매매계약을 이유로 반환청구에 대항하지 못한다. 허위의 양수인은 허위의 양도인에게 목적물반환의 의무를 부담하고 이러한 부담의무는 여전히 실행가능하다. 또한 제3자도 목적물이 반환되더라도 자신의 채권에는 아무런 영향을 받지 않는다. 반면 제3자에 대한 이행이 마쳐진 경우 제3자는 완전한 소유권을 취득하게 되므로 양수인의 목적물 반환의무는 소멸한다.

b. 허위의 전세권부 채권을 (가)압류하거나 전세권근저당권을 설정받은 경우

임대차계약에 기한 임차보증금반환채권을 담보할 목적 또는 금융기관으로부터 자금을 융통할 목적으로 임차인과 임대인 사이의 합의에 따라 임차인 명의로 전세권설정등기를 허위로 경료한 경우, 이 전세권부 채권을 가압류한 가압류권자[2]나 전세권에 대하여 근저당권을 설정받은 자[3]는 허위표시에 기초하여 새로이 법률상 이해관계를 가

1) 대판 1996. 4. 26., 94다12074.
2) 대판 2010. 3. 25., 2009다35743.
3) 대판 2008. 3. 13., 2006다58912.

지게 된 제3자에 해당하여 그가 선의인 이상 통정허위표시의 무효를 이유로 대항하지 못한다. 이 경우 전세금은 그 성격에 비추어 민법 제315조에 정한 전세권설정자의 전세권자에 대한 손해배상채권 외에 다른 채권까지 담보한다고 볼 수 없으므로, 전세권설정자가 전세권설정계약과 양립할 수 없는 위 임대차계약에 의하여 발생한 연체차임, 관리비, 손해배상 등의 채권을 주장할 수 없고, 따라서 전세권설정자는 이러한 채권으로서 물상대위권의 행사로 압류·추심한 전세금반환채권과 상계할 수도 없다.[1)]

c. 가장채권양도의 경우

허위로 채권양도가 이루어진 경우 채무자는 채권양도라는 법률관계에 기초하여 새로운 이해관계를 맺은 자가 아니므로 원칙적으로 제3자에 해당하지 않는다. 따라서 허위의 채권양도 후에 그 채권에 대한 전부명령이 채무자에게 송달되었고, 그 후 채무자가 채권을 변제하지 않은 상황에서 채권양도가 허위임이 밝혀진 경우에 채무자는 전부채권자에게 변제하여야 한다.[2)] 반면 채무자가 허위의 채권양수인에게 변제를 하게 되었다면 그는 채권양도에 기초하여 채무의 소멸이라는 이익을 얻게 되므로 이해관계에 있는 제3자에 해당한다.

허위의 채권을 양수받은 채권자로부터 그 채권을 다시 양수받거나[3)] 그 채권에 대하여 가압류나 압류를 한 경우[4)], 전부나 추심명령을 받은 경우 등에는 허위의 채권양수인에 대한 채권자는 민법 제108조 제2항의 이해관계 있는 제3자에 해당한다.

보증인이 주채무자의 기망행위에 의하여 주채무가 있는 것으로

1) 대판 2008. 3. 13., 2006다29372.
2) 대판 1983. 1. 18., 82다594.
3) 대판 2004. 1. 15., 2002다31537.
4) 대판 2004. 5. 28., 2003다70041.

믿고 보증인이 되어 보증채무를 이행한 경우 그 보증인은 주채무자의 채권자에 대한 채무부담행위라는 허위표시에 기초하여 구상권 취득이라는 법률상 이해관계를 가지게 되므로 선의의 '제3자'에 해당한다.[1]

d. 전득자

통정허위표시임을 알고 재산권을 전득받은 자로부터 선의로 그 재산권을 다시 양도받은 경우 최후의 양수인은 그 재산권을 유효하게 취득한다. 즉 제3자는 통정허위표시로부터 직접 재산권을 양수받은 자에 한하지 않고 그 재산권에 대한 법률상 새로운 이해관계를 맺은 모든 자이다. 따라서 甲이 乙의 임차보증금반환채권을 담보하기 위하여 통정허위표시로 乙에게 전세권설정등기를 마친 후 丙이 이러한 사정을 알면서도 乙에 대한 채권을 담보하기 위하여 위 전세권에 대하여 전세권근저당권설정등기를 마쳤는데, 그 후 丁이 丙의 전세권근저당권부 채권을 가압류하고 압류명령을 받은 경우, 丁이 통정허위표시에 관하여 선의라면 비록 丙이 악의라 하더라도 허위표시자는 그에 대하여 대항하지 못한다.[2] 반대로 통정허위표시임을 모르고 재산권을 취득한 제3자로부터 그 재산권을 악의의 자가 양수한 경우에도 허위표시자는 악의의 양수인에게 재산권의 반환을 청구하지 못한다. 선의의 제3자는 완전한 재산권을 유효하게 취득한 처분권자이므로 그로부터 재산권을 양수한 자도 완전한 권리를 취득한 자이기 때문이다.

---

1) 대판 2000. 7. 6., 99다51258.

2) 대판 2013. 2. 15., 2012다49292.

Ⅳ. 착오에 의한 의사표시

1. 의의

착오에 의한 의사표시란 오인하여 의도하지 않은 의사표시를 하는 경우이다. 이러한 의사표시는 취소할 수 있다(제109조). 착오에 의한 의사표시의 개념에 대하여 다수설은 내심의 효과의사와 표시상의 효과의사가 일치하지 않는 경우라고 한다.[1] 하지만 이러한 착오의 정의는 의사표시의 원인과 내심의 효과의사가 일치하지 않는 경우를 설명하지 못한다. 즉 착오를 너무 좁게 정의하여 실제 거래에서 흔히 발생하는 성상의 착오를 배제하는 결과를 낳는다. 반면 동기의 착오도 착오에 의한 의사표시에 넣어야 한다고 하면서 '잘못된 인식이 원인이 되어 표시행위로부터 추측되는 효과의사와 신의가 일치하지 않고 어긋나 있는 것'이 착오에 의한 의사표시라고 보는 견해[2]도 있다. 즉 동기를 포함하는 것으로 이해되는 진의와 표시상의 효과의사가 일치하지 않는 모든 경우가 제109조의 착오에 의한 의사표시에 해당한다는 것이다. 하지만 모든 동기가 제109조의 법률행위의 내용이 될 수는 없으므로 이러한 착오에 대한 개념 정의도 타당하지 않다. 오히려 착오에 의한 의사표시는 의사표시에 대한 오인으로 의도하지 않은 의사표시를 하지 않은 경우를 말하며, 여기서 의사표시에 대한 오인이란 의사표시가 갖는 실질적인 의미와 표시행위를 포함하는 개념으로 이해하여야 한다.

---

1) 이은영, 민법총칙, 2009, 512면.
2) 곽윤직/김재형, 민법총칙(민법강의Ⅰ), 2019, 315면.

2. 요건

민법 제109조는 "의사표시는 법률행위의 내용의 중요 부분에 착오가 있는 때에는 취소할 수 있다. 그러나 그 착오가 표의자의 중대한 과실로 인한 때에는 취소하지 못한다"고 규정하고 있다. 따라서 착오를 이유로 의사표시를 취소할 수 있기 위하여는 법률행위의 내용의 중요 부분의 착오가 있어야 하고 중대한 과실이 없어야 한다는 두 가지의 요건이 충족되어야 한다.

(1) 법률행위 내용의 착오

1) 법률행위의 내용

착오로 의사표시를 취소할 수 있기 위해서 먼저 착오가 법률행위의 내용에 대한 것이어야 한다. 여기서 법률행위의 내용이 구체적으로 무엇을 의미하는지 확정되어야 한다. 학설과 판례는 기본적으로 효과의사만을 법률행위의 내용이라고 이해한다.[1] 예를 들어 'X 부동산을 1억원에 사겠다'는 매수인의 효과의사가 법률행위의 내용이므로, 그 구성요소인 매매계약의 목적물 X 부동산, 대금 1억원, 그리고 의사표시의 상대방에 대한 착오는 법률행위의 내용에 대한 착오가 된다. 다만 동기는 본래 의사표시의 내용이 아니지만 상대방에게 표시하여 의사표시의 내용으로 삼았을 경우에는 법률행위의 내용이 된다고 본다.[2]

이러한 태도는 반사회적 법률행위에서 동기의 불법이 고려되는 것

1) 곽윤직/김재형, 민법총칙(민법강의I), 2019, 317면.
2) 대법원 1984. 10. 23., 83다카1187.

과 동기의 착오를 동일하게 다루려는 입장에서 비롯된 것으로 보인다. 하지만 반사회적 법률행위에서 행위자의 동기가 고려되는 것은 법률행위를 통하여 행위자가 최종적으로 얻으려는 결과, 즉 동기가 사회질서에 반하게 되면 그로 인하여 사회질서가 파괴되기 때문에 이를 예방하는 차원에서 그와 관련된 법률행위 전체를 금지한다는 의미이다. 반면 착오를 이유로 법률행위의 효력을 부정할 것이냐의 문제는 그러한 사회질서의 파괴나 혼란과 관련이 없고 단지 착오를 한 표의자와 그 상대방 사이의 이익을 어떻게 균형있게 보호할 것이냐의 문제에만 관련된다. 반사회적 법률행위와 착오취소의 문제를 동일한 관점에서 다룰 수 없는 이유이다.

이러한 측면에서 민법 제109조의 법률행위의 내용이 될 수 있는 것은 효과의사와 그 효과의사를 직접 형성하도록 기여한 의사표시의 원인 내지 목적으로 보아야 한다. 다만 의사표시의 원인은 상대방이 알았거나 알 수 있었어야 한다. 이렇게 인식 가능한 의사표시의 원인을 법률행위의 내용에 포함시켜야 하는 이유는 효과의사의 형성에 직접적인 영향을 미친 내부적 핵심요소를 효과의사와 분리하여 생각할 수 없기 때문이다. 만약 의사표시의 원인이 인식 가능함에도 효과의사만을 보고 법률행위의 효력을 유지시키게 되면 표의자의 이익은 크게 침해를 받고 의사표시의 원인을 인식할 수 있는 상대방은 과도한 보호를 받게 된다.[1)]

판례도 이러한 점을 고려하여 동기가 표시된 경우 법률행위의 내용에 해당한다고 보는 것으로 이해된다. 예를 들어 매수인이 X 청자를 고려청자로 알고 4천만원에 사겠다고 하는 효과의사를 매도인에

1) 이렇게 효과의사와 의사표시의 원인을 분리하여 관념하려는 것은 독일의 무인성론과도 무관치 않아 보인다. 하지만 두 관념을 완전히 분리하려는 태도는 효과의사를 실질없는 형식으로 만들어 의사표시론을 형해화할 위험이 있다.

게 표시하였을 경우를 검토해 보자. 이와 유사한 사안에서 대법원은 매수인이 착오를 이유로 매매계약을 취소할 수 있다는 입장을 취한다.[1] 만약 여기서 착오를 내심의 효과의사와 표시상의 효과의사가 일치하지 않는 경우만으로 한정하게 되면 표의자는 민법 제109조를 근거로 의사표시를 취소하지 못한다. X 청자의 매수인은 'X 청자를 4천만원에 사겠다'고 마음속에서 결심하였고 이를 'X 청자를 4천만원에 사겠다'고 표시하였으므로 내심의 효과의사와 표시상의 효과의사는 완전하게 일치하기 때문이다. 효과의사는 법률효과에 향해있는 의사이므로 그 구성요소인 상대방, 목적물, 대가가 확정되면 그대로 법률효과가 발생되는 것으로 그 이외의 것은 효과의사에 포함되지 않는 것이다. 이 사안에서 대법원이 착오를 이유로 취소권을 행사할 수 있다고 한 것은 이 구성요소 외에 다른 요소, 즉 그 효과의사에 이르게 된 동기를 포함시켰기 때문이고, 그 동기는 'X 청자가 고려청자'라고 오인한 것이다. 즉 'X 청자가 고려청자여서 매수한다'는 내용을 상대방이 인식할 수 있었으면 'X 청자가 고려청자'라는 사실도 법률행위의 내용이 되고 실제로 X 청자가 고려청자가 아닌 것으로 판명되면 착오를 이유로 취소할 수 있는 것이다. 따라서 이 사안과 관련한 판례의 태도는 기본적으로 타당하다. 다만 이미 상술한 바와 같이 동기가 표시되어 인식 가능하게 될 경우 법률행위의 내용이 된다는 일반론은 비판받아 마땅하다. 모든 동기를 상대방의 인식 가능성에 따라 법률행위 내용으로 보는 것이 아니라 그 일부분인 의사표시의 원인이 표시된 경우에 한하여 법률행위의 내용으로 본다는 제한적 의미에서 판례도 그 타당성이 인정될 뿐이다.

1) 대판 1997. 8. 22., 96다26657; 2018. 9. 13., 2015다78703.

2) 내용에 대한 착오의 유형

a. 상대방에 관한 착오

상대방은 효과의사의 내용을 구성하므로 상대방에 관한 착오는 법률행위 내용의 착오에 해당한다. 즉 甲에게 자신의 초상화를 그리도록 하는 계약을 체결하였는데, 甲이 자신이 예상한 유명 화가가 아니라 다른 동명이인의 화가인 경우가 여기에 해당된다. 이는 의사표시 상대방의 동일성에 대한 착오이다.

b. 대상에 대한 착오

법률행위의 대상도 법률행위의 내용을 구성하므로 그에 관하여 착오한 경우도 내용의 착오이다. 특정 토지를 구입하면서 X 토지를 구입하는 것으로 매매계약서를 작성하였는데, 실제 매수인이 매입하려는 토지가 Y 토지였던 경우 대상의 착오에 해당한다.

c. 의사표시의 착오

의사표시도 법률행위의 내용을 구성하므로 의사표시에 착오가 있게 되면 내용의 착오에 해당한다. 흔히 표시상의 착오라고 한다. 즉 A와 매매계약을 체결하기로 하면서 상대방을 B로 표시한 경우나 X 토지를 구입하기로 하고 Y 토지로 표시한 경우이다. 나아가 매매를 증여로 표시하거나 임대차를 사용대차로 표시하는 경우도 마찬가지이다. 이러한 의사표시의 착오에는 표시기관의 착오도 포함이 된다. 표의자의 의사를 전해 주는 표시기관이 표의자의 의사와 다른 내용을 상대방에게 전달하는 경우이다. 예를 들어 심부름꾼이 내용을 잘못 전달하는 경우나 전신기사가 본래 내용과 다른 전보를 보내는 경우 등이다.

d. 성상의 착오

성상의 착오란 법률행위의 요소들에 대한 동일성의 착오는 없는 반면 이를 확정하게 된 요소의 성질이나 상태에 대한 착오가 있는 경우이다. 예를 들어 매매계약의 상대방으로서 A가 자신이 구입하려고 하는 X 토지의 소유자라고 잘못 알고 A와 매매계약을 체결하였거나(상대방의 성질), X 토지에 건축이 가능한 것으로 잘못 알고 X 토지를 구입하는 의사를 표시하는 경우(목적물의 성질), 사용대차계약이 대금을 받으면서 물건을 빌려주는 계약으로 알고 사용대차계약을 체결하는 경우(법률행위의 성질) 등이 이러한 성상의 착오에 해당된다. 이러한 성상의 착오는 내심의 효과의사와 표시상의 효과의사는 일치하지만 효과의사가 의사표시의 원인과 합치하지 않는 경우이다. 성상의 착오는 효과의사에는 직접적으로 드러나지 않으므로 협상 과정에서 그것이 표시되어 상대방에게 인식 가능하게 된 경우에 한하여 의사표시의 내용이 된다.

(2) 중요 부분의 착오

법률행위의 내용 중에서 중요 부분에 착오가 있어야 한다. 중요 부분은 표의자에게 그러한 착오가 없었더라면 그 의사표시를 하지 않았으리라고 생각될 정도로 중요한 내용이어야 한다. 대법원은 중요 부분에 대한 판단에 있어서 법률행위 당사자의 주관적 판단과 더불어 "보통 일반인도 표의자의 처지에 섰더라면 그러한 의사표시를 하지 않았으리라고 생각될 정도로 중요한 것이어야 한다"고 하여 일반인의 객관적 판단으로도 내용의 중요성이 인정되어야 한다는 입장이다.[1] 표의자의 보호와 더불어 거래의 안전도 고려한 것으로 타당하다.

1) 상대방에 대한 착오

사람에 대한 착오는 법률행위 내용의 중요 부분에 대한 착오에 해당할 수 있다. 매매계약의 체결에 있어서 그 사람에 대한 객관적 신뢰도나 자질, 재정적인 능력 등이 중요한 변수가 될 경우가 여기에 해당한다. 또한 도급이나 위임계약을 체결하면서 계약 상대방의 직업이나 전문성, 사회 평판 등을 근거로 도급이나 위임계약의 상대방을 선택하였는데, 그 동일성이 인정되지 않는 경우에도 법률행위 내용의 중요 부분에 대한 착오가 된다. 반면 특정 결과의 성취만이 중요한 경우에는 상대방에 대한 착오는 일반적으로 중요 부분의 착오에 해당하지 않는다.

2) 대상에 대한 착오

A 토지를 구입하려고 하면서 B토지를 원하는 것으로 청약한 경우 이는 특정물의 동일성에 대한 착오로 통상 법률행위 내용의 중요 부분의 착오에 해당한다. 물론 이 경우에도 상대방이 A 토지를 구입하는 것으로 이해하였다면 매매계약은 A 토지를 매매목적물로 하여 확정되므로 취소의 여지는 없다(오표시 무해의 원칙). 종류물의 경우에는 원칙적으로 대상의 착오가 발생할 여지가 없다.

1) 대판 1996. 3. 26., 93다55487.

3) 의사표시의 착오

내심의 효과의사와 다른 의사표시를 한 경우 통상 법률행위 내용의 중요 부분의 착오에 해당한다. 예를 들어 X 부동산을 사려고 하였는데 Y 부동산을 사겠다고 청약한 경우나 선물스프레드 15,000계약의 매수주문을 입력하면서 주문가격란에 0.80원을 입력하여야 함에도 '.'을 찍지 않아 80원을 입력한 경우[1] 등은 법률행위 내용의 중요 부분의 착오에 해당한다. 반면 의사표시의 내용에 대한 잘못된 이해에 기초하여 서명했으나 채무의 실질적인 내용에 아무런 차이가 없다면 법률행위 내용의 중요 부분의 착오에 해당하지 않는다. 따라서 주채무자의 차용금반환채무를 보증할 의사로 공정증서에 연대보증인으로 서명·날인하였으나 그 공정증서가 주채무자의 기존의 구상금채무 등에 관한 준소비대차계약의 공정증서이었던 경우, 소비대차계약과 준소비대차계약의 법률효과는 동일하므로 이 착오는 연대보증계약의 중요 부분의 착오가 아니다.[2]

4) 성상의 착오

표의자가 상대방이나 법률행위의 대상, 의사표시에 대해 가지고 있던 성상이 표의자의 생각과 다르고, 표의자가 그러한 사정을 알았더라면 의사표시를 하지 않았을 경우라고 인정될 경우 표의자는 성상의 착오를 이유로 의사표시를 취소할 수 있다.

씨비닐생산공장을 신설할 목적으로 건물을 임차하였는데, 실제로 그 건물에는 공장신설허가가 나지 않는 곳인 경우[3] 법률행위 내용

1) 대판 2014. 11. 27., 2013다49794.
2) 대판 2006. 12. 7., 2006다41457.
3) 대판 1992. 11. 24., 92다25830.

의 중요 부분의 착오가 된다. 토지 1,389평을 전부 경작할 수 있는 농지인 줄 알고 매수하여 그 소유권이전등기를 마쳤으나 타인이 경작하는 부분은 인도되지 않고 있을 뿐 아니라 측량결과 약 600평이 하천을 이루고 있었던 현황·경계의 착오의 경우[1]도 법률행위 내용의 중요 부분의 착오에 해당한다. 일반 청자를 고려청자로 잘못 알았거나[2] 유명 화가의 그림이 위작임이 밝혀진 경우[3]에도 중대한 과실이 없는 한 취소가 가능하다.

5) 전제사실에 대한 착오

주채무자를 A가 아닌 B로 오인하고 근저당권설정의 의사표시를 한 경우 채무의 부종성과 관련한 근저당권의 전제사실의 착오로 법률행위 내용의 중요 부분의 착오에 해당한다. 근저당권설정자는 통상 주채무자와의 친분이나 신뢰관계를 전제로 주채무자의 재정상태나 책임재산도 감안하여 근저당권 설정 여부를 결정하기 때문에 누가 주채무자인가의 문제는 그에게 매우 중요한 사안이기 때문이다.[4] 마찬가지로 자기의 이름으로는 대출이나 신용보증을 받을 수 없게 된 甲이 동생인 乙 명의로 기업을 경영하면서 신용보증을 乙 명의로 신청하여 기술신용보증기금이 乙을 보증대상기업의 경영주로 오인하고 그에 대한 신용조사를 한 다음 신용보증을 하였다면 법률행위의 중요 부분에 착오가 있는 경우에 해당한다.[5]

1) 대판 1968. 3. 26., 67다2160. 다만 이 경우 매수인이 매수 이전에 직접 토지의 현황을 탐사하거나 지적도 등을 통하여 그러한 착오를 막을 수 있었다는 점에서 중대한 과실을 인정할 수도 있었을 것이다.
2) 대판 1997. 8. 22., 96다26657.
3) 대판 2018. 9. 13., 2015다78703.
4) 대판 1995. 12. 22., 95다37087.
5) 대판 1993. 10. 22., 93다14912.

6) 동기의 착오

동기는 원칙적으로 의사표시의 내용이 되지 못한다. 따라서 동기에 착오가 있는 경우라도 표의자는 의사표시를 취소할 수 없다. 부동산매매에 있어서 시가에 관한 착오는 그 부동산을 매매하려는 의사를 결정함에 있어서 동기의 착오에 불과할 뿐 법률행위의 중요 부분에 관한 착오라고 할 수 없다.[1] 매매에서의 대가는 매도인이나 매수인이 시장가격 등을 조사, 검토하여 스스로 결정하고 책임져야 할 문제이기 때문이다.[2]

(3) 중대한 과실이 없을 것

1) 의의

착오에 대하여 표의자에게 중대한 과실이 없어야 한다. 중대한 과실이란 표의자에게 요구되는 주의를 현저하게 결여한 것을 말한다. 중대한 과실인지의 여부는 표의자의 직업, 행위의 종류, 목적 등에 비추어 객관적으로 판단한다.[3]

2) 구체적인 경우

공장을 설립할 목적으로 토지를 매수하면서 토지상에 공장을 신축할 수 있는지 여부를 관할관청에 알아보지 않은 경우,[4] 공장으로 활용하기 위하여 건물을 임차하면서 관할관청에 공장허가가 가능한

1) 대판 1985. 4. 23., 84다카890.
2) 민법 제104조에 의한 불공정한 법률행위가 되어 효력이 발생하지 않을 수 있다; 대판 1992. 10. 23., 92다29337.
3) 대판 1996. 7. 26., 94다25964.
4) 대판 1993. 6. 29., 92다38881.

지 여부를 알아보지 않은 경우[1]에 매수인이나 임차인의 중대한 과실이 인정된다. 또한 공인중개사나 신뢰성 있는 중개기관을 통하지 않고 개인적으로 토지 거래를 하면서 토지대장, 임야도 등의 공적 자료 기타 공신력 있는 객관적인 자료에 의하여 그 토지가 매수를 원하는 토지인지 확인하지 않아 토지의 동일성에 대한 착오를 한 경우[2] 중대한 과실에 기인한 착오로 매매계약을 취소하지 못한다.

반면 건물에 대한 매매계약체결 직후 건물이 건축선을 침범하여 건축된 사실을 알게 되었으나 '법률전문가의 자문에 의하면 준공검사가 난 건물이므로 행정소송을 통해 구청장의 철거 지시를 취소할 수 있다'는 매도인의 말을 믿고 매수인이 계약을 해제함이 없이 대금을 지급하였다면[3] 매수인의 중대한 과실은 인정되지 않는다. 또한 자신의 골동품 식별 능력과 소장자를 소개한 중개인을 과신한 나머지 그 출처도 묻지 않고 전문감정인의 감정도 거치지 아니한 채 도자기를 고려청자로 오인하여 고가로 매수한 경우 매수인의 중대한 과실이 인정되지 않는다.[4]

3) 표의자의 착오를 상대방이 알고 있었던 경우

대법원은 표의자의 중대한 과실의 경우 이를 취소할 수 없도록 한 규정에 대하여 이는 표의자의 상대방의 이익을 보호하기 위한 것이라고 전제한 후, 상대방이 표의자의 착오를 알고 이를 이용하였다면 표의자는 의사표시를 취소할 수 있다는 입장이다.[5] 하지만 민법

1) 대판 1992. 11. 24., 92다25830.
2) 대판 2009. 9. 24., 2009다40356.
3) 대판 1997. 9. 30., 97다26210.
4) 대판 1997. 8. 22., 96다2665.
5) 대판 2014. 11. 27., 2013다49794.

제109조 제1항은 표의자의 중대한 과실의 경우 취소할 수 없다고 명시하고 있다. 민법 제104조에서 중대한 과실에 상응하는 경솔의 경우를 규정하고 있고 이를 상대방이 이용하는 경우에 그 효력을 인정되지 않으므로 판례와 같은 해석이 필요한지 의문이다.

(4) 제척기간

착오자나 그 대리인 또는 상속인과 같은 승계인은 추인할 수 있는 때로부터 3년, 법률행위 있은 날로부터 10년 내에 취소권을 행사하여야 한다(제140조, 제146조). 이는 제척기간으로 법원이 직권으로 조사하여야 한다.[1)]

(5) 입증책임

법률행위는 그 취소하려는 자가 법률행위 내용의 중요 부분에 착오가 있었음을 입증하여야 한다. 반면 상대방은 표의자가 중대한 과실에 기인하여 착오가 있었음을 입증할 부담을 진다.

3. 효과

(1) 원칙

표의자는 착오로 인한 법률행위를 취소할 수 있다(제109조 제1항). 법률행위가 취소되면 그 법률행위는 처음부터 무효가 된다(제141조).

---

1) 대판 1996. 9. 20., 96다25371.

(2) 제3자에 대한 효력

착오로 의사표시가 취소되더라도 선의의 제3자에게는 대항하지 못한다(제109조 제2항). 제3자의 선의는 추정되므로 취소권자는 제3자의 악의를 입증하여야 한다.

(3) 손해배상

의사표시가 착오로 취소되고 그러한 착오가 표의자의 과실에 의하여 발생한 경우 착오자의 상대방은 의사표시의 취소로 인하여 발생한 손해의 배상을 청구할 수 있는지 문제된다. 대법원은 표의자에게 중대한 과실이 없는 이상 단순한 과실로 인하여 착오가 발생한 경우 그 취소를 허용하고 있으므로 취소권의 행사는 적법하고 따라서 그로 인하여 상대방에게 손해가 발생하였다고 하더라도 위법성이 결여되어 민법 제750조의 불법행위책임은 발생하지 않는다는 입장이다.[1] 하지만 민법 제535조는 원시적 불능의 경우에 그 불능을 알았거나 알 수 있었을 자는 상대방에 대하여 신뢰이익을 배상하도록 하고 있다. 이 규정은 착오로 인한 취소의 경우에도 유추하여 적용되어야 한다. 착오자에게 과실이 있다면 민법 제535조의 불능을 알 수 있었을 경우에 해당하고 취소로 인한 효과도 처음부터 무효인 경우이므로 두 경우는 매우 유사하기 때문이다. 또한 착오로 인한 취소로 손해를 본 상대방의 입장에서 그 손해를 착오자가 아니라 아무런 잘못이 없는 자신이 부담한다는 것은 매우 부당하다고 생각할 것이다. 결국 착오자는 취소로 인하여 발생한 상대방의 신뢰이익을 배상

1) 대판 1997. 8. 22., 97다13023

해야 할 것이다.[1)]

4. 다른 제도와의 관계

(1) 사기에 의한 의사표시의 취소

사기에 의한 의사표시의 취소와 착오에 의한 의사표시의 취소는 경합한다. 따라서 표의자는 선택하여 취소권을 행사할 수 있다. 예를 들어 건물건축의 목적으로 매수한다는 것을 알면서 건축이 가능한 것처럼 가장하여 절대농지를 매도한 경우 매수인은 착오로 인한 의사표시의 취소(제109조)나 사기(제110조)에 의한 의사표시의 취소권을 모두 행사할 수 있다.[2)] 반면 대법원은 사기에 의한 의사표시란 타인의 기망행위로 말미암아 착오에 빠지게 된 결과 어떠한 의사표시를 하게 되는 경우이므로 사기에 의한 의사표시에는 의사와 표시의 불일치가 있을 수 없고, 단지 의사의 형성 과정 즉 의사표시의 동기에 착오가 있는 것에 불과하다고 보았다. 따라서 신원보증서류에 서명날인한다는 착각에 빠진 상태로 연대보증의 서면에 서명 날인한 서명의 착오의 경우에는 비록 착오가 제3자의 기망행위에 의하여 일어난 것이라 하더라도 그에 관하여는 사기에 의한 의사표시에 관한 법리가 적용되지 못하고 착오에 의한 의사표시에 관한 법리만을 적용하여 취소권 행사의 가부를 가려야 한다는 입장이다.[3)]

1) 박희호, "계약체결상의 과실책임과 위법성", 외법논집 제18집(2005.2), 258면 이하.
2) 대판 1985. 4. 9., 85도167.
3) 대판 2005. 5. 27., 2004다43824. 이에 대한 비판은 사기의 부분에서 후술한다.

(2) 하자담보책임과의 관계

하자담보책임과 착오로 인한 의사표시의 취소에 대하여 대법원은 착오로 인한 취소 제도와 매도인의 하자담보책임 제도는 취지가 서로 다르고, 요건과 효과도 구별되므로 두 제도에서 발생한 청구권은 경합한다는 입장이다.[1] 하지만 매매계약상 하자담보책임으로 발생하는 해제권과 손해배상청구권은 매수인이 하자 있음을 안 때로부터 6개월의 제척기간 내에 행사하여야 하는 권리이다(제580조, 제582조). 그런데 이러한 해제권과 손해배상청구권은 제109조에서 규율하는 성상의 착오로 인한 취소 및 일부 취소와 본질을 같이 하는 것이다. 특히 제582조는 제146조의 취소권에 대한 제척기간보다 빠른 6개월의 제척기간을 두어 하자로 인한 법률분쟁을 조속히 안정시키려는 의도로 제정된 것이다.[2] 따라서 착오취소와 하자담보책임의 경합을 인정하는 것은 이러한 제582조의 규정취지를 몰각시키는 것으로 타당하지 않다.

(3) 해제

착오에 의한 의사표시로 계약을 체결하였는데, 채무불이행이 발생하여 상대방이 계약의 해제와 손해배상을 청구한 경우 표의자가 착오를 이유로 의사표시를 취소하여 채무불이행으로 인한 손해배상책임을 면하게 될 수 있는지의 문제가 제기된다. 대법원은 이를 인정한다. 즉 "매도인이 매수인의 중도금 지급채무불이행을 이유로 매매계약을 적법하게 해제한 후라도 매수인으로서는 상대방이 한 계약해

---

1) 대판 2018. 9. 13., 2015다78703.

2) 박희호, "우리나라 하자담보책임의 본질에 관한 재론", 민사법학 제34호(2006), 93면 이하 참조.

제의 효과로서 발생하는 손해배상책임을 지거나 매매계약에 따른 계약금의 반환을 받을 수 없는 불이익을 면하기 위하여 착오를 이유로 한 취소권을 행사하여 위 매매계약 전체를 무효로 돌리게 할 수 있다"[1]고 보았다. 판례의 태도에 찬성한다. 착오로 인한 취소권이 여전히 존재하는 상황에서 이를 배제할 명시적인 근거가 없으며, 계약관계가 해제로 소멸하였더라도 손해배상책임으로 인한 법률관계는 여전히 존재하는 상황에서 손해배상을 부담하는 당사자의 입장에서는 이러한 법률관계를 소급적으로 소멸시켜 그 부담을 해소할 실질적인 이익도 존재하기 때문이다.

(4) 화해계약

화해계약은 당사자가 상호 양보하여 당사자 간의 분쟁을 종지할 것을 약정하는 계약이다(제731조). 화해계약으로 당사자 일방이 양보한 권리는 소멸되고 상대방은 그 권리를 취득하게 된다(제732조). 이러한 화해계약은 착오를 이유로 원칙적으로 취소하지 못한다. 다만 화해당사자의 자격 또는 화해의 목적인 분쟁 이외의 사항에 착오가 있는 경우에는 취소할 수 있다(제733조). 여기서 '화해의 목적인 분쟁 이외의 사항'이라 함은 분쟁의 대상이 아니라 분쟁의 전제 또는 기초가 된 사항으로서 쌍방당사자가 예정한 것이어서 상호 양보의 내용으로 되지 않고 다툼이 없는 사실로 양해된 사항을 말한다. 따라서 피해자가 가해자와 사이에 사고가 오로지 피해자의 과실로 인하여 발생한 것으로 자인하고 치료비를 포함한 합의금 250만원을 받고 일체의 손해배상청구권을 포기하기로 합의하였는데 이 사고에 가해자의 과실도 경합된 것으로 밝혀진 경우 피해자는 착오를 이유로

1) 대판 1991. 8. 27., 91다11308.

화해계약을 취소할 수 있다.[1] 마찬가지로 환자가 의료과실로 사망한 것으로 전제하고 의사가 유족들에게 손해배상금을 지급하기로 하는 합의하였으나 그 사인이 진료와는 관련이 없는 것으로 판명되었다면 이 합의는 그 목적이 아닌 망인의 사인에 관한 착오로 이루어진 화해이므로 취소할 수 있다.[2] 반면 계약 당사자 사이에 수술 후 발생한 새로운 증세에 관하여 그 책임 소재와 손해의 전보를 둘러싸고 분쟁이 있어 오다가 이를 종결짓기 위하여 합의에 이른 것이라면, 가해자의 수술행위와 피해자의 수술 후의 증세 사이의 인과관계의 유무 및 그에 대한 가해자의 귀책사유의 유무는 분쟁의 대상인 법률관계 자체에 관한 것으로서, 가해자는 피해자의 수술 후의 증세가 가해자의 수술행위로 인한 것이 아니라거나 그에 대하여 가해자에게 귀책사유가 없다는 등의 이유를 들어 그 합의를 취소할 수 없다.[3]

V. 사기와 강박에 의한 의사표시

1. 의의

사기에 의한 의사표시란 타인의 기망행위로 착오에 빠져서 의사표시를 하게 된 경우를 말한다. 착오가 타인의 기망에 의하여 의도적으로 유발되었다는 점에서 착오에 의한 의사표시와 차이를 갖는다.

강박에 의한 의사표시란 타인에 의한 강요나 협박으로 인하여 궁박해진 상태에서 자신의 의도와 다른 의사표시를 하는 경우를 말한다. 사기와 강박에 의한 의사표시는 모두 의사표시가 타인의 간섭에

1) 대판 1992. 7. 14., 91다47208.
2) 대판 1991. 1. 25., 90다12526.
3) 대판 1995. 10. 12., 94다42846.

의하여 왜곡된 경우에 해당한다.

2. 요건

(1) 사기에 의한 의사표시

사기에 의한 의사표시가 되기 위해서는 타인의 기망의 고의와 기망행위가 있어야 하고 그 기망행위에 의하여 표의자가 착오에 빠져야 하며 착오의 상태에서 의사표시가 이루어져야 한다.

1) 기망의 고의

기망의 고의란 표의자로 하여금 착오에 의한 의사표시를 하게 하려는 의도를 말한다. 기망의 고의가 되기 위하여서는 표의자를 착오에 빠뜨리려는 고의와 착오의 상태에서 의사표시를 하게 하려는 고의라는 이중의 고의가 있어야 한다.

2) 기망행위

표의자를 착오의 상태로 유도하는 행위가 있어야 한다. 이 행위는 표의자에게 잘못된 관념을 갖게 하거나 그러한 관념을 유지하도록 하는 것으로 작위뿐만 아니라 부작위에 의하여서도 가능하다. 부작위에 의한 경우는 특히 설명의무나 고지의무가 있음에도 이를 이행하지 않은 경우에 발생할 수 있다. 예를 들어 아파트 분양자는 아파트 단지 인근에 쓰레기 매립장이 건설예정인 사실을 분양계약자에게 고지할 신의칙상 의무를 부담하며, 이러한 의무를 이행하지 않은 경우에 수분양자는 사기를 이유로 계약을 취소할 수 있다.[1] 거래 상대방이 고지의무의 대상이 되는 사실을 알 수 있었음에도 알지 못한 과실이 있다고 하더라도 고지의무를 면하지 못한다.[2] 반면 수분양자가 전매이익을 노리고 분양을 받으려는 것을 알면서 분양자가 수분양자로 하여금 전매이익의 발생 여부나 그 금액에 관하여 거래 관념상 용납될 수 없는 방법으로 잘못 판단하게 함으로써 분양계약에 이르게 하였다는 등의 특별한 사정이 없는 한, 스스로 이익을 추구하여 행위하는 수분양자에 대하여 최초분양인지, 전매분양인지를 포함하여 수분양자의 전매이익에 영향을 미칠 가능성이 있는 사항들에 관하여 분양자가 가지는 정보를 밝혀야 할 신의칙상의 의무가 있다거나, 나아가 그러한 정보를 밝혀 고지하지 아니하면 그것이 부작위에 의한 기망에 해당하여 민법 제110조 제1항에서 정하는 사기가 된다고 말할 수 없다.[3]

3) 위법성

기망행위의 위법성이 인정되어야 한다. 거래에 임하는 자는 해당 거래를 통하여 최대한 높은 수익을 내려고 하는 것이 당연하다. 예를 들어 어떤 물건을 팔려고 하는 사람은 그 물건의 좋은 점은 부풀려서 말하고 나쁜 점은 숨기거나 줄여서 말함으로써 물건에 대한 보다 높은 대가를 얻으려고 할 것이다. 따라서 제품에 대한 약간의 과장된 광고나 정보제공은 사정에 따라 허용된다. 문제는 그 한계이다. 판례는 "거래에 있어서 중요한 사항에 관하여 구체적 사실을 신의성실의 의무에 비추어 비난받을 정도의 방법으로 허위로 고지한 경우

1) 대판 2006. 10. 12., 2004다48515.
2) 대판 2007. 6. 1., 2005다5843.
3) 대판 2010. 2. 25., 2009다86000.

에는 기망행위에 해당한다"고 하면서 희망가격을 할인판매가격으로 먼저 표시하고 할인율을 감안하여 역산으로 판매가격을 실제보다 높게 표시하여 판매하는 백화점의 변칙세일은 그 사술의 정도가 사회적으로 용인될 수 있는 상술의 정도를 넘은 것이어서 위법성이 있다고 하였다.[1]

또한 아파트의 최상층은 다락이 설치되어 바닥 면적에 포함되지 않는 별도의 주거생활이 가능한 것처럼 광고하여 수분양자가 다른 층에 비해 2천만원에서 3천만원을 더 주고 입주하였으나 실제로는 기울어진 천장의 높이가 40㎝ – 152㎝ 밖에 되지 않아 일상생활이 곤란한 경우에도 기망행위의 위법성이 인정된다.[2]

4) 표의자의 착오에 의한 의사표시

표의자가 착오에 빠진 상태에서 의사표시를 하여야 한다. 일부 학설과 판례는 사기에 의한 착오의 의사표시는 동기의 착오에 한정된다는 입장이다. 즉 사기에 의한 의사표시는 타인의 기망행위로 말미암아 착오에 빠지게 된 결과 어떠한 의사표시를 하게 되는 경우이므로 거기에는 의사와 표시의 불일치가 있을 수 없고, 다만 의사의 형성 과정, 즉 의사표시의 동기에 착오가 있는 것에 불과하다[3]고 설명한다. 판례도 동일한 입장에서 신원보증서류에 서명 날인한다는 착각에 빠진 상태로 연대보증의 서면에 서명 날인한 경우와 같은 서명의 착오는 사기에 의한 의사표시에 해당하지 않는다고 보았다.[4] 하지만 이러한 해석은 '사기에 의한 착오에 빠지는 것'과 '착오의 상태에서

1) 대판 1993. 8. 13., 92다52665.
2) 대판 2009. 4. 23., 2009다1313.
3) 곽윤직/김재형, 민법총칙(민법강의Ⅰ), 2019, 324면.
4) 대판 2005. 5. 27., 2004다43824.

의사표시가 이루어진다'는 시간 경과의 선후를 전제로 하여 이루어진 매우 도식적인 것이다. 사기로 착오에 빠지고 그 다음에 의사표시가 이루어지는 경우도 있을 수 있지만, 진의에 따른 의사표시를 하면서 행위의 단계에서 착오에 빠지는 경우도 있으며 이러한 행위의 착오가 기망에 의한 것이라면 사기의 착오를 부정할 이유가 없다. 즉 기망의 고의는 행위자의 관념과 행위에 대하여서도 모두 있을 수 있다. 더욱이 민법 제110조는 사기에 의한 의사표시를 취소할 수 있다고 할 뿐 사기로 인한 표의자의 동기의 착오만을 이유로 취소할 수 있다고 하지 않는다. 사기로 신원보증서류인 줄 알고 연대보증의 서면에 날인한 경우라도 사기에 의하여 그러한 착오가 발생하였다면 사기에 의한 의사표시에 해당한다고 볼 것이다.[1] 대리행위의 경우 사기로 인하여 착오로 의사표시를 하였는지의 여부는 대리인을 기준으로 결정한다(제116조 제1항).

(2) 강박에 의한 의사표시

1) 강박의 고의

강박의 고의란 표의자가 공포심을 가지게 되어 그 상태에서 의사표시를 하게 하려는 고의를 말한다. 따라서 강박의 고의는 표의자에게 해악을 고지하여 공포심을 가진 상태가 되도록 하려는 고의와 그 상태에서 표의자가 자신의 의사와 다른 강박자가 원하는 의사표시를 하도록 하려는 이중의 고의가 있어야 한다.[2]

---

1) 다만 사기에 의한 착오를 인정한다고 하더라도 판례의 사안은 제3자에 의한 사기로 상대방의 인식가능성이 인정되지 않아 취소할 수 없고(제110조 제2항), 제109조의 착오에 의한 의사표시를 근거로만 취소할 수 있다. 결론에 있어서는 대법원의 태도와 같다.

2) 대판 1992. 12. 24., 92다25120.

2) 강박행위

표의자에게 공포심을 갖도록 하는 행위가 있어야 한다. 통상 해악의 고지를 통하여 이러한 상태가 만들어진다. 해악을 명시적으로 고지할 수도 있겠지만 매우 강압적인 분위기를 조성하여 공포심을 갖게 하는 경우도 강박행위에 해당한다. 강박의 정도가 극심하여 표의자의 의사결정의 자유가 완전히 박탈된 경우에는 의사표시가 없거나 혹은 그 효력이 없다.[1)]

3) 강박행위의 위법성

강박행위가 있더라도 위법성이 인정되지 않으면 표의자는 의사표시를 취소하지 못한다. 예를 들어 불법행위를 저지른 자에게 피해를 배상하지 않으면 형사고발하겠다고 하는 경우에 그러한 해악의 고지를 무조건 부당하거나 위법하다고 볼 수는 없다. 어떤 해악을 고지하는 강박행위가 위법하다고 하기 위하여는 해악의 고지로써 추구하는 이익이 정당하지 아니하거나 강박의 수단으로 상대방에게 고지하는 해악의 내용이 법질서에 위배된 경우 또는 어떤 해악의 고지가 거래관념상 그 해악의 고지로써 추구하는 이익의 달성을 위한 수단으로 부적당한 경우 등에 해당하여야 한다.[2)] 지역사회에서 상당한 사회적 지위와 명망을 가지고 있는 자가 유부녀와 통정한 후 상간자의 배우

---

1) 다른 남자와의 간통이 의심되는 피해자가 자신의 집에서 그의 처에게 폭행과 협박 및 감금 등을 당한 끝에 부동산에 대한 소유권이전등기절차를 밟아준 사실이 인정되기는 하나, 이러한 행패를 당하면서도 피해자의 집에 세 들이 사는 다른 사람들이 개입하여 이를 말리자 소문날 것을 두려워하며 사생활에 개입하지 말라고 거부한 사실이 인정된다는 점을 들어 피해자가 강박으로 완전히 의사결정의 자유를 박탈당한 상태에 놓여 있었다고 보기는 어려워 무효는 아니고 단지 강박에 의한 의사표시의 하자로 취소할 수 있을 뿐이라고 보았다; 대판 1984. 12. 11., 84다카1402.

2) 대판 2010. 2. 11., 2009다72643.

자로부터 고소를 당하게 되면 자신의 사회적 명예가 실추되고 구속될 여지도 있는 상황에서 간통으로 고소하지 않기로 하는 등의 대가로 금 1억 7천만원의 합의금을 받은 경우 상간자의 배우자는 위법한 강박행위를 한 것으로 볼 수 없다.[1)]

4) 강박을 원인으로 한 의사표시

강박행위로 인하여 표의자가 자신이 의도하지 않은 의사표시를 하였어야 한다. 즉 강박행위와 의도치 않은 의사표시 사이에 인과관계가 있어야 한다. 대리행위의 경우 강박에 의한 의사표시의 유무는 대리인을 기준으로 결정한다(제116조 제1항).

3. 효과

(1) 원칙

사기나 강박에 의한 의사표시를 한 자는 그 의사표시를 취소할 수 있다(제110조 제1항). 취소권을 행사할 수 있는 자는 사기나 강박에 의한 의사표시를 한 자, 그 대리인 또는 승계인이 된다(제140조, 제142조). 취소권의 행사는 상대방에 대한 의사의 통지에 의해 이루어진다. 취소권은 추인할 수 있는 날로부터 3년, 법률행위 있은 날로부터 10년 내에 행사하여야 한다(제146조).

---

1) 대판 1997. 3. 25., 96다47951. 이 판결에서 대법원은 표의자가 궁박한 상태에 있었다고 볼 수는 있으나 상간자의 배우자가 상대방의 그와 같은 처지를 적극적으로 이용하여 폭리를 취하려 하였다고 볼 수 없다고 하여 제104조의 불공정한 법률행위에 해당하지 않는다고 보았다.

(2) 제3자에 의한 사기나 강박

법률행위의 당사자가 아니라 제3자에 의하여 사기나 강박이 이루어진 경우, 상대방 있는 의사표시는 상대방이 그 사실을 알았거나 알 수 있었을 경우에 한하여 그 의사표시를 취소할 수 있다(제110조 제2항). 상대방의 대리인 등 상대방과 동일시할 수 있는 자는 제3자에 해당하지 않는다.[1] 반면 상대방이 사용자책임을 져야 할 관계에 있는 피용자에 지나지 않는 자는 상대방과 동일시할 수는 없어 이 규정에서 말하는 제3자에 해당한다.[2]

(3) 선의의 제3자 보호

사기, 강박에 의한 의사표시의 취소는 선의의 제3자에게 대항하지 못한다(제110조 제3항).

4. 다른 제도와의 관계

(1) 불법행위책임

사기나 강박에 의한 의사표시가 있게 되면 이러한 사기나 강박은 위법성이 인정되므로 제750조의 다른 요건이 충족되는 한 불법행위가 성립한다. 이 경우 표의자는 의사표시를 취소하지 않은 상태에서

1) 대판 1999. 2. 23., 98다60828.

2) 대판 1998. 1. 23., 96다41496. 다만 이 판결에서 대법원은 "기망행위에 관하여 그 감독에 상당한 주의를 다하지 아니한 사용자로서의 책임을 져야 할 지위에 있을 뿐만 아니라, 나아가 그 피용자의 사기 사실을 알지 못한 데에 과실이 있었다고 봄이 상당하다"고 보아 계약취소권을 인정하였다.

불법행위로 인한 손해배상만을 청구할 수도 있고[1], 의사표시를 취소하면서 보전되지 않은 손해에 대해서 배상책임을 물을 수도 있다. 사기를 이유로 의사표시를 취소하는 경우에 표의자에게 불법행위로 인한 손해배상채권과 부당이득반환채권(제750조)이 경합하여 발생한다.

(2) 화해계약

화해계약은 화해당사자의 자격 또는 화해의 목적인 분쟁 이외의 사항에 착오가 있는 경우에 한하여 취소할 수 있다(제733조). 이에 반해 화해계약이 사기로 인하여 이루어진 경우에는 화해의 목적인 분쟁에 관한 사항에 대하여서 착오가 있는 때에도 민법 제110조에 따라 이를 취소할 수 있다.[2]

Ⅵ. 의사표시의 효력발생

1. 일반론

의사표시가 효력을 발생하기 위해서는 성립요건과 효력요건을 충족하는 것 이외에도 추가적인 요건이 요구될 수 있다. 예를 들어 상대방 있는 단독행위의 경우에는 상대방에게 의사표시가 도달하여야 하고 상대방이 의사표시의 수령능력을 갖추어야 한다. 반면 상대방 없는 단독행위의 경우에는 의사표시의 도달이나 상대방의 수령능력

1) 대판 1998. 3. 10., 97다55829.
2) 대판 2008. 9. 11., 2008다15278.

문제가 발생하지 않는다. 의사표시의 표시행위로 바로 효력이 발생하기 때문이다. 물론 상대방 없는 단독행위라도 다른 효력요건을 요구하는 경우가 있다. 예를 들어 유언은 민법이 정하는 방식에 따라야 하며(제1060조) 사망이라는 사실이 있어야 한다(제1073조 제1항). 정지조건이 붙은 법률행위의 경우에는 조건의 성취라는 효력요건이 충족되어야 한다(제147조 제1항, 제1073조 제2항).

2. 의사표시의 효력발생시기

(1) 도달주의원칙

상대방 있는 의사표시는 상대방에게 도달한 때에 효력이 발생한다(제111조 제1항). 여기서 도달은 사회 관념상 상대방이 통지의 내용을 알 수 있는 객관적 상태에 놓인 경우에 인정된다. 예를 들어 의사표시를 담은 우편물이 상대방의 우편함에 투입되었거나 상대방의 주소지에 동거하는 가족에게 전달된 경우, 상대방의 사무소에 근무하는 사무원에게 인도된 경우에는 도달이 인정된다. 반면 의사표시의 상대방이 이를 현실적으로 수령하거나 그 통지의 내용을 인식할 필요는 없다.

대법원은 채권양도통지서가 채무자의 주소나 사무소가 아닌 동업자의 사무소에서 그 신원이 분명치 않은 자에게 송달된 경우에는 채권양도의 통지서가 채무자에게 도달하지 않은 것으로 보았다.[1] 또한 보통우편의 방법으로 의사표시가 발송되었다면 그 우편물이 상당 기간 내에 도달하였다고 추정할 수 없고 송달의 효력을 주장하는 측

1) 대판 1997. 11. 25., 97다31281.

에서 증거에 의하여 도달사실을 입증하여야 한다는 입장이다.[1] 반면 내용증명[2]이나 등기우편[3]으로 발송된 경우에는 반송되는 등의 특별한 사정이 없는 한 그 무렵 수취인에게 배달되었다고 추정한다.

(2) 공시송달

표의자가 과실없이 상대방을 알지 못하거나 상대방의 소재를 알지 못하는 경우 의사표시는 공시송달의 방법으로 효력을 발생시킬 수 있다. 공시송달은 법원사무관 등이 송달할 서류를 보관하고 그 사유를 법원게시판에 게시하거나, 관보·공보 또는 신문에 게재하거나 혹은 전자통신매체를 이용한 공시방법으로 이루어진다(민사소송법 제195조, 민사소송규칙 제54조 제1항). 표의자에게 상대방의 소재를 알지 못한 것에 대한 과실이 없어야 하므로 과실이 증명되면 공시송달에 의한 도달의 효과는 발생하지 않는다.

(3) 도달의 효과

도달에 의하여 의사표시는 효력을 발생한다. 의사표시가 도달하면 표의자가 그 통지를 발송한 후 사망하거나 제한능력자가 되어도 효력에 영향을 받지 않는다(제111조 제2항). 의사표시가 상대방에게 도달한 경우 표의자는 이를 임의로 철회하지 못한다(제527조 참조). 그러나 도달 전이라면 의사표시를 철회할 수 있다. 따라서 의사표시를 철회하려는 표의자는 철회의 의사표시를 본래의 의사표시보다 먼

1) 대판 2002. 7. 26., 2000다25002.
2) 대판 1980. 1. 15., 79다1498.
3) 대판 2007. 12. 27., 2007다51758.

저 도달하도록 하거나 늦어도 동시에 도달하도록 하여야 한다.

의사표시의 부도달이나 연착의 위험은 표의자가 부담하나 일단 도달이 있게 되면 이를 인식하지 못하는 위험은 상대방이 부담한다.

(4) 발신한 때에 효력을 발생하는 경우

상대방 있는 의사표시는 의사표시의 도달과 동시에 효력을 발생하는 것이 원칙이다. 반면 민법은 제한능력자 측에서 이루어진 상대방의 촉구에 대한 확답(제15조), 본인의 무권대리인의 최고에 대한 확답(제131조), 채권자의 채무인수 최고에 대한 확답(제455조) 및 격지자간의 계약에 있어서 승낙(제531조)의 의사표시를 도달이 아닌 발신의 시점에 효력이 발생하는 것으로 규정한다. 물론 이러한 경우에도 효력요건으로서의 도달주의원칙은 여전히 적용되어 도달이 있어야 의사표시는 효력을 발생한다. 다만 의사표시의 효력이 도달이 아닌 발송한 때로 소급하여 발생할 뿐이다.

3. 의사표시의 수령능력

상대방에게 도달된 의사표시는 상대방이 수령능력을 보유하는 경우에만 효력을 발생한다. 의사표시의 수령능력이란 수령한 의사표시의 법률적 효과를 이해할 수 있는 능력을 말한다. 수령능력을 요구하는 이유는 의사표시를 수령하더라도 그 내용 자체를 이해하지 못하거나 법률적 효력을 이해하지 못하는 자에게 의사표시의 효력발생으로 인한 부담을 지우는 것이 부당하기 때문이다.

의사능력이 없는 자는 의사표시의 수령능력도 인정되지 않는다. 반면 행위제한능력자의 경우에는 개별적으로 의사능력이 인정될 수도 있으나 행위능력의 경우와 마찬가지로 그들도 의사표시의 수령과 관련하여 획일적인 보호가 필요하다. 여기서 민법은 의사표시의 상대방이 제한능력자인 경우에 표의자는 그 의사표시로써 대항할 수 없다고 하고 있다(제112조 본문). 다만, 제한능력자의 법정대리인이 의사표시가 도달한 사실을 안 후에는 의사표시는 효력이 발생한다(제112조 단서). 제한능력자에게 예외적으로 행위능력이 인정되는 경우라면 수령능력도 인정된다고 볼 것이다. 예를 들어 부담없는 증여계약을 체결하는 경우 미성년자의 행위능력이 인정되므로 의사표시의 수령능력도 인정된다.

제4장

대리제도

Ⅰ. 의의

1. 개념

대리란 타인이 본인의 이름으로 법률행위를 하는 경우에 법률효과가 본인에게 직접 발생하는 제도를 말한다. 대리제도는 법률행위를 한 자에게 법률효과가 귀속된다는 원칙에 대한 예외이다.

2. 기능

(1) 활동 영역의 확대

대리제도는 대리인을 통하여 본인의 활동 영역을 확대하는 기능을 한다. 본인이 직접 해야 했던 행위들을 대리인을 통하여 대신 할 수 있도록 함으로써 동시에 많은 일을 처리할 수 있고, 특히 전문적인 지식을 갖춘 대리인의 능력을 통하여 자신의 부족한 점을 보충할 수 있다. 이러한 기능은 본인이 직접 대리인에게 대리권을 수여하는 임의대리의 경우에 잘 나타난다.

(2) 의사능력 및 행위능력의 보완

대리제도는 본인의 의사능력이나 행위능력을 보완하는 기능도 수행한다. 즉 의사능력이 없는 자나 행위능력이 없는 자들도 권리능력은 인정되어 소유권을 포함한 재산권 등을 가질 수 있다. 다만 이들은 이러한 재산권을 직접 행사하는 것이 제한되기 때문에 민법은 이들을 위하여 법정대리인제도를 두어 본인의 재산을 보존, 관리하도록 하고 그들을 통하여 간접적으로 거래에 참여하도록 하고 있다.

3. 대리의 법적 성격

대리는 타인의 법률행위인 대리행위의 효과를 직접 본인에게 발생시키는 제도이다. 즉 법률행위를 한 자에게는 효력이 미치지 않고 오히려 제3자에게 법률적 효과가 귀속되는 것이다. 이는 자신의 행위에 따른 부담과 책임만을 진다는 자기 책임의 원칙에 대한 예외로 그 법률적인 근거가 무엇인가에 대하여 학설이 대립한다.[1)]

법정대리의 경우에는 본인의 보호나 거래의 안전 등 여러 가지 법정책적 이유에서 대리인을 두고 그에 따른 효과를 본인에게 귀속시킨다. 즉 법률이 대리제도의 직접적인 근거가 된다. 반면 임의대리는 본인의 수권행위를 통하여 대리인을 정하고 그러한 대리인의 행위로 자신에게 직접 효과가 귀속하도록 하는 본인의 의사와 자신의 행위의 효력을 자신이 아닌 본인에게 귀속시키려는 대리인의 의사가 그 근거가 된다. 즉 대리행위의 효과를 본인에게 귀속시키겠다는 대리인과 본인의 의사가 결합 된 결과이다.

---

1) 본인행위설, 대리인행위설 및 합동행위설이 있다; 곽윤직/김재형, 민법총칙(민법강의Ⅰ), 2019, 335면 이하 참조.

4. 대리의 인정범위

(1) 사실행위

대리는 대리인의 법률행위의 효과를 본인에게 귀속시키는 제도이다. 따라서 대리인의 대리행위는 원칙적으로 법률행위가 된다. 그 외에 대리인은 법률행위를 하면서 그에 부수되는 사실행위를 할 수 있다. 예를 들어 질권의 설정은 요물계약으로 질권자에게 목적물을 인도함으로써 그 효력이 생긴다(제330조). 이 경우 질권의 설정을 대리인이 하게 된다면 질권 설정의 합의라는 법률행위와 질권 목적물의 인도라는 사실행위를 대리인 한 사람이 하게 되는 것이다. 여기서 일부 학설은 이러한 사실행위도 대리인이 할 수 있다는 결론에 이르지만[1] 이러한 사실행위는 대리인으로서가 아니라 점유보조자로서 하는 것으로 보면 족할 것이다.[2] 즉 대리인의 지위와 점유보조자 등의 지위가 한 사람에게 동시에 있는 것으로 보면 된다. 본인이 자신을 위하여 특정 계약을 체결하도록 타인에게 부탁하는 경우 대리권의 부여가 포함된 위임계약을 체결하는 것이 일반적이기 때문이다.

(2) 준법률행위

준법률행위도 위임계약 상의 사무처리의 내용이 될 수 있으므로 대리인이 할 수 있는 것은 당연하다. 다만 준법률행위를 하는 것이 대리인으로서 하는 것인지 혹은 대리인이 아닌 위임사무의 수임자로서 하는 것인지 문제가 되나 대리인으로서의 행위는 아니라고 볼 것이다. 대리인은 대리행위인 법률행위의 당사자로 효과의사를 결정하

1) 이은영, 민법총칙, 2009, 567면.
2) 곽윤직/김재형, 민법총칙(민법강의Ⅰ), 2019, 335면.

는 주체이며 그에 대응하는 법률효과가 본인에게 발생하는 것이지만, 준법률행위는 대리인의 효과의사와 다른 법률효과가 본인에게 발생하기 때문이다. 다만 허용되는 한도에서 대리에 관한 규정이 준용된다. 대법원은 관념의 통지에 해당하는 채권양도의 통지에도 대리에 관한 규정이 유추적용된다고 하여 사자(使者) 또는 대리인의 채권양도통지도 효력이 있다고 보았다.[1)]

(3) 가족법상 행위

본인의 의사가 절대적으로 중요한 가족법상의 법률행위에는 대리가 원칙적으로 허용되지 않는다. 따라서 친권자로서의 법정대리인도 가족법상 법률행위를 대리할 수 없고 부모나 후견인으로서 본인의 신분행위에 동의권을 가질 뿐이다(제808조 참조).

5. 대리와 구별되는 제도

(1) 간접대리

특정인이 자신의 이름으로 법률행위를 하면서 그 계산은 타인에 의해 이루어지는 경우가 간접대리이다. 간접대리의 대표적인 경우는 위탁매매(상법 제101조)인데, 본인의 위임을 받아 간접대리인인 위탁매매인이 본인의 물건을 위탁매매인 자신의 이름으로 매매하는 경우이다. 즉 매매의 효과가 본인에게 직접 귀속되는 것이 아니라 위탁매매인에게 일차적으로 귀속되고 위탁매매인이 그로부터 수령한 금진이나 채권을 본인에게 이전할 의무를 부담한다는 점에서(상법 제102

1) 대판 1994. 12. 27., 94다19242.

조) 직접 본인에게 법률효과가 발생하는 대리와 다르다. 다만 위탁매매인이 위탁자로부터 받은 물건 또는 유가증권이나 위탁매매로 인하여 취득한 물건, 유가증권 또는 채권은 위탁자와 위탁매매인 또는 위탁매매인의 채권자 간의 관계에서는 이를 위탁자의 소유 또는 채권으로 본다(상법 제103조). 따라서 위탁매매인의 채권자가 위탁물에 대하여 강제집행을 하는 경우에 위탁자는 이의를 할 수 있다(민사집행법(이하 민집법) 제48조).

(2) 사자(使者)

사자는 의사표시와 관련하여 본인이 결정한 효과의사를 상대방에게 전달하는 심부름꾼을 말한다. 사자는 이미 결정된 효과의사를 표시하거나 전달하는 역할만을 한다는 점에서 직접 효과의사를 결정하고 표시하는 대리인과 구별된다. 따라서 사자를 통한 의사표시에서 의사의 흠결, 사기, 강박 또는 어느 사정을 알았거나 과실로 알지 못한 것으로 인하여 영향을 받을 경우에 그 사실의 여부는 사자가 아니라 효과의사를 결정하는 본인을 기준으로 판단한다(제116조 제1항). 사자가 본인의 효과의사를 잘못 전달한 경우 표시기관의 착오가 되는데 이는 표시의 착오로 인정되어 취소할 수 있다. 다만 본인이 사자에게 대리권을 수여하는 것과 같은 표시를 하였거나 그러한 외관을 만들어 주었고 사자가 대리인으로 행위를 한 경우라면 제125조의 표현대리의 규정이 적용될 수 있다.[1)]

1) 대판 1962. 2. 8., 4294민상192.

(3) 대표

법인의 대표기관의 행위로 인한 효과는 법인에게 직접 귀속된다는 점에서 법인의 대표제도는 대리제도와 매우 유사하다. 반면 대표기관의 행위는 대리행위라기보다는 법인 본인의 행위로 볼 수 있고, 대표의 직무상 이루어진 불법행위에 대하여서도 직접 책임을 부담한다는 점에서(제35조), 대리인의 불법행위에 대하여 본인이 원칙적으로 책임을 지지 않는 대리와 구별된다. 다만 대리의 경우에도 본인과의 사이에 사용자관계가 인정되면 본인은 대리인의 불법행위에 대하여 책임을 지게 될 것이다(제756조).

6. 대리의 종류

(1) 임의대리와 법정대리

임의대리란 본인의 수권행위에 의하여 대리권이 수여된 대리인의 대리를 말한다. 본인의 수권행위는 통상 다른 법률행위와 함께 부여되는 경우가 많다. 예를 들어 위임이나 도급, 고용의 경우에 대부분 대리권의 부여가 계약의 내용에 포함되어 있다. 이렇게 법률행위에 의하여 대리권이 부여되는 경우 그 원인된 법률관계가 종료하게 되면 대리권도 소멸하게 된다(제128조).

반면 법정대리란 법률의 규정으로 대리권이 발생하는 경우이다. 법정대리는 제한능력자에 대한 친권자(제911조)나 후견인(제938조)의 경우에 발생하나 혼인한 배우자 사이에서 발생한다(제827조). 법정대리관계는 법률이 정한 사유로 종료된다.

(2) 능동대리와 수동대리

대리인이 본인의 이름으로 제3자에게 의사표시를 하는 경우를 능동대리라고 한다. 반면 제3자의 의사표시를 본인의 이름으로 수령하는 경우를 수동대리라고 한다. 대리인은 특별한 사정이 없는 이상 두 가지의 대리권을 모두 갖는다.[1)]

(3) 유권대리와 무권대리

대리인이 대리권을 가지고 그 대리권의 범위 내에서 본인을 위한 법률행위를 하는 경우 유권대리가 된다. 반면 대리인이 대리권이 없거나 대리권의 범위를 넘어서 대리행위를 하는 경우는 무권대리이다. 본인에게 효력이 발생하는 경우는 유권대리로 제한된다. 다만 민법은 협의의 무권대리에도 불구하고 유권대리의 외관이 창출된 경우를 표현대리라고 하여 예외적으로 본인에게 효과가 발생하도록 하고 있다(제125조 이하 참조).

7. 대리의 법률관계

타인이 법률행위를 하면서 그 행위를 본인에게 귀속시키기를 원한다고 하여 모두 본인에게 효과가 발생한다면 문제가 발생한다. 아무런 이유없이 타인의 법률행위로 본인이 채무를 부담할 수 있기 때문이다. 따라서 타인의 행위의 효과를 본인에게 귀속시키도록 하기 위하여서는 대리인의 행위를 수용하겠다는 본인의 의사와 대리인의 의사합치가 있어야 한다. 즉 대리인과 본인 사이에 일정한 법률관계

1) 대판 2015. 12. 23. 2013다81019.

가 전제되어야 한다. 이러한 본인과 대리인의 관계를 대리권관계라고 한다.

그리고 대리권이 있는 대리인이 법률행위를 하는 경우에도 대리인의 모든 행위의 효과를 본인에게 귀속시킬 수는 없다. 대리인이 자신을 위해 하는 행위도 있을 것이고 본인을 위해 하는 행위도 있을 것인데 어느 경우에 대리인의 법률행위의 효과가 본인에게 귀속될지는 대리인과 법률행위를 하는 상대방의 상호 합의나 양해를 통하여 결정된다. 이러한 법률행위의 효과를 본인에게 귀속하도록 하는 대리인과 상대방 사이의 법률관계를 대리행위관계라고 한다. 그 외에 대리권관계와 대리행위관계에 의하여 대리행위의 법률효과가 본인과 상대방 사이에 발생하게 되는 데 이를 대리효과관계라고 한다.

Ⅱ. 대리권관계

1. 의의

(1) 성립

법정대리는 법률의 규정으로 발생한다. 반면 임의대리는 대리권관계가 본인과 대리인 사이의 계약을 통하여 발생한다는 견해[1)]와 본인의 대리인에 대한 수권행위라는 단독행위로 발생한다는 견해[2)]의 대립이 있다.

대리권 발생의 원인이 계약이라고 한다면 대리인이나 본인이 모두 행위능력을 갖추어야 할 것이다. 하지만 민법은 대리인이 행위능

1) 김기선, 한국민법총칙, 1985, 280면.
2) 곽윤직/김재형, 민법총칙(민법강의Ⅰ), 2019, 342면.

력자임을 요구하지 않는다(제117조). 나아가 대리인은 대리권을 일방적으로 철회할 수도 있다(제128조). 이러한 태도는 대리인의 승낙 등과 같은 별도의 의사표시 없이 대리권이 수여된다고 볼 경우에나 가능한 규정이다. 즉 민법은 본인의 대리인에 대한 대리권수여의 일방적인 의사표시, 수권행위에 의하여 대리권이 발생하는 것으로 보는 것이다. 이러한 본인의 수권행위는 불요식행위로 특별한 방식이 요구되지 않고 구두로도 가능하다. 또한 명시적일 필요도 없으며 묵시적으로도 가능하다.

(2) 원인된 법률관계와 대리권관계

1) 의의

대리권관계는 통상 위임이나 고용 등과 같은 본인과 대리인 사이의 계약관계를 원인으로 발생한다. 예를 들어 위임인이 일정한 사무의 처리를 위임하면서 자신의 사무처리에 필요한 대리권을 수임인에게 수여하는 경우를 들 수 있다. 여기서 위임인과 수임인 사이의 계약관계를 원인된 법률관계라고 한다(제128조). 원인된 법률관계는 위임과 같은 채권계약뿐만 아니라 친자관계 혹은 배우자관계와 같은 신분관계가 될 수도 있다.

2) 원인된 법률관계와 대리권관계

원인된 법률관계와 대리권관계는 구별되는 개념이며, 반드시 동시에 발생하는 것도 아니다.[1] 예를 들어 위임과 같은 기초적 내부관계

1) 대판 1962. 5. 24., 4294민상251.

가 있더라도 위임된 사무가 타인과의 법률행위를 수반하지 않고 치료와 같은 단순한 사실행위에 그칠 수도 있는데, 이 경우 사실행위를 하는 수임인에게 위임인은 대리권을 부여하지 않을 것이다. 또한, 위임인은 위임계약 관계가 존재하더라도 이미 부여한 대리권을 일방적으로 철회할 수도 있다(제128조 제2문). 나아가 미성년자의 부모로서 두 사람이 친자관계에 있다고 하더라도 부모의 법정대리권이 상실될 수도 있다(제925조 참조). 이렇게 원인된 법률관계와 대리권 관계는 별개의 개념임에도 민법 제128조는 원인된 법률관계가 종료되면 대리권도 소멸하는 것으로 정하고 있다. 법률관계가 종료되는 경우 대리권관계도 종료되도록 하는 것이 당사자의 일반적인 의사에 합치하기 때문이다.

그런데 원인된 법률관계가 무효, 취소 등으로 소급하여 소멸하는 경우에 대리권관계도 소급하여 소멸하는 것으로 볼 것인가의 문제가 발생한다. 원인된 법률관계의 소멸로 대리권관계가 소급하여 소멸하는 경우에 거래의 안전을 해칠 수 있기 때문이다. 대리권은 원인된 법률관계와 별개로 주어지는 것이지만, 원인된 법률관계를 위하여 주어지는 것이므로 원인된 법률관계가 종료하면 당사자의 의사에 비쳐 함께 소멸하는 것이 타당하다(유인설). 다만 이 경우에도 대리행위의 효력을 소급하여 소멸시키는 것은 제3자의 입장이나 거래의 안전에서 보면 부당한 결과에 이를 수 있다. 두 법률관계가 별개인 점에 착안하여 원인된 법률관계가 소급으로 소멸하지만, 대리권은 장래를 향하여서만 소멸하는 것으로 보는 것이 타당하다.

2. 대리권의 범위와 제한

(1) 대리권의 범위

1) 의의

대리인의 대리행위가 본인에게 효력을 미치기 위해서는 대리인이 대리권의 범위 내에서 법률행위를 하여야 한다. 이렇게 대리인이 대리행위를 할 수 있는 대리권의 범위는 법정대리의 경우 법률의 규정으로 결정된다. 예를 들어 법률의 규정으로 법원이 선임한 부재자의 재산관리인은 부재자의 재산에 대한 보존행위나 이용 또는 개량하는 행위를 할 수 있으나 처분행위에 대하여는 법원의 허가를 받아야 한다(제25조).

반면 임의대리는 본인의 수권행위로 정해진다. 다만 수권행위에도 불구하고 대리권의 범위가 불명확한 경우에 수권행위에 대한 해석이 필요하다. 판례는 임의대리권을 그 권한에 부수하여 필요한 한도에서 상대방의 의사표시를 수령하는 이른바 수동대리권을 포함하는 것으로 해석한다.[1] 매매계약을 체결할 권한이 있는 대리인은 특별한 사정이 없는 이상 그 잔대금도 수령 할 권한이 있다.[2] 매매계약의 체결과 이행에 관하여 포괄적으로 대리권을 수여받은 대리인은 원칙적으로 상대방에 대하여 약정된 매매대금지급기일을 연기하여 줄 권한도 가진다.[3]

반면 계약의 체결에 관한 대리권을 수여받은 대리인이 수권된 법률행위를 하게 되면 그것으로 대리권의 원인된 법률관계는 원칙적으

1) 대판 1994. 2. 8., 93다39379.
2) 대판 1991. 1. 29., 90다9247.
3) 대판 1992. 4. 14., 91다43107.

로 목적을 달성하여 종료하는 것이고, 법률행위에 의하여 수여된 대리권은 그 원인된 법률관계의 종료로 소멸하는 것이므로(민법 제128조), 그 계약을 대리하여 체결하였던 대리인이 체결된 계약의 해제 등 일체의 처분권과 상대방의 의사를 수령할 권한까지 가지고 있다고 볼 수는 없다.[1] 채권담보의 목적으로 채무불이행 시에 대물변제로 충당하기 위해 매수인의 이름 없이 부동산의 매도증서를 작성하여 채권자에게 교부했다고 하더라도, 대물변제로 충당되기 전까지 그 채권자에게 그 부동산을 매도할 수 있는 대리권을 수여한 것이라고는 볼 수 없다.[2] 사업자등록 명의와 통장을 빌려준 등의 사정이 있다하여 당연히 거액의 차용행위까지 할 수 있는 포괄적인 대리권을 수여한 것으로 볼 수 없다.[3] 예금계약의 체결을 위임받은 자가 가지는 대리권에 당연히 그 예금을 담보로 하여 대출을 받거나 이를 처분할 수 있는 대리권이 포함된 것은 아니므로 예금주를 대리하여 예금계약을 체결한 자가 그 예탁금 채권에 대한 질권을 설정한 행위는 무권대리로 제126조의 표현대리에도 해당하지 않는다.[4]

2) 대리권의 범위를 정하지 않은 경우

수권행위를 하면서 대리권의 내용이나 범위를 정하지 않았다면 대리인은 보존행위와 대리의 목적인 물건이나 권리의 성질을 변하지 아니하는 범위에서 그 이용 또는 개량하는 행위만 할 수 있다(제118조). 이 규정은 대리권의 내용이나 범위를 정하기는 하였으나 대리권의 범위가 명확하지 않은 경우에도 유추하여 적용된다.

---

1) 대판 2008. 6. 12., 2008다11276.
2) 대판 1963. 2. 28., 62다910.
3) 대판 2009. 5. 28., 2009다7779.
4) 대판 1995. 8. 22., 94다59042.

a. 보존행위

보존행위란 대리행위의 대상이 되는 본인의 재산권을 보존하기 위한 법률행위를 말한다. 대리인이 관리하는 본인의 부동산을 수선하도록 하거나 본인의 채권에 대한 청구를 통하여 채권의 소멸시효를 중단시키는 경우, 기한이 도래한 채무를 이행하여 손해배상채무가 발생하지 않도록 하는 경우 등이 보존행위에 해당한다.

b. 이용행위나 개량행위

이용행위란 대리행위를 통하여 본인의 재산에 대한 수익을 올리는 행위를 말한다. 예를 들어 대리인이 보관하는 물건을 대가를 받고 임대하거나 금전을 은행에 넣어 이자수익을 올리는 것 등이 이에 해당한다.

개량행위란 본인의 재산에 대한 효용이나 가치를 증대시키는 행위를 말한다. 보관하는 물건을 수리를 통하여 그 가치를 증대시키는 경우나 대금채권을 이자부 준소비대차계약으로 변경하는 경우(제605조) 등이 여기에 해당한다.

대리권의 범위가 정해지지 않았다면 대리인은 대리의 목적인 물건이나 권리의 성질을 변하지 않는 범위 내에서 이러한 이용행위나 개량행위를 할 수 있다. 반면 금전을 주식으로 바꾸는 경우는 주식의 투기적 성격에 비추어 권리의 성질을 변하게 하는 행위로 대리권의 범위를 넘는 행위가 된다.

c. 처분행위

처분행위란 법률행위를 통하여 본인이 권리를 상실하는 경우를 말한다. 대리권의 범위가 정해지지 않거나 분명하지 않은 대리인은 이러한 처분행위를 하지 못한다. 이러한 처분행위에는 법률행위로 직접 권리의 변동을 가져오는 물권행위나 준물권행위뿐만 아니라 그 원인이 되는 채권행위도 포함된다. 즉 본인의 부동산을 매도하는 매매계약, 저당권을 설정하는 채권계약, 채권을 양도하는 증여계약 등도 처분행위가 된다. 이러한 처분행위는 대리권의 범위가 정해지지 않았다면 무권대리가 되어 본인에게 효력이 발생하지 않는다.

(2) 대리권의 제한

1) 자기계약, 쌍방대리의 금지

자기계약이란 대리인 자신이 스스로 당사자의 일방이 되어 상대방인 본인을 대리하여 계약을 체결하는 경우를 말한다. 쌍방대리란 한 사람이 당사자 일방의 대리인과 상대방 당사자의 대리인으로 법률행위를 하는 경우를 말한다. 이러한 자기계약과 쌍방대리는 이해충돌상황을 일으켜 본인의 이익을 침해할 수 있으므로 민법은 이를 원칙적으로 금지한다(제124조).

하지만 이 규정은 임의규정으로 사전에 당사자들이 이를 허용하는 경우 대리행위는 효력을 갖는다(제124조 본문). 또한, 채무의 이행은 이해충돌상황이 발생하지 않으므로 허용된다(제124조 단서). 나아가 상계적상에 있는 반대채권과 상계하는 때도 이해충돌상황이 없어서 자기계약이나 쌍방대리가 허용된다고 할 것이다.

반면 채무의 내용을 변경하는 경우는 이해충돌상황이 발생할 수 있어서 허용되지 않는다. 대물변제나 경개를 통하여 기존 채무를 소멸시키는 경우가 여기에 해당한다.

2) 공동대리

a. 의의

본인에 대하여 복수의 대리인이 있는 경우 민법은 원칙적으로 각자가 본인을 대리할 수 있는 것으로 정하고 있다(제119조 본문). 이를 각자대리의 원칙이라고 한다. 반면 본인의 수권행위나 법률에 따라 공동으로 대리행위를 하도록 한 경우에는 복수의 대리인이 공동으로 대리행위를 하여야 본인에게 효력이 발생한다. 이를 공동대리라고 한다. 공동대리의 경우 대리인은 다른 대리인과 공동으로 대리행위를 하여야 효력이 발생하므로 본인의 입장에서는 대리인들의 더욱 신중한 대리권행사를 기대할 수 있게 된다.

b. 공동의 의미

대리를 공동으로 한다는 의미와 관련하여 의사표시를 공동으로 해야 하는지 혹은 의사의 결정만 공동으로 하면 되는지에 대하여 논의가 있으나 신중한 의사결정이라는 공동대리의 취지와 거래의 안전을 고려하면 의사결정만 공동으로 하면 되고 표시는 단독으로도 가능하다고 볼 것이다.

다만 수동대리의 경우 복수의 대리인에게 의사표시를 하여야 한다면 상대방에게는 매우 번거로운 일이 될 것이며 거래의 신속을 해치는 요소가 될 것이다. 또한, 복수의 대리인 중 한 명의 대리인에게 의사표시를 수령하도록 한다고 하여 본인의 이익에도 반하지 않는다. 따라서 공동대리이더라도 수동대리의 경우에는 단독대리가 허용된다.

c. 공동대리위반의 효과

공동대리임에도 복수의 대리인 중 한 대리인이 단독으로 대리를 하는 경우 무권대리가 된다. 다만 공동대리인에게도 대리권이 있으므로 제126조의 표현대리규정이 적용될 수 있다.

3. 대리권관계의 소멸

(1) 의의

대리권이 소멸하면 본인과 대리인 사이의 대리권관계도 소멸하게 된다. 대리권은 법정대리의 경우 법률의 규정으로 소멸하나, 임의대리는 법률의 규정 이외에 특유한 소멸원인이 존재한다.

(2) 공통된 소멸원인

민법 제127조는 대리의 소멸원인으로 본인의 사망, 대리인의 사망, 대리인의 성년후견 개시, 대리인의 파산을 들고 있다. 대리권관계는 본인과 대리인 사이의 신뢰를 전제하는 관계로 본인의 사망이나 대리인의 사망으로 대리권관계가 소멸하는 것은 당연하다. 다만 급박한 사정이 있는 경우에는 본인의 사망에도 불구하고 본인의 상속인과 대리관계가 존재한다고 보아야 한다. 마찬가지로 대리인이 사망한 경우에도 대리인의 상속인이나 법정대리인이 급박한 사정을 알고 있었다면 그들에게 본인에 대한 대리권이 존재하는 것으로 보아야 할 것이다(제691조 유추적용).

민법은 대리인에게 성년후견이 개시된 경우나 대리인이 파산한 경우에 본인의 이익을 위하여 대리권이 소멸하는 것으로 보았다. 반면 본인이 성년후견심판을 받거나 파산선고를 받게 되는 경우 대리권관계가 소멸하는가에 관하여 의견이 나뉜다.[1] 성년후견인이 법정대리인

1) 곽윤직/김재형, 민법총칙(민법강의I), 2019, 352면.

의 지위에 있더라도 임의대리권을 소멸시킬 필요는 없다고 볼 것이다. 법정대리인이 필요하다고 판단되면 그 후에 임의대리관계를 종료시키면 되는 것이다. 따라서 본인에 대한 성년후견개시나 파산선고로 당연히 대리권관계가 소멸하는 것으로 볼 필요는 없다.

(3) 임의대리에 특유한 소멸원인

수권행위에 의하여 발생하는 임의대리는 그 원인된 법률관계의 종료로 소멸한다(제128조 전문). 또한, 본인이 수권행위를 철회하여 대리권을 소멸시킬 수도 있다(제128조 후문). 대리인도 대리인 지위의 사임으로 대리권관계를 소멸시킬 수 있다.

Ⅲ. 대리행위관계

1. 의의

대리행위관계란 대리인과 상대방 사이에 대리행위를 통하여 발생하는 관계를 말한다. 대리인이 법률행위를 하면서 자신을 대리인이라고 밝히지 않거나 대리행위라고 하지 않았다면 상대방은 대리인을 계약의 당사자로 이해할 것이다. 따라서 본인과 상대방에게 법률효과를 귀속시키려는 대리인의 입장에서는 상대방에게 대리행위의 사실을 알려 그에 따른 의사표시를 하도록 할 필요가 있다. 민법은 이를 위해 대리인이 본인을 현명하도록 하는 방법을 채택하고 있다. 결국, 대리행위관계란 이렇게 본인의 현명을 기초로 대리인과 상대방 사이에 발생하는 법률행위관계라고 정의할 수 있다.

2. 현명주의

(1) 의의

현명이란 대리인이 자신의 행위가 본인을 위한 것임을 표시하는 것을 말한다. 즉 법률효과의 귀속 주체가 자신이 아니라 본인임을 표시하는 것이다. 현명은 수동대리에도 적용된다. 따라서 대리인에 대하여 상대방은 본인을 위한 것임을 표시하여야 한다(제114조 제2항). 이 경우 대리인이 다시 본인을 위한 것임을 표시할 필요는 없다.

(2) 현명의 방법

현명은 자신이 본인의 대리인이라는 점을 표시하는 것이다. 특정인의 이름을 명시할 필요는 없고 본인이 누구인지 상대방이 인식할 수 있으면 된다(제115조 후문). 예를 들어 특정 회사의 영업소장이 그 회사의 제품을 공급하기로 계약을 체결하였다면 통상 영업소장이 그 회사를 대리하여 상대방과 물품공급계약을 체결한 것이다.[1)]

대리인이 현명을 하지 않고 자신이 본인인 것처럼 본인의 이름으로 계약을 체결한 때에도 현명이 있는 것으로 다루어져 본인과 상대방 사이에 법률효과가 귀속되느냐의 문제가 발생한다. 이는 계약의 상대방을 결정하는 문제와 연결된다. 행위자 또는 명의인 가운데 누구를 당사자로 할 것인지에 관하여 행위자와 상대방의 의사가 일치한 경우에는 그 일치하는 의사대로 당사자를 확정하여야 할 것이지만, 일치하는 의사를 확정할 수 없는 경우에는 계약의 성질, 내용, 체결 경위 및 계약체결을 전후한 구체적인 제반 사정을 토대로 상대

---

1) 대판 1968. 3. 5., 67다2297.

방이 합리적인 인간이라면 행위자와 명의자 중 누구를 계약 당사자로 이해할 것인가에 의하여 당사자를 결정하여야 한다.[1]

예를 들어 대리인과 본인 중 본인만이 농민으로서 농지를 취득할 자격이 있는 경우 이러한 사실을 알고 있는 매도인인 상대방은 대리인이 아니라 본인과 매매계약을 체결한 것으로 볼 것이다. 따라서 대리의사가 있는 행위자가 만약 본인의 명의를 사용하였다면 현명을 한 것이 된다. 여기서 본인이 대리인인 행위자에게 대리권을 준 경우라면 유권대리로 행위의 효과가 본인에게 귀속될 것이지만 대리권을 부여한 것이 아니라면 무권대리로서 그 행위의 효력은 본인에게 귀속되지 않는다.

甲이 부동산을 농업협동조합중앙회에 담보로 제공하기로 하고 동업자인 乙에게 그에 관한 대리권을 주었다면, 乙이 농업협동조합중앙회와의 사이에 그 부동산에 관하여 근저당권설정계약을 체결하면서 그 피담보채무를 동업 관계의 채무로 특정하지 아니하고 또 대리관계를 표시함이 없이 마치 자신이 甲 본인인 양 행세하였다 하더라도, 위 근저당권설정계약은 대리인인 乙이 그의 권한 범위 안에서 한 것인 이상 그 효력은 본인인 甲에게 미친다.[2]

반면 타인의 명의에도 불구하고 계약체결의 당사자 사이에는 실질적인 계약체결의 당사자가 타인이 아닌 행위자와 상대방이라고 상호 양해가 된 경우에는 계약의 당사자가 행위자와 상대방으로 확정되어[3] 대리의 규정이 적용될 여지는 없다. 이 경우 타인 명의는 중요하지 않으며 행위자와 상대방만이 계약의 당사자가 되고 두 사람에게 법률행위의 효력도 발생한다.

1) 대판 1995. 9. 29., 94다4912.
2) 대판 1987. 6. 23., 86다카1411.
3) 대판 1999. 6. 25., 99다7183.

(3) 현명이 없는 경우

대리인이 본인을 위한 것임을 표시하지 않은 때에는 그 의사표시는 자기를 위한 것으로 본다(제115조 전문). 따라서 수급인이 도급인의 대리인으로서 건물을 분양하면서 대리관계의 현명을 하지 아니하였고 상대방도 수급인을 분양권자로 인식한 경우, 분양의 효력이 도급인에게 미치지 않게 되고, 도급인이 건물을 다른 사람에게 이미 분양을 하여 수급인이 이행불능의 상태에 빠진 경우라면 계약의 해제로 인한 대금반환청구권은 원칙적으로 수급인이 부담한다.[1] 제115조 전문은 의제규정이므로 대리인이 스스로가 아니라 본인을 위한 것으로 표시하려고 하였는데 착오로 현명을 하지 않았더라도 착오를 이유로 취소하지 못한다.

다만 현명이 없더라도 상대방이 대리인으로서 한 것임을 알았거나 알 수 있었을 때는 현명이 있는 것으로 된다(제115조 후문). 대리의 규정은 관념의 통지에도 적용이 되고 현명은 묵시적으로도 할 수 있는 것이므로, 채권양도통지를 함에 있어 현명을 하지 아니한 경우라도 채권양도통지를 둘러싼 여러 사정에 비추어 양수인이 대리인으로서 통지한 것임을 상대방이 알았거나 알 수 있었을 때는 민법 제115조 단서의 규정에 따라 유효한 통지가 이루어진 것으로 된다.[2]

1) 대판 2008. 5. 15., 2007다14759.
2) 대판 2004. 2. 13., 2003다43490

3. 대리행위의 하자

(1) 원칙

의사표시의 효력이 의사의 흠결, 사기, 강박 또는 어느 사정을 알았거나 과실로 알지 못한 것으로 인하여 영향을 받은 때에 그 사실의 여부는 대리인을 기준으로 결정한다(제116조 제1항). 따라서 상대방 법인의 피용자가 사무집행의 범위를 넘는 행위이면서 동시에 배임적 대리행위(법인명의의 예금인출행위)를 한다는 것을 은행의 지점장인 대리인이 알았을 경우 은행은 본인인 상대방 법인에 대하여 법률행위의 효력을 주장하거나 사용자책임을 묻지 못한다.[1] 대리인이 본인을 대리하여 물건을 매수하는 계약을 체결하면서 매도인의 배임행위에 적극 가담하였다면, 본인이 그러한 사정을 몰랐다고 하더라도 매매계약이 가지는 사회질서에 반한다는 장애사유가 부정되는 것은 아니다.[2] 사해행위인지 문제가 되는 법률행위가 대리인에 의하여 이루어진 때에는 수익자의 사해의사 또는 전득자의 사해행위에 대한 악의의 유무는 대리인을 표준으로 결정하여야 한다.[3]

(2) 예외

대리인이 본인의 지시에 좇아 특정한 법률행위를 한 때에는 본인은 자기가 안 사정 또는 과실로 알지 못한 사정에 관하여 대리인의 부지를 주장하지 못한다(제116조 제2항). 대리행위의 하자로부터 본인을 보호할 필요가 없기 때문이다. 예를 들어 통정허위표시임을 아

1) 대판 2005. 12. 23., 2003다30159.
2) 대판 1998. 2. 27., 97다45532.
3) 대판 2006. 9. 8., 2006다22661.

는 제3자가 이러한 사정을 모르는 대리인에게 통정허위표시의 상대방과 대리행위를 하도록 하는 경우 제3자인 본인은 통정허위표시에 대한 선의를 주장하지 못하게 된다. 대법원은 제104조의 불공정한 법률행위에서 경솔과 무경험은 대리인을 기준으로 판단하지만, 궁박은 본인을 기준으로 판단해야 한다는 입장이다.[1)]

4. 대리능력

(1) 원칙

대리인은 행위능력자임을 요구하지 아니한다(제117조). 대리행위의 효과는 본인에게 귀속되므로 대리인이 제한능력자라도 그의 이익이 침해되지 않고 수권행위를 한 본인이 그 불이익을 감수하기 때문이다. 즉 본인은 대리인이 제한능력자임을 이유로 그 효력을 부정하거나 취소하지 못한다.

(2) 원인된 법률관계

원인된 법률관계와 대리권관계는 상호독립적이므로 제117조의 규정이 원인된 법률관계에는 적용되지 않는다. 즉 원인된 법률관계는 법률행위나 법률의 규정으로 발생하므로 이 법률관계의 당사자는 법률행위를 위한 행위능력이나 법률의 규정이 요구하는 요건을 갖추어야 한다. 예를 들어 위임계약이 유효하게 체결되기 위하여서는 수임자가 되려는 자에게도 행위능력이 요구되므로 미성년자가 법정대리인의 동의 없이 위임계약을 체결한 경우 미성년자나 그 법정대리인은

1) 대판 2002. 10. 22., 2002다38927.

위임계약을 취소할 수 있다. 이 경우 위임계약과 함께 부여된 대리권도 소멸한다(제128조).

Ⅳ. 대리효과관계

1. 원칙

대리인에 의해서 이루어진 대리권 범위 내의 대리행위의 효과는 본인에게 직접 발생한다. 유효한 대리행위의 효과는 물론이고 하자 있는 대리행위의 효과도 본인에게 발생한다. 따라서 대리인의 비진의 의사표시의 효과도 본인에게 원칙적으로 유효하며, 대리인이 상대방과 통정한 의사표시도 선의의 제3자에 대한 관계에서는 본인에게 효력이 있다. 계약상 채무의 불이행을 이유로 계약이 상대방 당사자에 의하여 유효하게 해제되었다면, 해제로 인한 원상회복의무는 대리인이 아니라 계약의 당사자인 본인이 부담한다. 이는 본인이 대리인으로부터 그 수령한 급부를 현실적으로 인도받지 못하였다거나 해제의 원인이 된 계약상 채무의 불이행에 관하여 대리인에게 책임 있는 사유가 있다고 하여도 마찬가지이다.[1)]

2. 대리권의 남용

(1) 의의

대리인이 대리권의 범위 내에서 대리행위를 하는 경우 그 효과는 본인에게 발생한다. 이는 비록 대리인이 본인의 이익이 아니라 대리

1) 대판 2011. 8. 18., 2011다30871.

인 자신이나 제3자의 이익을 위하여 대리행위를 한 경우에도 마찬가지이다. 반면 대법원은 대리인의 이러한 부당한 대리행위를 상대방이 알았거나 알 수 있었을 때 비진의 의사표시에 관한 제107조의 규정을 유추적용하여, "진의 아닌 의사표시가 대리인에 의하여 이루어지고 그 대리인의 진의가 본인의 이익이나 의사에 반하여 자기 또는 제3자의 이익을 위한 배임적인 것임을 그 상대방이 알았거나 알 수 있었을 경우에는 민법 제107조 제1항 단서의 유추해석상 그 대리인의 행위에 대하여 본인은 책임을 지지 않는다"[1]는 입장이다. 이를 대리권 남용이론이라고 한다.

(2) 요건

1) 대리인의 대리행위

대리권남용이 있기 위하여는 대리인의 대리권 내의 대리행위가 있어야 한다. 따라서 대리권이 없는 자의 대리행위이거나 대리권의 범위를 넘는 대리행위의 경우에는 무권대리나 표현대리의 문제가 발생할 뿐이다.

2) 배임적 의도의 대리행위

대리인의 진의가 본인의 의사나 이익에 반하여 대리인 자신이나 제3자의 이익을 위하여 대리행위를 해야 한다. 즉 본인에 대한 배임의 의도가 있어야 한다.

1) 대판 2007. 4. 12., 2004다51542.

3) 상대방의 인식 혹은 인식 가능성

대리인의 상대방이 대리인의 배임적 의도를 알았거나 과실로 알지 못하였어야 한다. 예금자가 예금계약을 체결하면서 보통예금임에도 일정 기간 인출 할 수 없고 금리가 정규예금 금리보다 고액인 경우[1], 예금계약이 은행의 정규예금 금리보다 훨씬 높은 이자가 정기적으로 지급되고 특정 지점에서만 이러한 예금이 가능할 뿐만 아니라 예금을 할 때 암호가 사용되어야 하며, 예금거래신청서의 금액란도 빈칸으로 한 채 통상의 방법이 아닌 수기식통장이 교부된 경우[2] 등에서 대법원은 예금자는 적어도 통상의 주의만 기울였다면 은행 직원의 표시의사가 진의가 아님을 알 수 있었을 것이라고 보았다.

(3) 대리권남용의 효과

1) 무효 및 손해배상

대리권남용이 인정되면 상대방은 본인에 대하여 대리행위의 효과를 주장하지 못한다. 즉 본인에 대해서 효력이 발생하지 않는다. 다만 이 경우에도 대리인이 본인의 피용자라면 민법 제756조의 사용자책임을 부담할 수 있고, 사용자는 피용자의 행위가 사무집행행위가 아니라는 사실을 상대방이 알았거나 중대한 과실로 알지 못하였다는 점을 입증하여 배상책임을 면할 수 있다.

대법원은 "외국산 차량을 수입·판매하는 갑 주식회사가 사용하는 매매계약서 양식의 뒷면에 '예금주가 갑 회사로 되어 있는 지정계좌로 입금된 금액만 매매

---

1) 대판 1996. 4. 26., 94다29850.

2) 대판 1987. 11. 10., 86다카371.

대금으로 인정된다'는 취지가 부동문자로 인쇄되어 있는데, 을이 갑 회사의 영업사원 병과 자동차매매계약을 체결하면서 매매계약서 작성 전에 차량대금을 갑 회사의 계좌가 아닌 병의 계좌로 송금하였고, 병은 매매계약 체결 사실을 갑 회사에 보고하지 않은 채 위 돈을 소위 '차량돌려막기' 대금으로 사용한 사안에서, 을이 일반인에게 요구되는 주의의무를 현저히 위반하였고, 공평의 관점에서 보더라도 을을 보호할 필요가 없어, 갑 회사의 사용자책임이 인정되지 않는다"고 보았다.[1]

반면 "예금자가 같은 교회 신도인 신용협동조합 이사장에게 신용협동조합에 예탁하여 달라면서 여러 번에 걸쳐 돈을 맡겼는데, 그 이사장이 예탁금으로서의 입금절차를 밟지 아니하고 자신이 경영하던 회사들의 운영자금으로 유용하고, 그에 대한 이자는 자신의 돈으로 신용협동조합의 금리보다 높은 이율로 계산하여 지급하면서, 위 예금자에게는 마치 예탁금 입금이 된 양 신용협동조합이 업무전산화를 한 이후에는 사용하지 않는 수기식 정기예탁금 증서를 작성하여 교부한 경우, 위 예금자로서는 통상의 주의를 기울였다면 위 신용협동조합 이사장의 예금계약 체결의 의사표시가 진의가 아니라는 것을 알 수 있었으므로, 위 예금자와 신용협동조합 사이의 예금계약이 성립되지 않았다"고 판결하면서 "이사장의 이러한 행위는 외형적·객관적으로 보아 신용협동조합 이사장으로서의 직무행위와 관련을 가지는 행위라 할 것이므로 신용협동조합은 이사장의 불법행위로 인한 손해를 배상할 책임이 있다"[2]고 하여 신용협동조합의 사용자책임을 인정하였다.

2) 선의의 제3자 보호

대법원은 대리권남용에 대하여 제107조 제1항뿐만 아니라 제107조 제2항의 선의의 제3자 보호 조항도 유추하여 적용된다고 보았다. 따라서 대리권남용에 의하여 외형상 형성된 법률관계를 기초로 하여 새로운 법률상 이해관계를 맺은 선의의 제3자에 대하여는 누구도 대

1) 대판 2017. 4. 28., 2015다36549.

2) 대판 1999. 1. 15., 98다39602.

항할 수 없다.[1)]

V. 복대리

1. 의의

복대리란 대리인이 자신의 대리권의 범위 내에서 자신의 이름으로 타인에게 대리권을 수여한 경우를 말한다. 대리인으로부터 대리권을 수여받은 타인을 복대리인이라고 한다.

복대리는 대리인이 대리행위로서 대리권을 수여한 것이 아니라 자신이 스스로 대리인을 선임한 것이다. 따라서 대리인은 본인에 대하여 복대리인의 선임과 감독에 관한 책임을 진다(제121조, 제122조). 반면 복대리인은 대리인을 대리하는 것이 아니라 대리인과 동일하게 본인을 대리한다(제123조). 즉 복대리인의 대리행위는 직접 본인에게 효력이 발생한다.

대리인은 복대리인을 선임하여도 여전히 본인에 대하여 대리권을 갖는다. 이러한 점에서 복대리권의 수여는 대리권의 병존적 설정행위라 할 수 있다.

2. 대리인의 복임권

(1) 의의

대리인이 복대리인을 선임할 수 있는 권리가 복임권이다. 복임권은 임의대리와 법정대리의 경우에 요건과 책임에 있어서 차이를 보

1) 대판 2018. 4. 26., 2016다3201.

인다.

(2) 임의대리인의 복임권

1) 복임권의 요건

임의대리인은 본인의 승낙이 있는 경우 외에 부득이한 사유가 있는 경우에만 복임권을 갖는다(제120조). 임의대리인은 본인의 대리인에 대한 신뢰를 전제로 본인에 의하여 선임된 자이다. 따라서 임의대리인이 임의로 복대리인을 선임하면 본인과의 신뢰관계가 존재하지 않을 수 있으며 본인의 이익에도 반할 수 있다. 따라서 민법은 본인의 승낙이나 부득이한 사유가 있는 경우에만 대리인이 복임권을 갖도록 한 것이다.

다만 대법원은 대리의 목적인 법률행위의 성질상 대리인 자신에 의한 처리가 필요하지 않고 본인이 복대리 금지를 명시하지 않는 한 복대리인의 선임에 관하여 묵시적인 승낙이 있는 것으로 본다.[1] 예를 들어 甲이 채권자를 특정하지 아니한 채 부동산을 담보로 제공하여 금원을 차용해 줄 것을 乙에게 위임하였고, 乙은 이를 다시 丙에게 위임하였으며, 丙은 丁에게 이 부동산을 담보로 제공하고 금원을 차용해 乙에게 교부했다면, 乙에게 위 사무를 위임한 甲의 의사에는 '복대리인 선임에 관한 승낙'이 포함되어 있다고 보았다.[2] 반면 아파트나 오피스텔의 분양업무는 그 성질상 분양 위임을 받은 수임인의 능력에 따라 그 분양사업의 성공 여부가 결정되는 사무로서 본인의 명시적인 승낙 없이는 복대리인의 선임이 허용되지 않는 경우로 보아야 할 것

1) 대판 1996. 1. 26., 94다30690.
2) 대판 1993. 8. 27., 93다21156.

이다.[1)]

2) 복대리인에 대한 책임

임의대리인이 본인의 승낙이나 부득이한 사유로 복대리인을 선임하는 경우 대리인은 복대리인의 선임과 감독에 대한 책임을 진다. 즉 부적절한 복대리인을 선임하거나 감독을 게을리하여 본인에게 손해가 발생하는 경우 이를 배상하여야 한다(제121조 제1항). 반면 본인의 지명에 의하여 복대리인을 선임한 경우에는 대리인이 그 부적임 또는 불성실함을 알고도 본인에 대하여 통지나 그 해임을 태만한 때가 아니면 책임이 없다(제121조 제2항).

(3) 법정대리인의 복임권

법정대리인은 원칙적으로 복임권을 갖는다(제122조 본문). 법정대리인은 법률의 규정으로 대리인이 된 경우로 통상 본인의 재산을 관리하고 행위능력을 보완하는 역할을 한다. 따라서 사무처리의 범위가 넓고, 사임하는 것도 어려워서 복임권을 허용하여 법정대리인의 업무를 경감시킬 필요가 있다. 이러한 이유에서 법정대리인의 복임권은 원칙적으로 허용된다. 하지만 복대리인의 선임으로 본인에게 피해가 발생한 경우에는 그 책임을 지도록 하고 있다. 선임이나 감독에 잘못이 없더라도 복대리인의 선임으로 발생한 책임을 모두 부담하는 것이다. 다만 부득이한 사유로 복대리인을 선임한 경우에는 선임과 감독의 책임만 지게 된다(제122조 단서).

---

1) 대판 1999. 9. 3., 97다56099.

3. 복대리인의 권한

(1) 본인의 대리인

복대리인은 그 권한의 범위 내에서 본인을 대리한다(제123조 제1항). 복대리인의 대리행위로 인한 법률효과는 본인에게 직접 발생한다. 반면 복대리권이 없거나 혹은 복대리인이 권한을 넘어서 대리를 하는 경우 무권대리가 되어 본인에게 효력이 미치지 않는다. 이 경우 복대리인은 대리인과 마찬가지로 상대방에 대하여 무권대리인으로서 책임을 부담한다(제135조). 다만 복대리인의 무권대리를 본인이 추인하거나 무권대리에 대한 표현대리가 인정되면 본인에게 효력이 발생한다.

(2) 대리인의 지시 및 감독 등

복대리인은 대리인의 책임으로 선임되는 자이기 때문에 대리인의 지시에 따르며 감독을 받는다. 대리인의 지시나 감독에 응하지 않는 경우 대리인은 복대리인을 언제든지 해임할 수 있다(제128조 후문). 복대리권은 대리인의 사무에 대한 대리권을 보조하는 역할을 한다. 따라서 복대리권은 대리인의 대리권보다 그 범위가 넓을 수 없다.

4. 복대리권의 소멸

복대리권은 대리권을 기초로 하는 관계이므로 대리권이 소멸하면 복대리권도 소멸한다. 즉 본인이 사망하거나(제127조 제1호) 대리인이 사망 혹은 성년후견의 개시 또는 파산한 경우(제127조 제2호), 본인과 대리인의 원인된 법률관계가 소멸하여 대리권관계가 소멸한 경우(제128조 전문), 본인이 대리인에 대한 수권을 철회한 경우(제128

조 후문) 복대리권도 소멸한다.

또한, 복대리권의 고유한 소멸 사유로 제127조를 준용하여, 대리인이 복대리인에 대한 수권을 철회하는 경우, 복대리인의 사망이나 성년후견 개시 또는 파산한 때도 복대리권이 소멸한다.

Ⅵ. 무권대리

1. 의의

대리인으로 행위한 자가 대리권이 없거나 대리권의 범위를 넘은 행위를 한 경우를 무권대리라고 한다. 무권대리의 경우 대리행위의 법률효과가 본인에게 발생하지 않는다(제130조). 다만 민법은 무권대리에 대한 본인의 추인이나 거절권을 인정함으로써 실질적으로 무권대리의 유동적 무효의 상태를 용인하고 있다. 또한, 상대방도 의사표시의 철회를 통하여 무권대리행위를 확정적인 무효로 만들 수 있다.

2. 본인의 추인

(1) 의의

본인은 무권대리행위를 추인할 수 있다. 추인은 상대방 있는 단독행위로 추인의 의사표시가 상대방에게 도달하면 효력을 갖는다. 추인은 묵시적으로도 할 수도 있다. 예를 들어 무권대리행위로 체결된 계약의 이행을 청구하는 경우 묵시적 추인이 인정될 수 있다. 대법원은 "원고 소유부동산에 관하여 권한 없이 자기 앞으로 소유권이전등기를 한 뒤 타인 앞으로 근저당권설정등기를 한 바 있는 불법행위자로부터 원고가 그의 불법행위로 인한 손해배상으로 백미를 받기로 하였다면 특별한 사정이 없는 이상 당사자의 의사는 그 불법행위에 해당하는 소유권이전등기와 근저당권설정등기행위를 추인하는 취지로 보는 것이 타당하다"[1]고 판시하였다. 반면 본인이 이의를 제기함이 없이 장시간에 걸쳐 방치한 것만으로는 추인으로 볼 수 없다.[2]

추인은 상대방에게 하는 것이 원칙이나 무권대리인에게 할 수도 있다. 다만 상대방이 본인의 추인 사실을 알지 못하는 경우 본인은 추인 사실을 가지고 상대방에게 대항하지 못한다. 예를 들어 상대방이 알지 못하는 사이에 상대방이 의사표시를 철회하는 경우(제134조) 추인에도 불구하고 무권대리행위는 확정적으로 무효가 된다.

본인은 추인거절의 의사표시를 통하여 무권대리행위를 확정적으로 무효로 할 수도 있다.

(2) 추인 및 거절의 효과

1) 추인

추인이 있으면 특별한 사정이 없는 이상 무권대리행위는 처음부터 유효로 된다(제133조 전문). 즉 대리행위 시부터 유권대리가 된다. 하지만 본인은 이러한 소급효를 제한할 수 있고 상대방도 이에 동의하면 추인한 때로부터 효력이 발생한다(제133조 전문).

추인의 소급효는 제3자의 권리를 침해하지 못한다(제133조 후문). 여기서 제3자는 단순히 상대권인 채권만을 취득한 자가 아니라 등기 등을 취득하여 배타적인 권리를 취득한 자에 한한다.[3] 따라서 무권대리인 乙이 본인 甲의 X 주택을 타인에게 매도하는 계약을 체결

1) 대판 1972. 5. 30., 72다628
2) 대판 1990. 3. 27., 88다카181.
3) 대판 1963. 4. 18., 62다223.

한 후 甲이 X 주택을 丙에게 매도하는 계약을 체결하였는데, 甲이 무권대리인 乙의 대리행위를 추인한다고 하더라도 최종적으로 X 주택의 소유권을 취득하는 자는 등기를 먼저 이전받는 자이다. 즉 丙은 제133조의 제3자에 해당하지 않는다.

반면 무권대리인 乙이 본인 甲의 X 주택을 타인에게 매도하는 계약을 체결한 후 소유권이전등기까지 이전된 상황에서 丙이 甲을 상대로 X 주택에 대한 소유권이전청구소송에서 승소하게 되었는데, 그 후 甲이 乙의 대리행위를 추인하더라도 丙은 제133조의 제3자에 해당하여 X 주택의 소유권을 확정적으로 취득한다(제187조).

2) 추인의 거절

추인의 거절로 무권대리행위의 본인에 대한 효과는 확정적으로 발생하지 않게 된다. 본인은 다시 추인하지 못하고 상대방의 최고나 철회도 아무런 의미가 없게 된다. 이 경우 무권대리인은 상대방에 대하여 무권대리인의 책임(제135조)을 지게 된다.

(3) 본인과 무권대리인 지위의 동일인 귀속

본인과 무권대리인의 지위가 동일인에게 귀속되는 경우에 무권대리행위가 추인이나 혼동으로 당연히 효력을 갖게 되는지 혹은 본인의 지위에서 무권대리행위의 추인을 거절할 수 있는지 문제된다. 이러한 상황은 본인의 지위를 무권대리인이 상속하거나 무권대리인의 지위를 본인이 상속하는 경우에 발생한다.

먼저 무권대리인이 본인의 지위를 상속하게 되었는데 본인의 지위에서 추인을 거절하는 것은 금반언의 원칙에 반하게 된다.[1] 따라서 원칙적으로 대리행위는 효력을 갖는다. 다만 무권대리라는 것을 상대방이 알았다면 상대방은 무권대리인의 지위를 상속받은 본인에 대하여 아무런 책임을 묻지 못한다(제135조 제2항).

반면 본인이 무권대리인의 지위를 상속하게 되면 본인의 지위에서 추인을 거절할 수 있다.[2] 그런데 이 경우에도 상대방은 자신의 무권대리에 대한 선의, 무과실의 경우에 무권대리인에 대한 이행청구권이나 손해배상청구권을 갖게 되므로 이를 근거로 본인에 대하여 이행청구가 가능하다고 보아야 한다(제135조 제2항).

결국 본인과 무권대리인의 지위가 동일인에게 귀속되는 경우 선의, 무과실의 상대방은 본인에 대하여 이행이나 손해배상을 청구할 수 있으며 추인의 거절은 상속의 포기가 있지 않으면 큰 의미가 없다.

(4) 무권리자의 처분행위에 대한 추인

무권대리에 대한 추인의 규정은 무권리자의 처분행위에 대한 추인의 경우에도 유추적용된다.[3] 무권리자의 처분행위는 처분권한이 있는 경우에만 효력을 갖게 되므로 원칙적으로 무효이지만 처분권자가 무권리자의 처분행위를 추인하는 것은 사적 자치의 원칙에 비추어 그 효력을 부정할 이유가 없다.[4] 이 경우 무권리자의 처분행위는 소급하여 본인에게 효력을 갖는다(제133조 전문). 그러나 제3자의 권리를 해하지 못한다(제133조 후문). 다만 무권리자의 처분 대상이 동산이라면 선의, 무과실의 양수인은 본인의 추인이 없더라도 그 동산

1) 대판 1994. 9. 27., 94다20617.
2) 대판 1994. 8. 26., 93다20191.
3) 대판 1988. 10. 11., 87다카2238.
4) 대판 2001. 11. 9., 2001다44291.

을 선의취득 할 수 있다(제249조).

3. 상대방의 최고 및 철회

(1) 의의

무권대리행위는 원칙적으로 본인에 대하여 효력이 없지만, 본인의 추인으로 소급하여 효력을 갖게 되고 본인의 추인거절로 확정적으로 무효가 된다. 그런데 이러한 추인이나 추인거절이 있기 전까지의 유동적 상황은 상대방에 대해서도 법률관계의 불확정성을 야기한다. 즉 상대방 보호를 위하여 그 스스로가 법률관계를 조속하게 확정할 방안이 필요한 것이다. 이에 민법은 무권대리의 상대방에게 최고권과 철회권을 부여한다.

(2) 상대방의 최고권

무권대리행위의 상대방은 상당한 기간을 정하여 본인에게 그 추인 여부의 확답을 최고 할 수 있다. 본인이 그 기간 내에 확답을 발하지 않은 때에는 추인을 거절한 것으로 본다(제131조). 즉 최고에 대한 추인의 의사표시는 당연히 도달하여야 하며 추인의 효력 발생시기는 추인의 의사표시가 발송된 때로 소급한다.

(3) 상대방의 철회권

대리행위의 상대방은 본인의 추인이 있을 때까지 본인이나 그 대리인에 대하여 자신의 의사표시를 철회할 수 있다(제134조 전문). 상대방의 철회권 행사로 무권대리행위는 무효로 확정된다. 따라서 본인은 무권대리인의 행위를 추인하지 못한다. 다만 상대방이 계약 당시에 대리권 없음을 안 때에는 철회권을 행사하지 못한다(제134조 후문).

4. 상대방에 대한 무권대리인의 책임

(1) 의의

대리행위를 한 무권대리인이 자신의 대리권을 증명하지 못하고 또 본인의 추인을 받지도 못한 경우 그는 상대방의 선택에 따라 계약을 이행하거나 무권대리행위로 발생한 상대방의 손해를 배상하여야 한다(제135조 제1항).

(2) 법적 성질

법정책임에 해당하는 무권대리인의 책임에 귀책사유가 요구되는가에 대하여 판례는 이를 부정한다.[1] 따라서 무권대리행위가 소유자 본인을 사칭하는 제3자의 기망이나 문서위조 등 위법행위로 야기되었다고 하더라도 무권대리인의 책임은 부정되지 않는다는 입장이다.[2] 권리의 하자에 대한 무과실책임의 원칙(제547조)에 비추어 대법원의 태도는 일단 이해가 되나 이는 신뢰이익과 관련한 손해배상에 대해서만 설득력이 있을 뿐이다. 이행청구나 이행이익으로서의 손해배상청구의 선택채권을 상대방에게 부여하는 것은 무권대리인에게 과실이 있는 경우로 제한되어야 한다.

1) 대판 1962. 4. 12., 4294민상1021.
2) 대판 2014. 2. 27., 2013다213038.

(3) 책임의 요건

무권대리인이 상대방에 대하여 책임을 부담하는 요건은 ① 자신의 대리권을 증명할 수 없거나 본인의 추인이 없어야 하고 ② 무권대리인의 과실이 인정되어야 하며 ③ 상대방이 대리인의 대리권 없음을 알지 못하였고 그에 대한 과실이 없어야 한다. 또한, ④ 대리인이 행위능력자여야 한다. 무권대리인은 책임에서 벗어나기 위하여 자신의 대리권뿐만 아니라 상대방이 무권대리에 대하여 알았거나 알 수 있었던 사실[1], 나아가 자신이 행위제한능력자임을 모두 입증하여야 한다.

표현대리의 경우 무권대리인에게 책임을 물을 수 없다는 견해[2]가 있으나, 표현대리를 무권대리의 한 유형으로 보는 이상[3] 이를 부정할 근거가 박약하다. 상대방의 입장에서는 표현대리를 입증하는 것이 쉽지 않기 때문에 무권대리라는 것이 확인되면 무권대리를 주장하여 무권대리인에게 책임을 묻는 것이 더 용이할 수 있다.

(4) 책임의 내용

무권대리인은 상대방의 선택에 따라 계약을 이행하거나 손해를 배상하여야 한다.

---

1) 대판 1962. 1. 11., 4294민상202.

2) 이은영, 민법총칙, 2009, 651면.

3) 대판(전) 1983. 12. 13., 83다카1489.

1) 계약의 이행

상대방이 계약의 이행을 선택한 경우 무권대리인은 유효한 계약을 전제로 본인이 상대방에게 부담하였을 것과 같은 내용의 채무를 이행할 책임이 있다. 무권대리인은 마치 자신이 계약의 당사자가 된 것처럼 계약에서 정한 채무를 이행할 책임을 지는 것이다. 그리고 무권대리인이 계약에서 정한 채무를 이행하지 않으면 상대방에게 채무불이행에 따른 손해배상책임을 진다. 만약 대리행위를 통한 계약에서 채무불이행에 대비하여 손해배상액의 예정액을 정한 경우 무권대리인은 채무불이행으로 이를 지급하여야 하며, 손해배상예정액의 감액 등에 관한 민법 제398조도 당연히 적용된다.[1)]

2) 손해배상

무권대리인의 상대방이 손해배상을 선택한 경우 무권대리인은 무권대리행위로 인하여 발생한 상대방의 손해를 배상하여야 한다. 배상의 성질 및 범위와 관련하여 통상 이행이익배상을 하여야 하는 것으로 설명하나[2)], 이행과 손해배상 중에 선택하는 상대방의 입장에서는 이행은 계약의 이행 및 그에 대한 채무불이행책임으로 충분하므로, 오히려 손해배상은 신뢰이익배상으로 보는 것이 합리적이며 상대방 보호에도 타당하다.

---

1) 대판 2018. 6. 28., 2018다210775.

2) 곽윤직/김재형, 민법총칙(민법강의Ⅰ), 2019, 378면.

5. 단독행위와 무권대리

무권대리인이 상대방 없는 단독행위를 하는 경우에 보호받을 상대방이 없으므로 무권대리인의 책임 문제는 발생하지 않는다. 반면 상대방이 있는 단독행위의 경우에 대하여 민법은 능동대리의 경우에는 상대방이 대리행위에 동의하거나 대리권을 다투지 아니할 때, 수동대리의 경우에는 무권대리인의 동의를 얻어 단독행위를 한 때에 무권대리에 관한 조항을 적용하도록 하고 있다(제136조). 이 규정에 따르면 예를 들어 능동대리의 경우에 무권대리인이 채무면제의 의사표시를 하는 경우 상대방이 이에 동의하거나 대리권을 다투지 않았다면 상대방은 무권대리인에 대하여 채무의 면제가 되는 상황, 즉 본인의 채무를 인수하거나 무권대리인이 본인의 채무를 변제하도록 하는 것과 같은 이행을 청구할 수 있게 된다(제135조).

Ⅶ. 표현대리

1. 일반론

(1) 의의

표현대리란 대리권 없는 자의 대리행위임에도 불구하고 대리권이 부여된 것과 같은 외관이 존재하고 상대방이 이러한 외관을 정당하게 신뢰한 경우 유권대리의 외관을 창출한 것에 기여한 본인에게 상대방에 대한 책임을 지도록 하는 제도이다. 대리인을 통한 활동 영역의 확장으로 이익을 얻는 본인이 그로 인하여 발생하는 무권대리의 위험도 스스로 지도록 함으로써 거래의 안전을 보호하고 대리제도의 활성화에 기여하려는 취지이다. 민법은 표현대리를 대리권 수여의 표시에 의한 표현대리(제125조), 권한을 넘는 표현대리(제126조), 대리권 소멸 후의 표현대리(제129조)로 나누어 규율한다.

(2) 법적 성질

표현대리의 법적 성질에 대하여 유권대리의 일종으로 보는 소수의 견해[1)]도 있으나 통설과 판례는 무권대리로 본다.[2)] 따라서 유권대리의 주장 속에는 표현대리의 주장도 포함되었다고 볼 수 없고, 당사자는 무권대리에 관한 규정을 원용할 수도 있다.[3)] 예를 들어 본인은 표현대리를 추인하여 확정적으로 효력을 주장할 수도 있고(제130조), 무권대리의 사실을 사후에 알게 된 상대방도 본인의 추인 전에 철회를 통하여 본인과의 법률관계에서 벗어날 수 있게 된다(제134조). 상대방이 표현대리를 주장하여 인정된 경우에는 무권대리인에게 더이상 제135조의 책임을 물을 수 없다고 보아야 할 것이다.

2. 대리권 수여의 표시에 의한 표현대리

(1) 의의

제3자에 대하여 타인에게 대리권을 수여했다고 표시한 자는 이를 믿고 타인과 대리권의 범위 내에서 법률행위를 한 제3자에 대하여 책임을 져야 한다(제125조). 즉 제3자와 대리행위를 한 자가 실제로는 대리권이 없는 무권대리인이었더라도 대리권의 수여를 표시한 자는 대리행위로 인하여 발생한 효력을 본인으로서 인정하여야 한다.

1) 이영준, 한국민법론(총칙편), 2003, 524면.
2) 대판(전) 1983. 12. 13., 83다카1489.
3) 곽윤직/김재형, 민법총칙(민법강의Ⅰ), 2019, 364면.

(2) 요건

1) 대리권 수여의 표시

본인이 타인에게 대리권을 수여한다는 것을 제3자에게 표시하여야 한다.[1] 대리권 수여의 표시의 방법은 제한이 없다. 자신의 명의를 사용하도록 하는 것도 대리권 수여의 표시가 되며[2] 사용자가 타인이 특정 직함을 사용하도록 허락하거나 이를 묵인하는 것도 여기에 해당한다.[3] 따라서 호텔 등의 시설이용 우대회원 모집계약을 체결하면서 자신의 판매점, 총대리점 또는 연락사무소 등의 명칭을 사용하여 회원모집 안내를 하거나 입회계약을 체결하는 것을 승낙 또는 묵인하였다면 민법 제125조의 표현대리가 성립한다. 반면 위임장이나 인감증명이 없이 토지에 대한 매매계약서의 매도인란에 무인을 찍어 타인에게 교부한 것만으로는 대리권 수여의 표시가 있다고 할 수 없다.[4]

제3자는 대리행위의 상대방이 될 수 있는 자로 특정인일 수도 있고 광고를 통한 일반인일 수도 있다. 대리권 수여의 표시는 철회할 수 있지만, 대리권 수여를 표시하였던 방법과 동일한 방법에 따라야 한다.[5]

---

1) 대판 2007. 8. 23. 2007다23425.
2) 대판 1964. 4. 7., 63다638.
3) 대판 1998. 6. 12., 97다53762.
4) 대판 2001. 8. 21., 2001다31264.
5) 곽윤직/김재형, 민법총칙(민법강의Ⅰ), 2019, 365면.

2) 표시된 대리권 내의 대리행위

무권대리인은 표시된 대리권 내의 대리행위를 하여야 한다. 표시된 범위를 넘는 대리행위를 할 때는 제125조가 아니라 제126조가 적용된다.

3) 통지의 수령자와의 대리행위

대리권 수여의 통지의 상대방과 대리권이 수여된 것으로 통지된 자 사이에 대리행위가 있어야 한다. 즉 대리권 수요의 통지를 받지 못한 사람과 무권대리인이 법률행위를 할 때는 제125조의 표현대리가 적용될 여지가 없다.

4) 상대방의 선의와 무과실

대리행위의 상대방은 대리인이 대리권 없음을 몰랐고 모르는 데에 과실이 없어야 한다. 상대방의 선의나 무과실은 본인이 입증하여야 한다.

> "중개인이 본인인 회사에게 오피스텔의 분양 희망자를 중개하여 주고 그 대가로 회사로부터 수수료만을 지급받기로 하였고, 분양계약서의 작성 및 분양대금 수납은 회사에서 직접 관리하였으며, 중개인은 오피스텔을 분양받고자 하는 자가 있으면 그를 오피스텔 내에 있는 회사 분양사무소에 데리고 가서 분양대금을 지급하고 회사 명의의 계약서를 작성하여 받아오는 방식을 취하였고, 상대방의 매매계약서도 그러한 방식에 의하여 작성되었다면, 상대방이 중개인에게 지급한 매매대금에 대한 영수증이 회사의 명의로 발행되지 아니하고 중개인 명의로 발행된 경우, 오피스텔을 분양받으려는 상대방으로서는 본인에게 중개인의 대리권 유무를 확인하여 보았더라면 그가 단순한 중개인에 불과하고 오피스텔의 매매대금을 수령할 대리권이 없다는 점을 쉽게 알 수 있었을 것임에도 이를 게을리한 과실이 있고, 나아가 본인이 중개인에게 오피스텔의 분양중개를 부탁한 것

을 가지고 오피스텔 분양에 관련한 어떤 대리권을 수여한 것이라고 볼 수도 없어서 민법 제125조의 표현대리에 해당하지 않는다."[1]

(3) 효과

제125조의 표현대리가 인정되면 대리행위의 효과는 본인에게 발생한다. 본인은 대리행위에 따른 이행책임을 부담하며 상대방에 대하여 권리를 취득한다.

(4) 적용범위

제125조의 표현대리는 본인에 의하여 대리권을 수여하는 임의대리의 경우에만 적용된다. 법정대리는 대리권이 법률의 규정에 따라 수여되기 때문에 본인에 의한 대리권수여의 표시가 있게 될 여지가 없다.

나아가 대법원은 임의대리인이 복대리인의 선임을 제3자에게 표시한 때도 제125조의 표현대리를 인정하였다. 즉 甲이 X 토지를 丙에게 매도한 후 丙이 丁과 함께 甲의 대리인 乙에게 와서 소유권이전등기를 할 수 있는 서류를 해주면 다른 곳에서 융통하여 잔금을 갚겠다고 요청하자 乙이 그들에게 등기권리증, 甲의 인감증명, 주민등록표, 근저당권설정계약서, 위임장, 담보물동의서 각 1통에 甲의 도장을 찍어 주자 丁이 이를 활용해 X 토지에 대하여 戊 명의로 근저당권 설정등기를 경료한 경우, 대리인 乙의 복대리인 선임은 복임권 없이 이루어진 것으로 丁은 甲의 복대리인이 되지 못하여 무권대리에 해당하지만, 위임장, 인감증명, 근저당권설정계약서 등을 확인한 戊

1) 대판 1997. 3. 25., 96다51271.

에게는 丁이 甲의 대리인이라고 믿은 데에 과실이 없으므로 제125조의 표현대리가 성립한다.[1]

3. 권한을 넘는 표현대리

(1) 의의

대리인이 대리권한을 넘는 대리행위를 하였더라도 이를 정당하게 믿은 상대방에 대하여 본인이 책임을 져야 한다는 것이 권한을 넘는 표현대리이다(제126조). 월권대리라고도 한다.

(2) 요건

1) 기본대리권

권한을 넘은 표현대리는 대리권자가 대리권의 범위를 넘어서 대리행위를 한 것이므로 원칙적으로 대리행위자에게 대리권이 있어야 한다. 이러한 기본대리권이 전혀 존재하지 않는 경우 제126조의 표현대리 규정은 적용되지 않는다.[2] 반면 기본대리권이 존재하면 되고 기본대리권과 실제 행사된 권한을 넘는 대리권이 동일한 종류이거나 유사할 필요는 없다. 대출신청을 위하여 인감도장을 교부하였는데 그

1) 대판 1979. 11. 27., 79다1193.

2) 이에 관하여 판례는 "기본적인 어떠한 대리권도 없는 자에 대하여 대리권한의 유월 또는 소멸 후의 표현대리관계는 성립할 여지가 없는 것인바 피고가 소외 甲의 원고와의 상거래에 대한 재정보증서와 그에 필요한 인감증명서 및 납세증명서를 甲의 언니인 소외 乙에게 우송하였음에 지나지 아니한 것이라면 乙이 자기가 甲이라고 참칭하고 원고와 상거래를 함에 있어 위 재정보증서 등을 사용하였다는 사실만으로서는 위 乙이 피고로부터 표현대리를 인정할 기본적 대리권을 수여받은 것이라고 볼 수 없다"고 보았다; 대판 1984. 10. 10., 84다카780.

인감도장으로 연대보증계약을 체결하는 경우[1], 대지에 대한 분할등기절차의 공법상 사무를 위임하면서 필요한 서류를 주었는데 사법상의 근저당권설정등기가 된 경우[2] 등에도 제126조의 표현대리가 긍정된다. 또한, 부부 사이의 일상가사대리와 같은 법정대리권도 제126조의 기본대리권이 될 수 있다고 보며[3], 제125조의 표현대리와 제129조의 표현대리도 기본대리권으로 인정된다. 즉 제125조나 제129조의 표현대리가 인정되면서 그 대리권한을 넘은 경우에도 제126조가 적용된다. 외관을 창출한 것에 대한 책임과 거래의 안전을 보호한다는 취지에서 보면 이러한 이중적 표현대리를 부정할 이유는 없을 것이다.

"대리인이 사자 내지 임의로 선임한 복대리인을 통하여 권한 외의 법률행위를 한 경우, 상대방이 그 행위자를 대리권을 가진 대리인으로 믿었고 또한 그렇게 믿는 데에 정당한 이유가 있는 때에는, 복대리인 선임권이 없는 대리인에 의하여 선임된 복대리인의 권한도 기본대리권이 될 수 있을 뿐만 아니라, 그 행위자가 사자라고 하더라도 대리행위의 주체가 되는 대리인이 별도로 있고 그들에게 본인으로부터 기본대리권이 수여된 이상, 민법 제126조를 적용함에 있어서 기본대리권의 흠결 문제는 생기지 않는다."[4]고 하여 대법원은 복대리인 및 사자에 의한 제126조의 표현대리도 성립할 수 있음을 인정하고 있다.

2) 권한을 넘는 대리행위

대리인의 권한을 넘은 대리행위가 있어야 한다. 대리행위가 되기 위하여서는 원칙적으로 본인을 위한 것임을 표시하여야 하므로, 본

1) 대판 1998. 3. 27., 97다48982.
2) 대판 1968. 11. 26., 68다999.
3) 대판 1998. 7. 10., 98다18988.
4) 대판 1998. 3. 27., 97다48982.

인의 성명을 모용하여 마치 자기가 본인인 것처럼 직접 법률행위를 한 경우에 특별한 사정이 없는 이상 권한을 넘는 표현대리는 성립될 수 없다. 따라서 아내가 제3자를 남편으로 가장시켜 관련 서류를 위조하여 남편 소유의 부동산을 담보로 금원을 대출받은 경우, 남편에 대한 민법 제126조 소정의 표현대리책임은 부정된다.[1] 반면 본인으로부터 대리권을 수여받은 대리인이 본인으로 행동하여 상대방과 법률행위를 한 경우에는 본인과 상대방 사이의 법률효과를 부정할 특별한 사정이 없는 이상 본인에게 법률행위의 효력이 발생한다. 상대방이 법률행위의 상대방을 본인이 아닌 대리인과 해야 할 특별한 사정이 없는 이상, 대리인이나 본인 모두 그 법률행위의 효과를 본인에게 발생하도록 할 의사가 있었기 때문이다. 따라서 본인으로부터 대리권을 수여받은 대리인이 본인으로 행동하였고 상대방도 대리인을 본인으로 알고 있는 상황에서 대리인이 권한을 넘는 행위를 한 경우에도 제126조의 규정이 유추적용된다. 대법원은 본인으로부터 아파트에 관한 임대 등 일체의 관리권한을 위임받아 본인으로 가장하여 아파트를 임대한 대리인이 임차인에게 아파트를 매도하는 법률행위를 한 경우에 권한을 넘은 표현대리의 법리가 유추 적용된다는 입장이다.[2]

3) 정당한 이유

상대방이 대리권 내의 대리행위라고 믿은 데에 정당한 이유가 있어야 한다. 민법 제126조는 제125조와 제129조와 달리 선의, 무과실을 요건으로 하지 않고 정당한 이유가 있어야 함을 규정하고 있음

1) 대판 2002. 6. 28., 2001다49814.
2) 대판 1993. 2. 23., 92다52436.

에도 판례는 정당한 이유가 다른 표현대리와 동일하게 선의, 무과실을 의미하는 것으로 해석한다. 하지만 정당한 이유는 선의, 무과실보다 객관적인 지표를 요구하는 것으로, 보다 적극적인 의미가 있다고 보아야 할 것이다. 예를 들어 인감도장과 인감증명이 있는 경우와 같이 상대방이 대리인에게 대리권이 있음을 보다 명확하게 인식할 수 있는 상황이 있어야 한다. 이러한 측면에서 민법은 정당한 이유라는 보다 적극적인 사유를 요건을 규정하고 있고 나아가 이에 대한 입증책임도 상대방에게 지우고 있다.[1)]

> "부부간에 서로 일상가사대리권이 있다고 하더라도, 일반적으로 처가 남편이 부담하는 사업상의 채무를 남편과 연대하여 부담하기 위하여 남편에게 채권자와의 채무부담약정에 관한 대리권을 수여한다는 것은 극히 이례적인 일이라 할 것이고, 채무자가 남편으로서 처의 도장을 쉽사리 입수할 수 있었으며 채권자도 이러한 사정을 쉽게 알 수 있었던 점에 비추어 보면, 채무자가 채권자를 자신의 집 부근으로 오게 한 후 처로부터 위임을 받았다고 하여 처 명의의 채무부담약정을 한 사실만으로는 채권자가 남편에게 처를 대리하여 채무부담약정을 할 대리권이 있다고 믿은 점을 정당화할 수 있는 객관적인 사정이 있다고 할 수 없다."[2)]

정당한 이유의 존재 여부는 대리행위 당시에 존재하는 제반 사정을 객관적으로 관찰하여 판단하여야 한다.[3)] 따라서 부동산 매도를 위임받은 대리인이 자신의 채무 지급에 갈음하여 그 부동산에 관하여 대물변제계약을 체결한 사안에서, 그 계약 체결 이후에 비로소 본인으로부터 소유권이전등기에 필요한 서류와 인감도장을 교부받았다면 상대방이 대리인에게 위 부동산을 대물변제로 제공할 대리권이

---

1) 대판 1968. 6. 18., 68다694.
2) 대판 2002. 6. 28., 2001다49814.
3) 대판 1987. 7. 7., 86다카2475.

있다고 믿은 데에 정당한 이유가 있다고 할 수 없다.[1]

(3) 효과

본인은 대리인의 월권대리행위에 대하여 상대방에게 책임을 진다(제126조).

(4) 적용범위

제126조의 표현대리는 임의대리뿐만 아니라 법정대리의 경우에도 적용되어 부부 사이의 일상가사대리권을 기본대리권으로 하는 경우[2], 법정대리인으로서의 후견인이 대리행위를 하는 경우[3]에도 본인이 책임을 질 수 있다.

4. 대리권 소멸 후의 표현대리

(1) 의의

대리권이 소멸한 후에도 이를 알지 못하는 상대방에 대하여 본인이 책임을 지는 경우를 대리권 소멸 후의 표현대리라고 한다(제129조).

1) 대판 2009. 11. 12., 2009다46828. 이 사안에서는 본인에 의한 추인도 부정한다.
2) 대판 1998. 7. 10., 98다18988.
3) 대판 1997. 6. 27., 97다3828.

(2) 요건

1) 대리권의 소멸

대리권을 가지고 있었던 대리인의 대리권이 소멸하여야 한다. 대리권이 완전히 소멸한 것이 아니라 그 범위가 축소된 경우에는 대리인이 대리권을 가지고 있으므로 제126조의 표현대리를 적용하는 것이 타당하다.

2) 대리행위

대리권이 소멸한 대리인이 대리행위를 하였어야 한다. 대리행위는 대리권이 소멸하기 이전에 했던 것과 동일한 내용이어야 한다. 따라서 대리권 소멸 이전의 대리권의 범위를 넘어서는 경우에는 제126조의 표현대리가 적용된다.

3) 상대방의 선의, 무과실

상대방이 대리권의 소멸 사실을 몰랐고 그에 대하여 과실이 없어야 한다. 이에 대한 입증책임은 본인이 부담한다.

(3) 효과

대리권 소멸 후의 법정대리는 본인에 대하여 효력이 있다.

(4) 적용범위

대리권 소멸 후의 표현대리는 임의대리뿐만 아니라 법정대리에도 적용된다. 따라서 미성년자 甲의 재산을 그의 모친 乙이 법정대리인으로서 계속 관리해 왔고, 甲이 성년이 된 이후에도 타지에서 학업을 계속하는 관계로 乙이 대리인으로 甲의 토지 등을 처분하여 甲의 학비 및 채무정리 등에 사용해 온 상황에서 乙이 甲의 X 토지를 丙에게 처분하였다면 그 처분행위는 본인에 대하여도 효력이 있다.[1)]

또한 대리인이 대리권 소멸 후 직접 상대방과 사이에 대리행위를 하는 경우는 물론 대리인이 대리권 소멸 후 복대리인을 선임하여 복대리인에게 상대방과 사이에 대리행위를 하도록 한 경우에도, 상대방이 대리권 소멸 사실을 알지 못하여 복대리인에게 적법한 대리권이 있는 것으로 믿었고 그와 같이 믿은 데 과실이 없다면 민법 제129조에 의한 표현대리가 성립할 수 있다.[2)]

1) 대판 1975. 1. 28. 74다1199.

2) 대판 1998. 5. 29., 97다55317.

제5장

법률행위의 무효와 취소

Ⅰ. 서설

법률행위가 사회질서에 반하거나(제103조) 불공정한 경우(제104조), 의사표시가 비진의이거나(제107조) 통정에 의한 허위표시(제108조)인 경우 그 법률행위나 의사표시는 무효이다. 또한 행위제한능력자가 법정대리인의 동의 없이 법률행위를 하거나(제5조 이하), 착오나 사기·강박으로 의사표시를 하는 경우(제109조 이하) 그 법률행위나 의사표시는 취소할 수 있다. 그런데 민법은 무효나 취소가 구체적으로 어떠한 의미를 갖는지에 대하여 관련 조항에서 언급하고 있지 않는다. 오히려 무효와 취소에 관하여 별도의 절(제137조부터 제147조)을 두어 그 구체적인 효력을 통합하여 규율하는 태도를 취한다.

무효는 법률행위가 처음부터 효력을 발생하지 않는 것이다. 반면 취소는 법률행위가 일단 효력을 발생하나 취소의 의사표시로 소급하여 무효가 되는 것이다. 법률행위를 무효로 하는 것은 법률이 그 법률행위의 효력을 인정할 수 없다고 판단하는 경우이다. 반면 취소권자에게 법률행위를 취소할 수 있도록 하는 것은 그 법률행위의 효력을 특정인의 선택에 맡겨도 무방하다고 여기기 때문이다. 그러나 법률행위를 무효로 할 것인지 혹은 취소할 수 있는 것으로 할 것인지에 대한 명백한 객관적 기준은 없다. 입법자의 정책적인 결단에 따른 것으로 이해된다.

Ⅱ. 법률행위의 무효

1. 개념

법률행위의 무효란 법률행위가 형식적으로 존재함에도 불구하고 효력이 발생하지 않는 것을 말한다. 효과를 부여하지 않는 이유는 다양하다. 법률행위의 의미를 이해하지 못하는 의사무능력자의 법률행위인 경우, 법률행위의 내용이 당사자의 의도에 일치하지 않거나 실현불가능한 경우, 법률효과를 부여하는 것이 사회적으로 용인되지 않거나 사회에 위협이 되는 경우 혹은 법률에 위배되는 경우 등이 있다.

2. 무효와 불성립

법률행위의 무효는 법률행위의 불성립과 구별된다. 법률행위의 불성립은 법률행위를 구성하는 필수적 요건이 전부 혹은 일부 결여된 경우이다. 대표적으로 당사자가 정해지지 않았거나 의사표시가 없거나 법률행위의 내용이 확정되지 않는 경우 등이다. 반면 법률행위의 무효는 이러한 필수적 요건이 갖추어져 있기는 하나 그 법률행위에 효력을 부여하지 않는 경우이다.

두 경우 모두 법률행위에도 불구하고 당사자가 의욕하는 결과가 나타나지 않는다는 점은 동일하지만 법리적으로 분명한 차이를 보인다. 법률행위가 무효인 경우에는 형식적으로 법률행위의 요건을 갖추고 있기에 그 상태로 유효한 법률행위로의 전환이나 추인도 가능하며 법률행위의 무효사유가 소멸하게 되면 자동으로 효력을 가질 수도 있다. 예를 들어 국토이용관리법상 토지거래허가구역으로 지정된 토지에 대한 거래계약이 유동적 무효인 상태에서 그 토지에 대한 토지거래허가구역 지정이 해제되거나 허가구역 지정기간이 만료되었음에도 허가구역 재지정을 하지 아니한 경우, 그 토지거래계약은 확정적으로 효력을 갖게 된다.[1]

반면 법률행위의 불성립은 법률행위가 존재하기 위한 필수적인 요소가 없기 때문에 부족한 요소를 추가로 보충하지 않는 한 그 자체로는 효력을 갖게 될 여지가 전혀 없다.

법률행위의 무효는 그 무효를 주장하는 자가 그 사유를 입증하여야 하지만 법률행위의 필수적 요소가 존재한다는 점에 대한 입증책임은 그 효력을 주장하는 자가 부담한다.

3. 무효의 종류

(1) 절대적 무효와 상대적 무효

절대적 무효는 법률행위의 무효를 누구나 주장할 수 있는 경우를 말한다. 무효는 원칙적으로 절대적 무효이다.

반면에 상대적 무효는 무효의 효과가 특정인과 특정인 사이에서만 발생하는 경우를 말한다. 즉 해당 특정인들 사이 이외에는 법률행위의 효력이 여전히 효력을 갖는다. 우리 민법은 명시적으로 이에 관한 규정을 두고 있지 않다.[2] 그럼에도 학설[3]은 무효에 대한 선의의 제3자 보호규정을 상대적 무효의 법리로 설명하나 타당하지 않다. 법률행위가 당사자 사이에 무효이더라도 선의의 제3자라는 이유

---

1) 대판(전) 1999. 6. 17., 98다40459.

2) 독일 민법은 제135조에서 "처분금지규정에 위반하여 특정물의 처분이 이루어졌고 그 규정이 특정인의 보호만을 위한 것이라면, 처분은 그 특정인에 대하여서만 효력이 없다"고 규정하여 법률행위의 상대적 무효를 규성하고 있다.

3) 곽윤직/김재형, 민법총칙(민법강의I), 2019, 384면.

로 제3자의 법률행위가 보호를 받게 되면 당사자 사이의 법률행위도 확정적으로 효력을 갖게 되고 따라서 어디에서도 무효의 문제가 발생하지 않기 때문이다. 대법원은 이러한 점을 명확히 하고 있다. 즉 "상대방과 통정한 허위의 의사표시는 무효이고 누구든지 그 무효를 주장할 수 있는 것이 원칙이나, 허위표시의 당사자 및 포괄승계인 이외의 자로서 허위표시에 의하여 외형상 형성된 법률관계를 토대로 실질적으로 새로운 법률상 이해관계를 맺은 선의의 제3자에 대하여는 허위표시의 당사자뿐만 아니라 그 누구도 허위표시의 무효를 대항하지 못하고, 따라서 선의의 제3자에 대한 관계에 있어서는 허위표시도 그 표시된 대로 효력이 있다"[1] 다만 판례는 채권자취소권의 행사로 인하여 발생하는 법률행위의 무효는 취소채권자와 취소의 상대방인 수익자 또는 전득자에 대한 관계에서만 효력이 없다고 보아 상대적 무효론을 취한다.[2]

(2) 전부무효와 일부무효

법률행위 내용의 전부가 무효인 경우를 전부무효라고 하고 법률행위 내용 중의 일부만 무효인 경우를 일부무효라고 한다.

민법은 법률행위의 일부가 무효인 때에도 원칙적으로 그 법률행위의 전부를 무효로 하고 있다. 다만 그 무효부분이 없더라도 법률행위를 하였을 것이라고 인정될 때에는 나머지 부분은 무효가 되지 않는다(제137조). 일반적으로 토지와 그 지상의 건물은 법률적인 운명을 같이 하게 하는 것이 거래의 관행이고 당사자의 의사나 경제의 관념에도 합치되므로 토지거래규제구역 내의 토지와 지상 건물을 일괄

1) 대판 1996. 4. 26., 94다12074.

2) 대판 1990. 10. 30., 89다카35421. 자세한 사항은 채권총론에서 다룬다.

하여 매매한 경우 매수인이 토지에 관한 당국의 거래허가가 없으면 건물만이라도 매수하였을 것이라고 볼 수 있는 특별한 사정이 있는 경우 외에 토지에 대한 매매거래허가를 받기 전의 상태에서는 지상 건물에 대한 매매계약도 무효라고 보아야 하므로 그 거래계약 내용에 따른 이행청구 내지 채무불이행으로 인한 손해배상청구를 할 수 없다.[1)]

법률행위 일부가 법률의 금지규정에 위반되어 무효가 되는 경우 원칙적으로 제137조를 준용하여 전부무효로 하되, 그 금지규정의 입법 취지에 비추어 그러한 결과가 부당하다면 일부분만을 무효로 한다.[2)] 민법은 법률행위 내용의 일부가 무효인 경우에 그 부분만을 무효로 한다는 규정을 두고 있다. 예를 들어 제312조는 "전세권의 존속기간은 10년을 넘지 못한다"고 규정하여 전세권설정계약 전부가 아니라 단지 그 존속기간에 관한 내용만을 무효로 한다. 그 외에도 제591조 제1항은 환매의 약정기간이 법률이 정한 기간을 넘는 경우 법률의 기간으로 단축하여 효력을 유지시킨다. 특별법으로 이자제한법 제2조(이자의 최고한도) 제3항, 약관의 규제에 관한 법률(이하, 약관규제법) 제16조 등도 무효인 부분만을 효력이 없는 것으로 보고 있다. 특히 소비자 보호를 목적으로 하는 약관규제법 제16조는 약관으로 체결되는 계약의 경우 "유효한 부분만으로는 계약의 목적 달성이 불가능하거나 그 유효한 부분이 한쪽 당사자에게 부당하게 불리한 경우에는 그 계약은 무효로 한다"고 하여 민법과 반대의 태도를 취한다.

일부무효의 법리는 일부불능의 경우에도 유추적용된다. 따라서 계약의 일부가 불능인 경우에 전부불능으로 보아 계약전부를 해제할

1) 대판 1994. 1. 11., 93다22043.
2) 대판 2004. 6. 11., 2003다1601.

수 있고, 불능을 제외한 나머지 부분만으로도 계약을 체결하였을 것이라고 인정되는 경우에는 그 계약 부분만을 해제할 수 있다.

제137조는 일부취소에도 적용된다. 따라서 법률행위의 일부분에 관한 착오가 있는 경우에는 법률행위의 전부를 취소하는 것이 원칙이나 그 법률행위가 가분적이거나 그 목적물의 일부가 특정될 수 있고 나머지 부분이라도 이를 유지하려는 당사자의 가정적 의사가 인정되는 경우 그 일부만의 취소도 가능하다고 할 것이고, 그 일부의 취소는 법률행위의 일부에 관하여 효력이 생긴다고 할 것이다.[1] 예를 들어 연대보증계약이 제3자의 기망행위에 의하여 체결되어 적법하게 취소되었다고 하더라도 연대보증계약에 따른 보증책임이 금전채무로서 채무의 성격상 가분적이고, 보증인에게 보증한도를 금 3천만 원으로 하는 가정적 보증의사가 인정되는 이상 보증인의 연대보증계약의 취소는 금 3천만 원을 초과하는 범위 내에서만 그 효력이 생긴다.[2] 반면 대법원은 "매매계약 체결시 토지의 일정 부분을 매매 대상에서 제외시키는 특약을 한 경우, 이는 매매계약의 대상 토지를 특정하여 그 일정 부분에 대하여는 매매계약이 체결되지 않았음을 분명히 한 것으로써 그 부분에 대한 어떠한 법률행위가 이루어진 것으로는 볼 수 없으므로, 그 특약만을 기망에 의한 법률행위로서 취소할 수는 없다"는 입장이다.[3]

1) 대판 1990. 7. 10., 90다카7460.
2) 대판 2002. 9. 10., 2002다21509.
3) 대판 1999. 3. 26., 98다56607.

(3) 확정적 무효와 유동적 무효

무효인 법률행위는 확정적 무효가 되는 것이 원칙이다. 따라서 그 법률행위를 당사자가 추인하더라도 추인된 새로운 법률행위가 있을 뿐이며(제139조) 무효인 법률행위가 다른 법률행위의 요건을 충족한 경우에도 무효인 법률행위가 효력을 갖게 되는 것은 아니고 다른 유효한 법률행위로서 효력을 인정받을 뿐이다(제138조).

반면 무효인 법률행위이지만 법률행위의 내용과 관련이 없는 다른 추가적인 요건이 충족되면 소급하여 그 법률행위대로 효력이 부여되는 경우도 있다.[1] 대표적인 경우로 판례에 의하여 인정되는 토지거래허가구역 내의 토지에 대한 거래를 들 수 있다. 즉 허가구역 내의 토지소유권 등 권리를 이전 또는 설정하는 내용의 거래계약은 일단 허가를 받으면 그 계약은 소급하여 유효한 계약이 되고, 불허가된 때에는 무효로 확정되므로 허가를 받기까지는 유동적 무효의 상태에 있다.[2] 따라서 관할 관청의 거래허가를 받아 매매계약이 소급하여 유효한 계약이 되기 전까지 당사자는 서로 소유권 이전이나 대금 지급과 관련하여 어떠한 내용의 이행청구를 할 수 없으며, 일방 당사자는 채무불이행을 이유로 하여 계약을 해제할 수도 없다.[3]

---

1) 유사한 경우로 정지조건부나 시기부 법률행위가 있으나 이 두 경우는 무효인 법률행위라기보다는 조건의 성취나 기한의 도래 때까지 효력발생이 정지된 경우라고 보는 것이 더 정확하다.

2) 대판(전) 1991. 12. 24., 90다12243.

3) 대판 2010. 5. 13., 2009다92685.

4. 무효행위의 전환

(1) 의의

무효행위의 전환이란 무효인 법률행위가 다른 법률행위의 요건을 갖추고 있고 당사자가 그 무효를 알았더라면 그 다른 법률행위를 의욕하였으리라고 인정될 때에 그 다른 법률행위의 효력을 인정하는 것을 말한다(제138조).

무효인 법률행위는 확정적으로 무효이므로 원칙적으로 유효한 법률행위가 될 수 없다. 하지만 그 법률행위가 다른 법률행위의 요건을 충족하고 있고 그 다른 법률행위에 대한 효력발생이 당사자의 가정적 의사에 부합한다면 그 의사대로 효력을 인정하는 것이 타당하다. 무효행위의 전환은 이러한 점에서 가정적 의사표시를 통하여 법률행위 효력유지의 원칙을 실현하는 제도라고 볼 수 있다.

(2) 요건

무효행위의 전환이 있기 위하여서는 먼저 무효인 법률행위가 있어야 하고, 그 법률행위가 다른 법률행위의 요건을 갖추고 있어야 하며, 법률행위의 무효를 알았더라면 요건이 충족된 법률행위를 하였으리라는 당사자의 가정적 의사가 있어야 한다. 이러한 요건은 법률행위의 일부무효와 구별된다. 즉 법률행위의 일부무효는 특정한 법률행위의 일부분이 무효인 경우이지만 무효행위의 전환에서는 종래의 전부무효인 법률행위와 가정적 의사에 기초한 새로운 유효한 법률행위라는 두 개의 법률행위가 상정되는 것이다.

(3) 효과

무효인 법률행위는 당사자가 그 법률행위의 무효를 알았더라면 의욕하였을 다른 법률행위의 효력을 발생시킨다. 무효행위가 전환된 새로운 법률행위의 효력은 가정적 의사에 의하여 그 법률행위가 이루어졌을 시기에 효력을 갖게 된다.

(4) 구체적인 경우

민법은 무효행위의 전환이 인정되는 구체적인 경우를 유언과 관련하여 규정하고 있다. 즉 엄격한 요식행위인 유언에서 "비밀증서에 의한 유언이 그 방식에 흠결이 있는 경우에 그 증서가 자필증서의 방식에 적합한 때에는 자필증서에 의한 유언으로 본다"(제1071조)라고 하는데 이는 무효행위의 전환을 인정하는 명시적인 예이다. 그 외에 판례는 혼인신고가 위법하여 무효인 경우에도 무효인 혼인 중 출생한 자를 가족관계등록부에 친생자로 신고하여 등재한 경우 그 친생자로서의 출생신고는 무효이지만 인지의 효력은 인정되는 것으로 보았고[1], 상속재산을 공동상속인 1인에게 상속시킬 방편으로 나머지 상속인들이 한 상속포기 신고가 민법 제1019조 제1항 소정의 기간을 경과한 후에 신고된 것이어서 상속포기로서의 효력이 없더라도, 공동상속인들 사이에서는 1인이 고유의 상속분을 초과하여 상속재산 전부를 취득하고 나머지 상속인들은 이를 전혀 취득하지 않기로 하는 내용의 상속재산에 관한 협의분할이 있는 것으로 인정하였다.[2] 최근에는 궁박한 상태에서 체결된 매매계약이 불공정한 법률행위로 무효이지

1) 대판 1971. 11. 15., 71다1983.
2) 대판 1996. 3. 26., 95다45545.

만 궁박하지 않은 상태에서 이루어진 과다하지 않은 매매대금을 내용으로 하는 매매계약에 대한 당사자의 가정적 의사가 인정되면 그 대금으로의 매매계약이 체결된 것으로 하는 무효행위의 전환도 인정하였다.[1)]

5. 무효행위의 추인

(1) 의의

추인이란 효력이 불완전한 법률행위를 보완할 수 있는 자가 추인이라는 사후적 동의를 통하여 해당 법률행위를 소급하여 확정적으로 유효하게 하는 것을 말한다. 예를 들어 법정대리인의 동의가 필요한 제한능력자의 법률행위에 대해 동의권을 가지고 있는 법정대리인이 사후에 추인하게 되면 그 법률행위는 확정적으로 유효하게 된다(제143조 제2항). 무권대리인의 대리행위를 대리권수여의 권한이 있는 본인이 사후에 추인하게 되면 처음부터 대리권이 있는 행위로 인정되는 것이다.

그런데 무효행위는 원칙적으로 추인하여도 효력이 없다. 이는 법률이 해당 법률행위에 대하여 효력을 확정적으로 부여하지 않기로 선언하였기 때문이다. 특히 법률행위의 내용이 공익이나 사회질서에 반하는 경우에는 당사자가 이를 추인한다고 하여 법률이 그 효력을 인정할 수는 없다. 이러한 이유로 위법하거나 반사회적 법률행위, 불공정한 범률행위 등은 당사자의 추인에도 불구하고 효력이 인정되지 않는다.[2)]

---

1) 대판 2010. 7. 15., 2009다50308.
2) 대판 1994. 6. 24., 94다10900.

반면 법률행위의 무효사유가 공익과 관련이 없고 당사자의 의사표시에 의하여 제거가 가능한 경우에는 추인을 인정하여도 무방할 것이다. 예를 들어 통정하여 허위로 매매계약을 체결한 경우 무효인 매매계약을 추인하게 되면 그 매매계약은 유효한 것으로 효력이 발생하게 된다. 또한 계약이 약관에 의하여 체결되었는데 약관의 내용이 약관규제법 제6조 제2호의 "고객이 계약의 거래형태 등 관련된 모든 사정에 비추어 예상하기 어려운 조항"에 해당하여 무효인 경우, 고객이 이러한 무효의 사정을 알게 된 후에 이를 추인하게 되면 그 조항은 효력이 있게 된다.

(2) 추인의 요건

무효인 법률행위가 있어야 하고, 무효의 사유가 제거되어야 하며, 당사자는 종전의 법률행위가 무효임을 인식하는 상태에서[1] 추인의 의사표시가 있어야 한다. 추인은 묵시적으로도 가능하다. 무효인 법률행위임을 알고도 그로부터 발생한 채무를 이행하거나 이행청구하는 등의 행위가 있게 되면 묵시적 추인을 인정할 수 있을 것이다.[2]

(3) 추인의 효과

1) 장래효의 원칙

당사자가 무효행위를 추인한 경우 그 법률행위는 추인한 때로부터 효력이 발생한다. 따라서 양도금지의 특약에 위반해서 채권을 양도하였는데 양수인이 악의 또는 중과실로 채권양수를 받았고 채무자

---

1) 대판 1998. 12. 22., 97다15715.

2) 대판 2014. 3. 27., 2012다106607.

가 그 양도 후에 그 양도를 승낙하면 양도는 승낙 시부터 효력을 발생한다.[1] 또한 무효인 법률행위는 당사자가 무효임을 알고 추인할 경우 새로운 법률행위를 한 것으로 간주할 뿐이고 소급효가 없는 것이므로 무효인 가등기를 유효한 등기로 전용키로 한 약정은 그때부터 유효하고 이로써 위 가등기가 소급하여 유효한 등기로 전환될 수 없다.[2]

2) 소급효의 예외

무효행위의 추인은 원칙적으로 소급적 효력을 갖지 못하나 판례는 가족법상의 법률행위에 대하여는 그 특수성을 인정하여 무효행위의 추인에 의한 소급효를 인정한다. 예를 들어 양자가 될 자는 친권자가 있는 경우 그 동의를 얻어야 하는데, 친권자인 모가 위탁한 다른 사람의 동의로 양친이 될 자의 친생자로 출생신고 되었고 그 후에 양자의 친권자가 추인한 사안에서 "친생자 출생신고 당시 입양의 실질적 요건을 갖추지 못하여 입양신고로서의 효력이 생기지 아니하였더라도 그 후에 입양의 실질적 요건을 갖추게 된 경우에는 무효인 친생자 출생신고는 소급적으로 입양신고로서의 효력을 갖게 된다"고 하였다.[3] 나아가 제3자의 이익을 해하지 않는 한 무효행위의 추인에 대하여는 당사자가 소급효를 합의하는 것은 사적 자치의 원칙에 의하여 허용될 것이다.

---

1) 대판 2009. 10. 29., 2009다47685.

2) 대판 1992. 5. 12., 91다26546.

3) 대판 2000.6.9., 99므1633. 다만 대법원은 이 사안에서 "당사자 간에 무효인 신고행위에 상응하는 신분관계가 실질적으로 형성되어 있지 아니한 경우에는 무효인 신분행위에 대한 추인의 의사표시만으로 그 무효행위의 효력을 인정할 수 없다"고 하면서 추인 이전에 이미 양육을 친할머니가 맡고 있는 경우에는 추인으로 인한 입양의 효력이 인정될 수 없다는 입장이다.

Ⅲ. 법률행위의 취소

1. 의의

법률행위의 취소란 유효한 법률행위를 소급하여 무효로 만드는 의사표시 혹은 그로 인한 발생하는 법률행위의 무효 상황을 말한다. 유효한 법률행위가 소급하여 효력을 상실하는 것으로 취소 이외에 민법은 해제제도를 두고 있다(제543조 이하). 법률행위의 취소권은 법률행위가 성립할 당시에 이미 하자가 있는 경우로 행위자에게 행위능력이 없거나 착오, 사기나 강박에 의하여 의사표시가 이루어진 경우에 발생한다. 반면 해제권은 그 성립 과정에서 아무런 문제가 없이 이루어진 법률행위가 효력을 발생한 이후 그 이행 과정에서 당사자의 합의 또는 법률의 규정에 따라 발생하는 권리이다. 민법은 특히 채무자의 채무불이행으로 인하여 채권자에게 법정해제권을 부여하고 있다(제544조 이하).

2. 요건

(1) 취소권의 발생

취소권은 피성년후견인이 직접(제10조) 혹은 미성년자나 피한정후견인이 법정대리인의 동의 없이 법률행위를 하는 경우(제5조, 제13조)와 법률행위 내용의 중요 부분에 착오가 있는 경우(제109조), 그리고 사기나 강박에 의하여 의사표시를 하는 경우(제110조)에 발생한다.

(2) 취소권자의 취소 의사표시

1) 취소권자

취소권자의 취소 의사표시가 있어야 한다. 취소권자는 제한능력자, 착오나 사기·강박에 의하여 의사표시를 한 자, 그의 대리인 또는 승계인으로 제한된다(제140조). 제한능력자는 능력이 회복되기 전이라도 취소권을 행사할 수 있다. 제한능력자의 법정대리인도 취소권을 갖는다(제7조).

반면 임의대리인은 본인의 행위는 물론 자신이 직접 한 대리행위의 하자로 인한 경우라고 하더라도 본인의 별도의 수권이 없는 한 이를 취소할 수 없다.[1] 임의대리인은 통상 법률행위를 성사시키는 대리권만을 부여받을 뿐 이미 성립한 법률행위의 효력을 해소하는 대리권까지 수여되는 경우는 매우 예외적이다.

상속인과 같은 포괄승계인은 피승계인의 재산상 지위를 취득하는 것이므로 피승계인이 가지고 있는 취소권을 승계 후에 당연히 행사할 수 있다. 특정승계인의 경우에도 학설[2]은 취소권을 행사할 수 있다고 하나 법률행위의 특정승계인은 양도인의 지위를 승계하는 것이 아니라 단지 법률행위의 대상만을 승계하는 것이므로 특별한 사정이 없으면 취소권을 행사할 수 없다고 보아야 한다. 따라서 토지소유자가 사기를 당하여 지상권을 설정한 후에 그 토지를 양도하였다면 그 토지의 양수인은 특별한 사정이 없으면 승계인으로서 지상권설정행위를 취소할 수 없다.

1) 임의대리인의 해제권과 관련하여 대판 2015. 12. 23., 2013다81019 참조.

2) 곽윤직/김재형, 민법총칙(민법강의Ⅰ), 2019, 392면.

2) 취소의 상대방

취소할 수 있는 법률행위의 상대방이 확정된 경우에 취소는 그 상대방에 대한 의사표시로 하여야 한다(제142조).

3. 취소의 효과

취소된 법률행위는 처음부터 무효인 것으로 본다. 개별규정을 통하여 취소의 소급효를 제한되는 경우가 있다. 예를 들어 착오(제109조 제2항)나 사기, 강박으로 인한 의사표시(제110조 제2항)를 취소하는 경우에 선의의 제3자에게 대항하지 못한다.

4. 제척기간

취소권은 추인할 수 있는 날로부터 3년 내에 법률행위를 한 날로부터 10년 내에 행사하여야 한다. 여기서 추인할 수 있는 날이란 취소의 원인이 종료한 때를 의미한다.[1] 제한능력자는 능력자가 된 후, 착오자는 착오의 상태를 벗어난 후, 사기나 강박에 의한 의사표시를 한 자는 그 상태를 벗어난 후 3년 내에 취소권을 행사할 수 있다. 다만 제한능력자의 법정대리인은 제한능력자의 능력 여부와 상관없이 취소할 수 있는 법률행위 있음을 안 때로부터 3년 내에 취소권을 행사하여야 한다. 이 기간은 법률관계를 조속하게 확정하여 거래의 안전을 보호하려는 규정으로 제척기간에 해당한다.

1) 대판 1997. 6. 27., 97다3828.

5. 취소할 수 있는 법률행위의 추인

(1) 의의

추인이란 효력이 불완전한 법률행위를 보완할 수 있는 자가 사후적 동의를 통하여 해당 법률행위를 유효하게 하는 것을 말한다. 민법은 추인할 수 있는 다양한 법률행위를 규정하고 있다. 이 중에서 취소할 수 있는 법률행위에 대한 추인은 의사표시의 불완전성으로 인하여 취소할 수 있는 법률행위를 취소권자가 더 이상 취소하지 않겠다는 취소포기의 의사를 표시하는 것이다. 이러한 임의추인 이외에 민법은 일정한 사실이 있는 경우에도 추인의 효과가 발생하는 것으로 규정하고 있다(제145조). 이를 법정추인이라고 한다.

(2) 임의추인의 요건

1) 취소할 수 있는 법률행위

법률행위가 이루어지는 과정에서 하자가 존재하여 당사자에게 취소권이 발생하여야 한다. 제한능력자의 법률행위(제5조 이하), 착오에 의한 의사표시(제109조), 사기나 강박에 의한 의사표시(제110조)가 있는 경우 민법은 취소권을 부여한다.

2) 추인권자

추인권자는 법률행위의 하자를 치유할 수 있는 자이다. 먼저 본인은 취소의 원인이 소멸한 경우 취소권자가 될 수 있다. 즉 착오나 사기로 인하여 의사표시를 한 자가 착오의 상태에서 벗어난 경우, 강박에 의하여 의사표시를 한 자가 강박의 상태에서 벗어난 경우, 제한능력자가 완전한 행위능력자가 된 경우이다(제144조 제1항). 반면 여전히 제한능력의 상태, 착오의 상태[1], 강박의 상태[2]에서 이루어진 추인은 효력이 없다.

제한능력자의 법정대리인이나 후견인은 제한능력자가 능력자가 되기 이전이라도 그 추인 여부를 결정할 수 있다. 그는 제한능력자의 의사표시의 흠결을 보완하는 지위에 있기 때문이다(제144조 제2항).

3) 취소권에 대한 인식

추인권자는 추인을 할 당시에 추인하려는 법률행위가 취소할 수 있다는 점을 인식하고 있어야 한다.[3] 즉 추인은 법률행위에 흠결이 있음을 알면서도 더 이상 취소권을 행사하지 않겠다는 것이므로 법률행위에 흠결이 없다고 생각하면서 추인한다는 것은 모순이 될 것이다. 이 요건은 법률의 규정에는 없지만 논리적으로 당연한 귀결이다.

(3) 법정추인

취소할 수 있는 법률행위라도 그 법률행위의 하자를 치유할 수 있는 자의 일정한 행위가 있으면 법률의 규정에 따라 추인의 효과가 발생하는 경우를 법정추인이라고 한다. 즉 제한능력자가 완전한 행위능력자가 되거나 제한능력자의 법정대리인, 착오, 사기나 강박에서 벗어난 자 등이 다음의 행위를 하게 되면 추인한 것으로 의제된

1) 대판 1997. 5. 30., 97다2986.
2) 대판 1982. 6. 8., 81다107.
3) 대판 1997. 5. 30., 97다2986.

다. 일부 학설[1]은 이러한 법정추인의 경우에 추인을 의제하는 것이므로 행위자가 실제로 취소권을 가지고 있었다는 것을 알 필요가 없다고 보고 있다. 하지만 이 견해는 취소권자의 권리를 부당하게 박탈하는 것으로 타당하지 않다. 취소권자가 취소권 있음을 알고서 추인사유에 해당하는 행위를 한 경우에만 법정추인이 있다고 보는 것이 타당하다.[2]

1) 전부나 일부의 이행

취소할 수 있는 법률행위로부터 발생한 채권을 추인권자가 이행하거나 이행을 수령한 경우에 추인이 인정된다.

2) 이행이 청구

추인권자가 취소할 수 있는 법률행위로부터 발생한 채권의 이행을 청구하는 경우 법률행위는 확정적으로 유효하게 된다.

3) 경개

추인권자가 취소할 수 있는 법률행위로부터 발생한 채권, 채무를 소멸시키고 새로운 채권, 채무를 발생시키는 계약을 체결하는 경우(제500조)에도 추인한 것으로 본다.

---

1) 곽윤직/김재형, 민법총칙(민법강의I), 2019, 397면.
2) 대판 1997. 5. 30., 97다2986.

4) 담보의 제공

추인권자가 취소할 수 있는 법률행위로부터 발생하는 채무를 위하여 담보권을 설정하여 주거나 채권을 위한 담보를 설정받는 행위가 있으면 추인으로 의제된다. 담보의 제공은 자신의 부동산에 대한 담보뿐만 아니라 물상보증인 혹은 보증인을 세우는 경우도 해당된다.

5) 취소할 수 있는 행위로 취득한 권리의 전부나 일부의 양도

취소할 수 있는 행위로부터 발생한 권리를 추인권자가 양도하는 경우에도 추인으로 본다. 그 권리에 제한물권이나 임차권을 설정하여 주는 등 제한적 권리를 설정하는 경우도 양도에 포함된다.

6) 강제집행

취소할 수 있는 행위로부터 발생한 채권을 실현하기 위하여 추인권자가 강제집행을 하는 경우 추인으로 의제된다. 반면 취소할 수 있는 행위로부터 발생한 채무를 변제하지 않아 강제집행을 당하는 경우에도 추인으로 볼 것인지에 대하여서는 의견이 대립하나 강제집행을 당하는 경우 청구이의의 소를 제기할 수 있으므로 이를 하지 않은 경우에는 추인이 있는 것으로 보아야 할 것이다.[1)]

(4) 추인의 효과

취소할 수 있는 법률행위에 대하여 추인이 있게 되면 그 법률행위는 확정적으로 효력을 갖게 된다. 따라서 더 이상 취소할 수 없고(제

---

1) 반대입장으로 곽윤직/김재형, 민법총칙(민법강의I), 2019, 396면.

143조 제1항), 법률행위의 상대방도 철회나 거절을 할 수 없다(제16조 참조).

Ⅳ. 무효 및 취소의 후속효과

1. 의의

법률행위가 무효이거나 취소가 되면 그 법률행위는 처음부터 효력이 발생하지 않게 된다. 그런데 법률행위는 사후에 취소가 되는 경우는 물론이고 처음부터 무효인 경우라도 무효인 사정이 명확하지 않아 분쟁이 있고 난 뒤 상당한 시간이 경과한 후에야 무효라는 사실이 밝혀지는 경우가 많다. 따라서 무효나 취소된 법률행위를 유효라고 전제하여 새로운 법률관계가 형성되는 경우가 많은데, 무효나 취소로 인하여 이렇게 이루어진 새로운 법률관계에 어떠한 영향을 미치는지, 만약 무효나 취소로 후속 법률행위에 영향을 미친다면 그 법률행위는 어떠한 방식으로 처리되어야 하는지의 문제가 발생한다. 당사자 사이의 분쟁은 취소권을 행사하거나 무효를 확인하는 것에 그치지 않고 통상 그로 인하여 발생하는 후속효과, 특히 청구권관계에 따른 반환이나 상환관계를 최종적으로 해결하여야 비로소 종료하기 때문에 이러한 무효나 취소의 후속효과는 실제 법률분쟁에서 매우 중요하게 다루어진다.

2. 이행이 이루어지지 않은 경우

법률행위, 특히 계약이 체결되면 그에 따른 효과로 상대방에게 이행청구권이 발생한다. 하지만 법률행위가 무효이거나 취소가 되면 이러한 이행청구권은 처음부터 발생하지 않게 된다. 따라서 당사자 사이에 채권행위에 따르는 이행행위가 없었다면 법률관계는 원칙적으로 그 상태로 종료하게 된다. 다만 이러한 무효에도 불구하고 그 무효를 알았거나 알 수 있었을 자에 대하여는 민법은 신뢰이익배상이라는 손해배상채권관계를 발생시킨다. 제535조의 원시적 불능의 경우가 그러하며 과실로 인한 착오의 경우(제109조)에도 이 규정을 유추하여 배상책임을 인정하는 것이 타당하다.

3. 이행이 이루어진 경우

무효인 법률행위를 기초로 이미 인도나 등기이전과 같은 이행이 이루어진 경우 그러한 이행행위, 특히 물권행위도 원칙적으로 효력이 없다(유인성). 따라서 이행을 한 자는 이행의 상대방에 대하여 제741조의 부당이득반환청구권을 행사할 수 있고, 특정물에 대한 이행이 이루어진 경우에는 제213조 이하의 물권적 청구권을 행사하는 것도 가능하다.

부당이득의 반환범위와 관련하여 민법은 제한능력자의 보호를 위하여 제748조의 특칙으로 제141조 단서조항을 두어 “제한능력자는 그 행위로 인하여 받은 이익이 현존하는 한도에서 상환할 책임이 있다”라고 규정하고 있다. 이 규정에 따라 제한능력자는 악의인 경우에도 현존이익만 반환하면 된다. 대법원은 “취득한 것이 금전상의 이득인 때에는 그 금전은 이를 취득한 자가 소비하였는가의 여부를 불문하고 현존하는 것으로 추정되고, 그 취득한 것이 성질상 계속적으로 반복하여 거래되는 물품으로서 곧바로 판매되어 환가될 수 있는 금전과 유사한 대체물인 경우에도 마찬가지다"[1]라고 하고 있다. 따라서 미성년자가 취소된 법률행위를 통하여 금전을 취득한 경우에는 현존이익이 없음을 입증하여야 한다.

사기나 강박에 의한 의사표시의 취소가 있게 되면 사기나 강박의 위법성으로 인하여 취소권자에게는 불법행위로 인한 손해배상청구권(제750조)도 발생할 수 있다.

4. 제3자에 대한 관계

법률행위의 무효나 취소에도 불구하고 법률행위의 당사자는 선의의 제3자에 대하여 무효를 주장하지 못하는 경우가 있다. 이 경우 무효였던 법률행위도 확정적으로 유효한 법률행위가 된다.[2]

제한능력자에 의한 취소(제5조 이하)나 사회질서의 보호를 위한 무효의 규정(제103조, 제104조)은 선의의 제3자 보호 규정을 두고 있지 않아 선의의 제3자라도 보호를 받지 못한다.

1) 대판 2009. 5. 28., 2007다20440.

2) 대판 1996. 4. 26., 94다12074.

제6장
조건과 기한

Ⅰ. 서설

법률행위는 법률이 그 효력을 부정하는 특별한 사정이 없으면 표시된 대로 효력을 발생한다. 한편 법률행위의 당사자는 법률행위의 효력을 합의에 따라 제한하거나 소멸시킬 수 있다. 이를 법률행위의 부관이라고 하는데 그 대표적인 예가 조건과 기한이다. 민법은 제147조 내지 제154조에서 이러한 조건과 기한에 관하여 규정하고 있다.

Ⅱ. 조건

1. 의의

조건이란 법률행위 효력의 발생이나 소멸이 일정한 사실의 존부에 의해 결정되도록 하는 것을 말한다. 조건이 되기 위하여서 조건이 되는 사실을 장래의 불확실한 것으로 제한하는 것이 통설[1]과 판례[2]이나 그럴 것은 아니다. 장래의 불확실한 사실뿐만 아니라 불확실한 과거의 사실에 대한 존부에 따라 법률행위의 효력을 결정하는 것도

1) 곽윤직/김재형, 민법총칙(민법강의I), 2019, 400면.
2) 대판 2015. 10. 29., 2015다219504.

가능하기 때문이다. 예를 들어 "너희 부모님이 과거에 우리 부모님에게 X 물건을 증여한 것이 사실로 밝혀지면 나도 Y 물건을 너에게 증여하겠다"라고 할 경우에도 조건부 증여계약이 될 수 있는 것이다.

2. 요건

조건은 법률행위에 추가적으로 부수하여 그 효력을 결정하는 부관(附款)으로서 법률행위를 구성하는 의사표시이다. 따라서 의사표시로서의 요건, 특히 표시행위가 있어야 한다. 만약 조건이 표시되지 않을 경우 표의자의 내심의 동기에 불과하여 의사표시로서의 조건이 되지 못한다. 조건의 성취는 법률행위의 효력만을 결정하는 부관이므로 법률행위의 내용을 포함한 다른 법률행위의 요건에는 영향을 미치지 못한다.

> "甲이 乙에게 丙의 횡령금 중 일부를 지급하기로 한 약정은 甲이 丙의 오빠로서 丙이 乙에 대하여 부담하는 부당이득반환 또는 손해배상 채무 중 일부를 대신 변제한다는 취지이고, 그러한 약정을 하는 甲의 내심에는 丙이 처벌받지 않기를 바라는 동기 이외에 丙이 실제로 처벌을 받는 경우에는 위 약정 자체가 무효라는 조건의사까지 있었을지도 모르지만, 그것만으로는 丙의 선처를 조건으로 한 조건부 약정이 이루어졌다고 단정할 수 없고, 각서의 기재 내용과 그 작성 당시의 상황 및 상대방인 을의 의사 등 제반 사정에 비추어 보면 위 약정 자체의 효력이 乙의 정식 고소나 丙의 처벌이라는 사실의 발생만으로 당연히 소멸된다는 의미의 조건이 쌍방의 합의에 따라 위 약정에 붙어 있다고는 볼 수 없으며, 오히려 위 각서 중 '변제하고 선처를 받기로 한다.'라는 문구는 甲과 丙이 위 약정을 예정대로 이행하면 丙이 선처를 받을 수 있도록 을이 협조한다는 취지에 불과한 것으로 보인다."[1)]

1) 대판 2003. 5. 13., 2003다10797.

3. 조건의 종류

(1) 정지조건과 해제조건

법률행위의 효력이 발생하지 않다가 조건이 되는 사실이 있게 됨으로써 혹은 조건이 되는 과거의 사실이 밝혀짐으로써 그때부터 법률행위가 효력을 갖게 되는 경우 이를 정지조건이라고 한다(제147조 제1항). 반면 법률행위의 효력이 일단 발생하지만, 조건이 되는 사실이 있게 됨으로써 혹은 조건이 되는 과거의 사실이 밝혀진 경우에 그 효력을 상실하도록 하는 경우를 해제조건이라고 한다(제147조 제2항).

(2) 수의조건

조건의 성취 여부가 당사자 일방의 의사에 의하여 결정되는 경우를 수의조건이라고 한다. 수의조건은 조건이 당사자의 일방적인 의사에 의하여만 이루어지는 순수수의조건과 일방적인 의사결정에 따른 사실의 존부가 있어야 하는 단순수의조건이 있다. 순수수의조건은 법률행위의 효력을 당사자 일방의 일방적인 의사결정에 따르게 되므로 구속력을 전제로 하는 법률행위의 성질에 반하여 원칙적으로 법률행위 전체의 효력이 인정되지 않는다. 예를 들어 "내가 마음이 동하면 매도하겠다"라고 하는 조건부 승낙은 효력이 없다. 단순수의조건도 사실의 발생이 일방적인 의사결정에 전적으로 의존하는 것이라고 판단되는 경우에는 효력이 인정되지 않는다. 반면 일방적인 의사의 결정과 함께 법률행위의 이행을 위한 객관적인 사실의 발생이 필요하다고 인정되는 경우 등에는 그 효력을 인정할 수 있다. 예를 들어 해외 소재의 특정 물건을 매도하기로 하는 경우에 해외로 가는 것은 당사자 일방의 의도에 달려 있지만 해외에 가는 경우에만 그 물건을 조달할 수 있다면 이행을 위하여 해외에 다녀오는 것은 유효한 조건이 될 수 있다.

"제작물공급계약의 당사자들이 보수의 지급시기에 관하여 "수급인이 공급한 목적물을 도급인이 검사하여 합격하면, 도급인은 수급인에게 그 보수를 지급한다"는 내용으로 한 약정은 도급인의 수급인에 대한 보수지급의무와 동시이행관계에 있는 수급인의 목적물 인도의무를 확인한 것에 불과하므로, 법률행위의 효력 발생을 장래의 불확실한 사실의 성부에 의존하게 하는 법률행위의 부관인 조건에 해당하지 아니할 뿐만 아니라, 조건에 해당한다 하더라도 검사에의 합격 여부는 도급인의 일방적인 의사에만 의존하지 않고 그 목적물이 계약내용대로 제작된 것인지 여부에 따라 객관적으로 결정되므로 순수수의조건에 해당하지 않는다."[1)]

(3) 불능조건과 기성조건

불능조건이란 조건의 성취가 처음부터 불가능한 경우를 말한다. 불능조건이 정지조건으로 되어 있는 경우 그 법률행위는 무효이고 불능조건이 해제조건인 경우 조건없는 법률행위가 된다(제151조 제3항).

기성조건이란 조건이 법률행위 당시에 이미 성립하고 있는 경우를 말한다. 시험에서 한 차례라도 1등을 하는 것을 조건으로 하였는데 이미 시험에서 1등을 한 경우가 여기에 해당한다. 기성조건이 정지조건이면 조건 없는 법률행위가 되고 해제조건이면 그 법률행위는 무효이다.

1) 대판 2006. 10. 13., 2004다21862.

(4) 불법조건

조건이 선량한 풍속 기타 사회질서에 반하는 경우를 불법조건이라고 한다. 불법조건이 붙은 법률행위는 전부가 효력이 없다(제151조 제1항).

4. 조건에 친하지 않은 법률행위

(1) 의의

조건에 친하지 않은 법률행위란 조건을 부가하는 것이 허용되지 않는 법률행위를 말한다. 조건이 붙은 법률행위는 조건의 성취 여부가 확정되기까지 그 효력이 불안정한 상태에 있게 된다. 이러한 불안정한 상태가 발생하는 것이 법률행위의 성질상 허용되지 않는 경우로 신분행위와 단독행위가 있다.

(2) 신분행위

신분행위에는 조건을 붙이지 못한다. 혼인이나 이혼, 입양이나 파양 등 가족법상의 법률행위는 친족관계의 변동을 초래하는 것으로 당사자의 의사나 기타 법률요건 이외에 다른 우연적인 요소에 그 효력을 맡길 수 없는 특성을 갖는다. 이러한 신분행위에 조건이 붙게 되면 가족 질서를 파괴하는 반사회적 법률행위가 될 것이다.

(3) 단독행위

단독행위는 당사자의 일방적인 의사표시에 의하여 법률관계가 변경되는 경우로 이러한 단독행위도 조건에 친하지 않은 법률행위에 해당한다. 단독행위에 조건이 허용되면 상대방의 법률상 지위가 조건의 성취 여부에 따라 불안정하게 되기 때문이다. 따라서 취소나 추인, 상계나 상속의 포기 등에는 조건이 붙지 못한다.

5. 조건부권리

(1) 조건부권리의 침해금지

법률행위의 상대방은 조건의 성취로 권리가 발생하게 되는 일방의 권리를 침해하지 못한다. 예를 들어 정지조건부 증여의 경우, 증여자는 증여의 목적물을 처분함으로써 조건의 성취로 발생하게 되는 상대방의 권리를 침해하지 못한다. 해제조건부 증여에서도 수증자는 증여받은 목적물을 처분함으로써 목적물에 대한 권리를 반환받게 되는 증여자의 권리를 침해하지 못한다. 이러한 조건부권리를 침해하는 경우 당사자 사이에는 아직 채권채무관계가 발생하지 않은 상황이므로 채무불이행이 아니라 불법행위로 인한 손해배상책임이 발생하게 될 것이다. 다만 부동산의 경우 이러한 조건부권리는 가등기를 통하여 보호받을 수 있다(부동산등기법 제88조).

(2) 조건부권리의 처분

조건의 성취가 미정인 권리의무도 일반규정에 따라 처분, 상속, 보존 또는 담보로 할 수 있다(제149조).

6. 조건의 성취

(1) 의의

조건이 성취되면 법률행위는 그에 따라 효력을 발생하거나(정지조건) 혹은 소멸한다(해제조건). 조건의 성취로 인하여 불이익을 받을 당사자가 신의성실에 반하여 조건의 성취를 방해한 때에는 상대방은 그 조건이 성취된 것으로 주장할 수 있다(제150조 제1항). 즉 신의칙에 반한 당사자 일방의 방해행위로 조건의 성취되지 않게 되었더라도 상대방은 조건이 성취된 것으로 보아 법률행위의 효력을 주장하거나 그 소멸을 주장할 수 있다. 하도급 받은 부분에 대한 공사를 완공하여 준공필증을 제출하는 것을 정지조건으로 공사대금채무를 부담하거나 이 채무를 보증한 사람이 공사에 필요한 시설을 해주지 않고 오히려 공사장에의 출입을 통제함으로써 하도급인으로 하여금 나머지 공사를 수행할 수 없게 하였다면, 그것이 과실에 의한 경우에도 신의성실에 반하여 조건의 성취를 방해한 때에 해당한다.[1] 조건의 성취로 인하여 불이익을 받을 당사자가 신의성실에 반하여 조건의 성취를 방해한 경우, 조건이 성취된 것으로 의제되는 시점은 이러한 신의성실에 반하는 행위가 없었더라면 조건이 성취되었으리라고 추산되는 때이다.[2]

조건의 성취로 인하여 이익을 받을 당사자가 신의성실에 반하여 조건을 성취시킨 때에는 상대방은 그 조건이 성취하지 아니한 것으로 주장할 수 있다(제150조 제2항).

---

1) 대판 1998. 12. 22., 98다42356.
2) 대판 1998. 12. 22., 98다42356.

(2) 효과

정지조건이 있는 법률행위는 조건이 성취한 때로부터 그 효력이 생기고, 해제조건부 법률행위는 조건이 성취된 때로부터 효력이 상실되는 것이 원칙이나 조건성취의 효력을 소급하도록 정하는 것도 가능하다(제147조 제3항).

> "해제조건부증여로 인한 부동산소유권이전등기를 마쳤다 하더라도 그 해제조건이 성취되면 그 소유권은 증여자에게 복귀한다고 할 것이고, 이 경우 당사자 간에 별단의 의사표시가 없는 한 그 조건성취의 효과는 소급하지 아니하나, 조건성취 전에 수증자가 한 처분행위는 조건성취의 효과를 제한하는 한도 내에서는 무효라고 할 것이고, 다만 그 조건이 등기되어 있지 않는 한 그 처분행위로 인하여 권리를 취득한 제3자에게 위 무효를 대항할 수 없다."[1]

Ⅲ. 기한

1. 의의

기한이란 법률행위의 효력 발생, 소멸, 채무의 이행 등의 시기를 특정한 사실의 발생 여부에 의존하도록 하는 부관을 말한다. 조건은 조건의 성취로 인하여 법률행위 효력의 발생이나 소멸 여부가 결정되는 반면 기한은 법률행위의 효력발생 혹은 소멸 여부는 정해졌고 그 시기만을 일정한 사실의 발생 여부에 의존하도록 하는 점에 차이가 있다.

예를 들어 "내일 비가 오면 우산을 사주겠나"라고 했을 때 내일 비가 오지 않으면 우산을 사주지 않아도 되나 "비가 오면 우산을 사

1) 대판 1992. 5. 22., 92나5584.

주겠다"라고 하는 경우는 우산을 사주기는 하는데 그 시기를 비가 올 때로 정한 것이다. 전자는 조건에 해당하고 후자는 기한에 해당한다.

2. 기한의 종류

(1) 시기부(始期附) 기한과 종기부(終期附) 기한

시기부 기한이란 법률행위의 효력발생이나 채무이행의 시기를 어떤 사실의 발생 등에 의존하도록 하는 것을 말한다. 반면 종기부 기한이란 법률행위의 효력이 발생하되 어떤 사실의 발생 등으로 그 효력이 소멸하는 경우를 말한다(제152조). 종기부 기한이나 시기부 기한은 법률행위 등에 개별적으로 부가될 수 있으나 임대차계약관계와 같은 계속적 법률관계는 통상 시기부이면서 종기부 법률관계가 된다.

(2) 확정기한 및 불확정기한

기한의 내용이 되는 사실이 날짜에 의하여 확정되어 있는 경우를 확정기한이라고 하고 기한의 도래기가 확정되어 있지 않은 경우가 불확정 기한이라고 한다. 비가 올 때라는 기한은 불확정기한에 해당한다.

3. 조건과 기한의 구별

특정한 사실의 발생이 있게 되면 법률행위의 효력을 주겠다고 하는 경우 특정한 사실의 발생이 조건을 부가한 것인지 기한부인지 불명확한 경우가 있다. 예를 들어 이익이 발생하면 반환하겠다고 하는 경우나 혼인을 하게 되면 반환하겠다고 하는 경우 등이 그러하다.

부관에 표시된 사실이 발생하지 아니하면 채무를 이행하지 아니하여도 된다고 보는 것이 상당한 경우에는 조건으로 보아야 하고, 표시된 사실이 발생한 때에는 물론이고 반대로 발생하지 아니하는 것이 확정된 때에도 그 채무를 이행하여야 한다고 보는 것이 상당한 경우에는 불확정기한을 정한 것으로 보아야 한다.

채무의 변제시기에 일정한 사실이 부관으로 붙은 경우 특별한 사정이 없으면 그것은 변제기를 유예한 것으로서 그 사실이 발생한 때 또는 발생하지 않는 것으로 확정된 때에 변제의 기한이 도래한다.[1)]

> "재건축사업을 추진하던 자들과 사업 진행에 필요한 운전자금을 출자하고 사업상의 이익에 참여하기로 하는 등의 공동사업계약을 체결하고 그들에게 운전자금을 지급한 자가, 그 후 사업진행이 순조롭지 않자 공동사업관계에서 탈퇴하면서 '스폰서가 영입되거나 사업권을 넘길 경우나 사업을 진행할 때'에는 위 출자금을 반환받기로 하는 청산약정을 체결한 사안에서, 위 부관의 법적 성질을 거기서 정해진 사유가 발생하지 않는 한 언제까지라도 위 투자금을 반환할 의무가 성립하지 않는 정지조건이라기보다는 불확정기한으로 보아, 출자금반환의무는 위 약정사유가 발생하는 때는 물론이고 상당한 기간 내에 위 약정사유가 발생하지 않는 때에도 성립한다고 해석하는 것이 타당하다."[2)]

4. 기한부권리

조건부권리의 침해금지(제148조) 및 처분 등에 관한 사항(제149조)은 기한부권리에도 준용된다(제154조).

---

1) 대판 2003. 8. 19., 2003다24215.
2) 대판 2009. 5. 14., 2009다16643.

5. 기한의 이익

(1) 의의

기한의 이익이란 기한이 존재함으로써 얻게 되는 이익이다. 예를 들어 시기부 법률행위에서는 법률행위가 기한의 도래가 있기까지 법률행위는 효력을 발생하지 않게 되는데 그로 인하여 이익을 얻게 되는 당사자가 존재할 수 있고, 그 이익을 기한의 이익이라고 한다. 시기부 증여계약을 체결하는 경우에 증여자는 기한의 도래까지 그 물건을 보유하게 되는 기한의 이익이 있다.

기한의 이익은 일방 당사자에게만 존재할 수도 있지만 두 사람 모두에게 존재하는 것도 가능하다. 예를 들어 이자부 소비대차의 경우 기한의 만기까지 대주는 이자를 얻는 이익을, 차주는 원본의 상환시기의 유예를 받는 이익이 있는 것이다.

(2) 기한의 이익의 포기

기한의 이익은 채무자의 이익을 위한 것으로 추정한다(제153조 제1항). 따라서 채무자는 자신의 이익을 포기하고 법률행위의 효력이나 이행기의 도래를 주장할 수 있다(제153조 제2항). 반면 기한의 이익이 채권자에게 존재한다는 것을 채권자가 입증하면 채무자는 기한의 도래를 주장하지 못하고 채권자만이 기한의 이익을 포기할 수 있게 된다. 기한의 이익이 일부 채권자에게도 존재하는 경우에도 채무자는 기한의 이익을 포기할 수 있으며 다만 이 경우 상대방의 손해를 배상하여야 한다(제153조 제2항). 예를 들어 이자부 소비대차의 채무자는 본래의 기한까지의 이자를 지급하고 자신의 원본채무를 상환할 수 있다.

(3) 기한의 이익의 상실

1) 의의

채무의 이행과 관련하여 기한은 통상 채무자에게 이행의 유예를 주는 것이므로 그 이익은 채무자에게 있게 된다. 그런데 이러한 채무자의 기한의 이익을 인정해 줄 필요가 없는 경우가 발생할 수 있다. 법률의 규정에 의한 경우와 약정에 의한 경우로 구별된다.

2) 법률의 규정에 의한 기한이익의 상실

채무자가 담보를 손상, 감소 또는 멸실하게 한 때와 채무자가 담보제공의 의무를 이행하지 아니한 때에 채무자가 기한의 이익을 주장하지 못한다(제388조). 채권자가 담보를 신뢰하여 채무자에게 신용을 주고 그 이행을 유예하여 주었는데, 담보의 소멸로 그 유예의 사유가 소멸하면 채무자에게 기한의 이익을 계속 줄 이유도 소멸하게 된다. 따라서 채권자는 이러한 기한이익의 상실 사유가 있으면 곧 이행을 청구할 수 있게 되고 이로 인해서 채무자는 이행지체에 빠지게 된다.

3) 약정에 의한 기한이익의 상실

당사자의 약정으로 기한의 이익이 상실되는 경우가 있다. 이러한 약정에는 특정한 사실이 있게 되면 기한이익이 곧 상실되는 정지조건부 기한이익의 상실 약정과 특정한 사실이 있게 되면 채권자의 청구로 비로소 이행기가 도래하는 것으로 하는 형성권적 기한이익의 상실 약정이 있다.

대법원은 기한이익 상실의 특약이 있는 경우 일반적으로 기한이익의 상실의 특약이 채권자를 위하여 둔 것인 점에 비추어 명백히 정지조건부 기한이익 상실의 특약이라고 볼 만한 특별한 사정이 없는 이상 형성권적 기한이익 상실의 특약으로 추정하는 것이 타당하다는 입장이다.[1] 형성권적 기한이익 상실의 특약이 있는 경우에는 그 특약은 채권자의 이익을 위한 것으로서 기한이익의 상실 사유가 발생하였다고 하더라도 채권자가 나머지 전액을 일시에 청구할 것인가 또는 종래대로 할부변제를 청구할 것인가를 자유로이 선택할 수 있으므로, 이와 같은 기한이익 상실의 특약이 있는 할부채무에 있어서는 1회의 불이행이 있더라도 각 할부금에 대해 그 각 변제기의 도래 시마다 그때부터 순차로 소멸시효가 진행하고 채권자가 특히 잔존 채무 전액의 변제를 구하는 취지의 의사를 표시한 경우에 한하여 전액에 대하여 그때부터 소멸시효가 진행한다.[2]

1) 대판 2010. 8. 26., 2008다42416.
2) 대판 2002. 9. 4., 2002다28340.

제5편

기간

Ⅰ. 의의

기간이란 어느 한 시점에서 다른 시점까지의 계속된 시간을 말한다. 민법은 기간에 대한 일반적인 규정을 두고 있다. 따라서 법률행위의 내용이나 공법을 포함한 다른 법령 등에 이에 대한 특별한 규정이 없는 한 민법의 기간에 관한 규정이 적용된다(제155조).

Ⅱ. 기간의 계산 방법

기간의 계산 방법에는 자연적 계산 방법과 역법적 계산 방법이 있다. 자연적 계산 방법은 기간의 계산을 시분초의 일시적인 순간까지 계산하는 것으로 기간의 정확성은 기할 수 있으나 활용하기 불편하다. 반면 역산적 계산법은 하루를 단위로 하는 역(曆)을 통하여 기간을 계산하는 방법으로 정확하지는 않지만 단순하고 편리하다는 장점이 있다.

1. 시, 분, 초로 기간을 설정하는 경우

기간을 시, 분, 초로 정한 때에는 즉시로부터 기산한다(제156조). 즉 지금부터 1시간 혹은 30분 혹은 30초라고 하면 즉시 기산하여 1시간, 30분, 30초를 계산하면 된다.

2. 일, 주, 월, 년을 단위로 기간을 설정하는 경우

(1) 기산점

기간을 일, 주, 월 또는 연으로 정한 때에는 기간의 초일은 산입하지 아니한다(제157조 본문). 예를 오늘부터 3일간 혹은 1주일간이라고 한다면 오늘을 제외하고 내일 0시부터 기산하게 된다. 하지만 특별히 그 기간이 오전 영시로부터 시작하는 때에는 그러하지 아니하다(제157조 단서). 즉 3월 1일부터 3일이라고 한다면 3월 1일 0시부터라고 이해되어 3월 1일도 기간에 포함된다. 다만 연령계산에는 출생일을 산입한다(제158조).

(2) 기간의 만료점

기간을 일, 주, 월 또는 년으로 정한 때에는 기간 말일의 종료로 기간이 만료한다(제159조). 예를 들어 3일간 특정 물건을 빌려주겠다고 하면 빌려주는 기간의 초일을 산입하지 않으므로 내일부터 글피까지이다. 따라서 글피 자정까지는 물건을 반납하여야 하고 그 이후에는 이행지체에 빠지게 된다. 반면 기간을 주, 월 또는 년으로 정한 때에는 역에 의하여 계산한다(제160조 제1항). 주, 월 또는 년의 처음으로부터 기간을 기산하지 아니하는 때에는 최후의 주, 월 또는 년에서 그 기산일에 해당한 날의 전일로 기간이 만료한다(제160조 제2항). 예를 들어 3월 한 달간 빌려주겠다고 하면 3월 1일부터 3월 31일까지가 되어 3월 31일까지 반납하여야 한다. 반면 3월 5일에 한 달간 빌려주겠다고 하면 초일이 산입되지 않으므로 3월 6일이 기산일이 되고 최후의 달 즉 4월 6일의 전일인 4월 5일까지 반납하여야 한다.

월 또는 년으로 정한 경우에 최종의 월에 해당일이 없는 때에는 그 월의 말일로 기간이 만료한다(제160조 제3항). 예를 들어 1월 30일에 한 달간이라고 정하는 경우 2월 30일에 기간이 만료되어야 하지만 윤년으로 2월 28일까지만 있게 되면 2월 28일에 기간이 만료한다. 기간의 말일이 토요일 또는 공휴일에 해당한 때에는 기간은 그 익일로 만료한다(제161조).

3. 기간의 역산(逆算)

기간의 계산을 기산일로부터 역산하여야 하는 경우에도 민법의 기간에 관한 규정이 준용된다. 예를 들어 사단법인의 사원총회를 1주일 전에 통지하여야 한다(제71조)고 할 경우, 총회일이 8월 20일이라고 하면 그 전날인 8월 19일을 기산일로 하여 8월 13일이 말일이 되고 따라서 그 전인 12일 자정까지는 통지하여 도달하도록 해야 한다.

제6편

소멸시효

제1장

시효제도에 대한 개관

Ⅰ. 시효의 의의

1. 개념

시효란 일정한 기간에 걸쳐 사실 상태가 지속되는 경우에 그러한 사실 상태가 진정한 법률관계에 부합하는지를 묻지 않고 그 상태대로 법률관계를 인정하는 제도를 말한다. 이러한 시효는 당사자의 의사에 기초하는 것이 아니라 일정한 기간 동안의 사실관계의 지속에 의하여 법률효과가 발생한다는 점에서 법률의 규정에 의한 법률관계의 변동에 해당한다.

2. 취지

시효제도는 일정한 권리외관의 상태에 대하여 그 상태대로 법률효과를 부여하는 제도이다. 따라서 실제로 발생한 권리의무관계와 사실 상태가 다르게 되는 경우 실제의 권리자는 그 권리를 상실하게 된다. 그런데 이러한 상황은 법률이 부여한 권리를 스스로 부정하고 권리외관의 상태를 보호하는 것으로 자기 부정의 불합리한 제도로 비칠 수 있다. 그럼에도 이러한 시효제도를 인정하는 근거가 무엇인지에 대하여 학설은 여러 가지 복합적인 요소를 고려한 결과로 보고 있다.

(1) 진정한 권리관계에 부합할 개연성

권리외관의 상태가 오래 지속되어 온 경우 그 사실 상태는 진정한 권리관계일 개연성이 매우 크다. 이미 권리를 취득한 권리자는 권리를 행사할 수 있는 현 상태로 안정적인 권리자로서의 지위를 취득하였다고 여겨 그 권리를 취득하는데 필요했던 서류나 기타 자료들을 폐기하거나 관리의 소홀로 분실할 수 있는데 장기간이 지난 이후에 그러한 권리관계에 반하는 자료나 증인을 제시하는 자에 대하여 실제 권리자라고 하더라도 이를 반증하기는 쉽지 않다. 예를 들어 이미 채무를 변제하여 권리가 소멸하였음에도 과거의 계약서를 들고 와서 그 이행을 다시 요구하는 경우에 채무자로서는 변제의 사실을 입증하는 것이 쉽지 않다. 여기서 장기간 지속된 변제로 인한 채무소멸의 권리외관 상태로 법률관계를 인정해 주어야 한다는 것이 시효제도의 하나의 취지이다.

(2) 법적 안정성

시효제도는 장기간 지속된 사실 상태에 대하여 사실 상태대로의 법률관계를 인정한다는 점에서 법적 안정성을 우선적으로 고려하는 제도이다. 일정한 사실 상태가 장기간 지속되면 그러한 사실 상태는 진정한 법률관계에 부합할 것이라고 신뢰하여 이를 기초로 새로운 법률관계들이 다수 형성되는데, 후에 그 사실 상태가 진정한 법률관계에 부합하지 않는다는 사유로 그러한 사실 상태를 부정하게 되면 이를 바탕으로 이루어진 모든 법률관계가 부정되어 거래의 안전은 크게 훼손될 것이다. 시효제도는 이러한 상황에서 진실한 권리자를 희생하더라도 법적 안성성을 고려하여 장기간 지속된 사실 상태를 정당한 법률상태로 인정하려는 제도이다.

(3) 권리행사 태만에 대한 책임

물론 법적 안정성을 이유로 진실한 권리자의 모든 권리를 박탈할 수 있다는 것은 아니다. 여기서 법적 안정성과 진정한 권리 보호라는 두 이익의 충돌문제가 발생하는데, 시효제도가 그럼에도 법적 안정성을 우선적으로 인정하는 또 다른 이유는 권리자의 권리행사 태만으로 인하여 진정한 권리관계와 다른 권리외관을 창출하였다는 점도 고려된다. 즉 시효제도는 흔히 '권리 위에서 잠자는 자'의 보호필요성이 적다는 점도 고려된다.

Ⅱ. 시효의 종류

시효에는 일정한 사실 상태의 지속으로 권리가 소멸하는 소멸시효와 권리를 취득하는 취득시효가 있다.

1. 취득시효

취득시효란 특정인이 일정 기간 동안 외관상 권리자로서 권리를 행사하여 온 경우 진정한 법률관계와 상관없이 그 특정인을 권리자로 인정하는 제도를 말한다. 특정인이 취득시효로 권리를 인정받게 되면 진정한 권리자가 있더라도 그 권리자는 권리를 상실하게 된다. 취득시효는 물권편(제245조 이하)에서 규정하고 있다.

2. 소멸시효

소멸시효란 권리자가 일정한 기간 동안 권리를 행사하지 않으면 그 권리를 소멸시키는 제도를 말한다. 소멸시효에 관하여 민법은 취득시효와 달리 민법총칙편에서 규정하고 있다.

Ⅲ. 시효제도의 성질

시효제도는 일정한 사실 상태의 지속에 대하여 당사자의 의사와 상관없이 법률효과를 부여하는 법률요건이다. 따라서 당사자의 개인적 의사를 가장 중요시하고 이에 따른 형식적인 절차를 엄격히 요구하는 친족관계의 변동에는 적용되지 않는다. 예를 들어 동거생활을 아무리 오래 한다고 하더라도 혼인의 의사와 신고가 없으면 법률상 배우자관계를 인정할 수 없으며, 배우자의 별거 생활이 아무리 오랫동안 지속되더라도 이혼이 없으면 배우자관계가 소멸하지 않는다. 마찬가지로 입양의 의사와 입양절차를 지키지 않으면 양자관계는 발생할 수 없다(제162조 참조).

시효에 관한 규정은 법적 안정성을 위한 취지의 강행규정이다. 따라서 당사자 사이의 특약으로 시효에 걸리지 않도록 정하거나 보다 곤란하게 하는 것은 허용되지 않는다. 특히 민법은 소멸시효와 관련하여 소멸시효의 이익은 미리 포기하지 못하는 것으로 정하고 있다(제184조 제1항). 나아가 소멸시효는 법률행위에 의하여 이를 배제, 연장 또는 가중할 수 없다. 다만 이를 단축 또는 경감할 수 있다(제184조 제2항). 물론 소멸시효의 이익을 사후에 포기하는 것도 가능하다.

제2장

소멸시효

Ⅰ. 의의

1. 의의

소멸시효란 권리자가 일정한 기간 동안 권리를 행사하지 않으면 그 권리를 소멸시키는 제도를 말한다. 권리의 불행사가 일정 기간 계속되는 경우에 권리가 소멸하는 제도로는 소멸시효 이외에 제척기간이 있다.

2. 제척기간

(1) 의의

제척기간이란 법률이 정하고 있는 권리의 존속기간을 말한다. 법률이 일정한 권리에 대하여 제척기간을 두는 것은 권리자에게 그 권리를 신속하게 행사하도록 함으로써 당사자 사이의 법률관계를 조속히 확정하려는 데에 있다. 따라서 제척기간이 붙은 권리를 기간 내에 행사하지 않으면 그 권리는 소멸한다.[1)]

1) 대판 1995. 11. 10., 94다22682.

(2) 권리행사의 방법과 출소기간

권리자는 원칙적으로 제척기간 내에 권리가 재판상으로나 재판외로 행사되면 족하고[1] 그 기간 내에 권리가 실현되어야 하는 것은 아니다. 다만 법률이 권리의 행사를 소송을 통하도록 하는 경우에는 그 기간 내에 소송을 제기하여야 한다. 즉 출소기간이 된다. 예를 들어 채권자취소권(제406조)이나 상속회복청구권(제999조)의 행사는 법원에 대한 소를 통하여 이루어져야 한다. 대법원은 나아가 점유보호청구권의 행사도 출소기간으로 보고 있다.[2]

(3) 구체적인 제척기간

상술한 출소기간의 경우 외에도 형성권에 해당하는 취소권을 위한 기간(제146조), 하자담보청구권의 행사기간(제573조, 제582조 등), 가족행위에 대한 취소권의 행사기간(제823조, 제861조, 897조 등) 등이 제척기간에 해당된다. 그 외에 대법원은 해제권[3], 해지권[4], 환매권[5], 매매예약완결권[6] 등 형성권의 경우에는 법률의 규정이 없지만 10년의 제척기간이 적용되는 것으로 해석한다. 다만 제555조의 서면에 의하지 않은 증여의 해제는 본래의 해제와 달리 특수한 철회로서 제척기간의 적용을 받지 않아 10년이 지난 뒤에도 해제가 가능하다.[7] 불법행위로 인한 손해배상청구권의 기간(제766조)에 대하여

---

1) 대판 1993. 7. 27., 92다52795.
2) 대판 2002. 4. 26., 2001다8097.
3) 대판 2017. 6. 15., 2017다204230.
4) 대판 2000. 1. 28., 99다50712.
5) 대판 1992. 4. 24., 92다4673.
6) 대판 1995. 11. 10., 94다22682.
7) 대판 2003. 4. 11., 2003다1755.

판례[1]는 제척기간이 아니라 단기소멸시효기간으로 본다.

형성권의 행사로 발생하게 되는 청구권에 대하여서는 일반 채권과 마찬가지로 청구권이 발생한 때로부터 소멸시효가 적용된다. 따라서 취소권의 행사로 발생하는 부당이득반환청구권[2]이나 해제권의 행사로 인한 원상회복청구권[3]은 취소권이나 해제권을 행사한 때부터 제척기간이 아닌 통상의 소멸시효가 진행한다.

(4) 소멸시효와의 차이

소멸시효는 일정한 기간의 경과로 권리의 소멸을 가져온다는 점에서 제척기간과 유사하지만 여러 가지 측면에서 두 제도는 구별된다.

1) 소급효

권리는 시효기간의 만료로 그 기산일에 소급하여 소멸한다(제167조). 반면 제척기간이 붙은 권리는 제척기간이 만료하면 장래를 향하여 소멸한다.

2) 기산점

소멸시효는 일정한 기간 동안 권리를 행사하지 않으면 발생하며, 그 기간은 권리를 행사할 수 있는 때로부터 기산한다(제166조). 즉 권리가 발생하고 있더라도 권리를 행사할 수 없으면 그 기간은 시효산정의 기간에 산입되지 않는다. 반면 제척기간의 기산점은 원칙적으

1) 대판 1989. 9. 26., 89다카6584.
2) 대판 1977. 2. 22., 76다2520.
3) 대판 2009. 12. 24., 2009다63267.

로 그 권리가 발생한 때이다.[1)]

3) 기간의 중단

제척기간은 권리관계의 조속한 확정을 목적으로 하므로 권리의 행사로 인하여 기간이 다시 개시되는 중단이 인정되지 않는다. 반면 소멸시효는 권리의 행사나 승인 등으로 기간이 중단되고 중단된 때로부터 시효의 기간은 다시 개시된다.

4) 법원의 직권 조사 여부

시효는 시효이익을 받을 자가 이를 주장하지 않으면 법원이 이를 고려하지 못한다. 반면 제척기간은 법원의 직권조사사항으로 당사자의 주장이 없더라도 법원이 당연히 고려하여야 하며 제척기간이 지난 권리를 주장하는 경우 법원은 그 소를 부적법 각하하여야 한다.

(5) 제척기간이 적용되는 권리의 소멸시효

제척기간은 권리의 행사에 따른 법률관계의 조속한 확정을 목적으로 하는데 경우에 따라 제척기간이 소멸시효의 기간보다 장기에 이르는 경우도 발생할 수 있다. 예를 들어 매도인의 하자담보책임에 따른 손해배상청구권은 제척기간으로 하자 있음을 안 날로부터 6개월 내에 행사하여야 하는데, 이 손해배상청구권의 행사가 목적물을 인도받은 시 10년 이후에 가능하도록 하게 된다면 제척기간의 취지도 달성되지 못하고 오히려 소멸시효의 기간을 연장하는 결과에 이르게 된다. 이러한 점을 감안하여 대법원은 “하자담보에 기한 매수

1) 대판 1992. 7. 28., 91다44766.

인의 손해배상청구권은 권리의 내용·성질 및 취지에 비추어 민법 제162조 제1항의 채권 소멸시효의 규정이 적용되고, 민법 제582조의 제척기간 규정으로 인하여 소멸시효 규정의 적용이 배제된다고 볼 수 없으며, 이때 다른 특별한 사정이 없으면 무엇보다도 매수인이 매매 목적물을 인도받은 때부터 소멸시효가 진행한다고 해석함이 타당하다"[1]는 입장을 취한다.

Ⅱ. 시효로 소멸이 가능한 권리

민법은 시효로 소멸할 수 있는 권리로 채권과 소유권을 제외한 재산권을 들고 있다(제162조).

1. 채권

상대방에 대하여 일정한 급부를 청구할 수 있는 권리를 내용으로 하는 채권은 소멸시효의 대상이 된다. 다만 대법원은 "시효제도의 존재이유에 비추어 보아 부동산 매수인이 그 목적물을 인도받아서 이를 사용수익하고 있는 경우에는 그 매수인을 권리 위에 잠자는 것으로 볼 수도 없고 또 매도인 명의로 등기가 남아 있는 상태와 매수인이 인도받아 이를 사용수익하고 있는 상태를 비교하면 매도인 명의로 잔존하고 있는 등기를 보호하기보다는 매수인의 사용수익상태를 더욱 보호하여야 할 것이므로 그 매수인의 등기청구권은 다른 채권

1) 대판 2011. 10. 13., 2011다10266. 수급인의 담보책임에 기한 하자보수에 갈음하는 손해배상청구권에 대하여 민법 제670조 또는 제671조의 제척기간이 적용되는 경우에도 마찬가지의 입장이다; 대판2012. 11. 15., 2011다56491.

과는 달리 소멸시효에 걸리지 않는다고 해석함이 타당하다"[1]고 보았다. 나아가 "부동산의 매수인이 그 부동산을 인도받은 이상 이를 사용·수익하다가 그 부동산에 대한 보다 적극적인 권리 행사의 일환으로 다른 사람에게 그 부동산을 처분하고 그 점유를 승계하여 준 경우에도 그 이전등기청구권의 행사 여부에 관하여 그가 그 부동산을 스스로 계속 사용·수익만 하고 있는 경우와 특별히 다를 바 없으므로 위 두 어느 경우에나 이전등기청구권의 소멸시효는 진행되지 않는다"[2]고 보았다. 다만 부동산실권리자명의 등기에 관한 법률에 의하여 동법 시행 이전의 유효한 명의신탁약정은 효력을 상실하게 되고 그 효과로 계약명의신탁의 수탁자가 부동산의 소유권을 취득하는데, 명의신탁자가 부동산을 점유, 사용하고 있는 상태에서 명의수탁자에게 부당이득반환청구권의 내용으로 등기청구권을 10년 이상 행사하지 않는 경우 대법원[3]은 동 법의 제정취지에 비추어 소멸시효가 완성된다는 입장이다.

2. 소유권 이외의 재산권

(1) 소유권

소유권은 소멸시효의 대상이 되지 않는다(제162조 제2항). 소유권은 타인의 권리에 부속하거나 의존하여 존재하는 권리가 아니라 독립적인 완전한 권리로 이를 행사하지 않는다고 하여 소멸시킬 근거가 없다. 소유권이 시효로 소멸하지 않는 항구성을 갖는다면 이로부

1) 대판(전) 1976. 11. 6., 76다148.
2) 대판(전) 1999. 3. 18., 98다32175.
3) 대판 2009. 7. 9., 2009다23313.

터 비롯되는 물권적 청구권, 즉 소유물반환청구권(제213조), 소유물방해제거청구권(제214조) 등도 시효로 소멸하지 않는다고 보는 것이 타당하다. 소유권이 존재함에도 이러한 물권적 청구권만 소멸하게 되면 소유권은 실질적으로 형해화되기 때문이다.

명의신탁자는 명의수탁자에 대하여 신탁해지를 하고 신탁관계의 종료 그것만을 이유로 하여 소유 명의의 이전등기절차의 이행을 청구할 수 있음은 물론, 신탁해지를 원인으로 하고 소유권에 기해서도 그와 같은 청구를 할 수 있다.[1] 여기서 명의신탁을 해지하고 소유권에 기하여 신탁해지를 원인으로 한 소유권이전등기절차의 이행을 청구할 권리는 소멸시효의 대상이 되지 않는다.[2]

(2) 기타의 물권

민법은 소유권 이외의 재산권도 소멸시효에 걸리는 것으로 규정하고 있다. 따라서 제한물권과 그로부터 유래하는 물권적 청구권도 시효에 걸린다. 예를 들어 지상권을 20년간 행사하지 않으면 지상권은 시효로 소멸한다. 담보물권에 대하여서는 채권의 부종성과 관련하여 이견이 있으나[3] 물상보증인에 대한 담보물권은 시효로 소멸하는 것으로 해석하는 것이 타당하다. 예를 들어 20년이 지난 이후에도 채무가 존재하고 따라서 채권자가 담보권을 실행할 수 있다고 한다면 물상보증인의 이익은 크게 침해를 받게 된다. 민법이 소유권과 달리 담보물권을 시효의 대상에서 제외하지도 않고 있다는 점에서 물상보증인의 담보물권은 소멸하는 것으로 제한하여 해석하는 것이

1) 대판(전) 1980. 12. 9., 79다634.
2) 대판 1991. 11. 26., 91다34387.
3) 시효에 걸리지 않는다는 견해로 곽윤직/김재형, 민법총칙(민법강의Ⅰ), 2019, 428면.

타당하다.[1)]

(3) 점유권과 유치권

점유라는 사실 상태에 대하여 권리를 주는 점유권과 이러한 사실 상태를 통하여 채권의 실행을 간접적으로 강제하는 유치권의 경우 그러한 사실 상태가 계속되는 한 해당 권리를 행사하고 있는 것이므로 시효로 소멸하지 않는다.

(4) 일정한 법률관계에 수반되는 권리

일정한 법률관계가 존재하는 경우에 그에 수반하여 당연히 인정되는 권리는 소멸시효의 대상이 되지 못한다. 예를 들어 공유물분할청구권은 공유관계가 존재하는 한 그에 수반하여 항상 존재하는 권리로 시효에 의하여 소멸할 여지가 없다. 제215조 이하의 상린권도 이웃한 토지들 사이에서 이를 전제로 발생하는 권리이므로 마찬가지로 시효로 소멸하지 않는다.

Ⅲ. 권리의 불행사

1. 의의

소멸시효는 일정 기간 동안 권리의 불행사가 있어야 한다. 권리의 불행사는 권리를 행사하지 않는 것을 의미하는 것으로 여기서 권리

1) 민법 제440조가 "주채무자에 대한 시효의 중단은 보증인에 대하여 그 효력이 있다"고 하고 있으나 이는 보증채무의 부종성 때문이 아니라 채권담보의 효력을 확보해 주기 위한 규정에 불과하다; 대판 2006. 8. 24., 2004다26287.

의 행사는 권리에 의하여 추구되는 이익을 실현하는 것을 의미한다. 하자담보에 따른 손해배상청구권의 양도통지는 양도인이 채권이 양도되었다는 사실을 채무자에게 알리는 것에 그치는 행위이므로, 그것만으로 제척기간 준수에 필요한 권리의 재판 외 행사에 해당한다고 할 수 없다.[1] 손해배상청구권을 통하여 추구되는 이익은 청구함으로써 실현되는 것이지 그 채권을 양도했다는 통지로 실현되는 것은 아니기 때문이다.

권리의 불행사는 권리를 자발적으로 행사하지 않은 것만을 의미하므로 권리를 행사할 수 없는 기간은 소멸시효에 계산되지 않는다(제166조 제1항).

2. 소멸시효의 기산점

(1) 원칙

권리의 불행사로 기산되는 시기는 권리를 행사할 수 있는 때부터이다. 이와 관련하여 판례는 법률적 장애만 소멸시효의 기간에서 제외되고 사실적 장애의 경우에는 기간에 포함된다고 보고 있다. 즉 "그 권리행사에 법률상의 장애사유, 예컨대 기간의 미도래나 조건불성취 등이 있는 경우를 말하는 것이고, 사실상 권리의 존재나 권리행사의 가능성을 알지 못하였고 또 알지 못함에 과실이 없다고 하여도 이러한 사유는 법률상 장애사유에 해당한다고 할 수 없다"고 이해한다.[2] 기본적으로 타당한 입장이다. 자신의 이익과 관련한 권리에 대하여서는 스스로 인식하고 행사할 것이 요구되기 때문이다.

---

1) 대판(전) 2012. 3. 22. 2010다28840.
2) 대판 1992. 7. 24., 91다40924.

다만 대법원은 예외적으로 권리의 발생 여부를 객관적으로 알기 어려운 상황에서는 형평에 비추어 객관적으로 권리의 발생을 알 수 있는 때로부터 소멸시효가 진행한다고 보고 있다. 예를 들어 소멸시효의 진행은 당해 청구권이 성립한 때로부터 발생하고 원칙적으로 권리의 존재나 발생을 알지 못하였다고 하더라도 소멸시효의 진행에 장애가 되지 않는다고 할 것이지만, 법인의 이사회결의가 부존재함에 따라 발생하는 제3자의 부당이득반환청구권처럼 법인이나 회사의 내부적인 법률관계가 개입되어 있어 청구권자가 권리의 발생 여부를 객관적으로 알기 어려운 상황에 있고 청구권자가 과실 없이 이를 알지 못한 경우에도 청구권이 성립한 때부터 바로 소멸시효가 진행한다고 보는 것은 정의와 형평에 맞지 않을 뿐만 아니라 소멸시효제도의 존재이유에도 부합한다고 볼 수 없으므로, 이러한 경우에는 이사회결의부존재확인판결의 확정과 같이 객관적으로 청구권의 발생을 알 수 있게 된 때로부터 소멸시효가 진행된다.[1] 또한 보험금액청구권의 소멸시효와 관련하여 "보험사고가 발생한 것인지의 여부가 객관적으로 분명하지 아니하여 보험금액청구권자가 과실 없이 보험사고의 발생을 알 수 없었던 경우에도 보험사고가 발생한 때로부터 보험금액청구권의 소멸시효가 진행한다고 해석하는 것은, 보험금액청구권자에게 너무 가혹하여 사회정의와 형평의 이념에 반할 뿐만 아니라 소멸시효제도의 존재이유에 부합된다고 볼 수도 없으므로, 이와 같이 객관적

1) 대판 2003. 4. 8., 2002다64957. 이 판결에서 대법원은 "주식회사인 부동산 매수인이 의료법인인 매도인과의 부동산매매계약의 이행으로서 그 매매대금을 매도인에게 지급하였으나, 매도인 법인을 대표하여 위 매매계약을 체결한 대표자의 선임에 관한 이사회결의가 부존재하는 것으로 확정됨에 따라 위 매매계약이 무효로 되었음을 이유로 민법의 규정에 따라 매도인에게 이미 지급하였던 매매대금 상당액의 반환을 구하는 부당이득반환청구의 경우, 거기에 상거래관계와 같은 정도로 신속하게 해결할 필요성이 있다고 볼 만한 합리적인 근거도 없으므로 위 부당이득반환청구권에는 상법 제64조가 적용되지 아니하고, 그 소멸시효기간은 민법 제162조 제1항에 따라 10년"이라고 하여 부당이득반환청구에 대하여 상사시효를 적용하지 않았다.

으로 보아 보험사고가 발생한 사실을 확인할 수 없는 사정이 있는 경우에는, 보험금액청구권자가 보험사고의 발생을 알았거나 알 수 있었던 때로부터 보험금액청구권의 소멸시효가 진행한다고 해석하는 것이 타당하다"[1)]고 보았다.

권리자가 권리를 행사할 수 있는 때는 채무의 이행기와 구별된다. 권리를 행사할 수 있다고 하더라도 권리는 이익의 의지적 실현이므로 이러한 권리를 행사하지 않을 수도 있다. 또한 소멸시효제도가 권리 위에서 잠자는 자를 보호하지 않겠다는 점이 고려된 것을 감안하면 권리의 행사 가능 여부는 스스로 확인하여 자신의 이익을 추구하여야 한다. 즉 자신의 권리가 행사 가능한지 여부는 권리자가 스스로 확인하고 주장하여야 하며 권리가 언제 발생하였는지 몰랐다고 하더라도 소멸시효의 기산에는 영향을 미치지 않는다. 반면 이행기는 채무자가 채무를 이행해야 하는 기간으로 의무적 성격을 갖는다. 이행기가 지나게 되면 동시이행의 항변권과 같은 특별한 사정이 없는 한 채무자는 이행지체에 빠지게 된다. 따라서 채무자의 입장에서 이행기를 굳이 확인하여 이행해야 할 의무까지 부과하는 것은 과도한 의무부담이 될 수 있다. 즉 채무자는 이행기가 도래한 때를 알면 그때부터 이행지체에 빠지도록 하는 것이 합리적이다. 이행지체의 경우에 권리자의 이행기 도래에 대한 통지 등이 요구되는 이유이다.

양육자가 상대방에 대하여 자녀 양육비의 지급을 구할 권리는 당

1) 대판 1993. 7. 13., 92다39822. "당초 군 수사기관에 의해 망인의 사인은 단순 자살이라고 결론 내려졌으므로 망인이 구타·가혹행위 등으로 인한 육체적, 정신적 고통을 견딜 수 없는 상태에서 사망에 이르렀다는 이 사건에 대한 (진상규명위원회의) 결정이 있기까지는, 망인이 자유로운 의사결정을 할 수 없는 상태에서 사망에 이르게 되어 보험사고가 발생하였는지 여부가 객관적으로 분명하지 않았다가, 이 사건 결정이 있게 됨으로써 보험사고의 발생이 객관적으로 확인될 수 있게 되었고 원고들도 그때서야 보험사고의 발생을 알았거나 알 수 있게 되었다고 보아야 할 것이므로, 원고들의 피고들에 대한 보험금청구권의 소멸시효는 이 사건 결정이 있은 2009. 10. 21.부터 진행한다."

초에는 기본적으로 친족관계를 바탕으로 하여 인정되는 하나의 추상적인 법적 지위이었던 것이 당사자 사이의 협의 또는 당해 양육비의 내용 등을 재량적·형성적으로 정하는 가정법원의 심판에 의하여 구체적인 청구권으로 전환됨으로써 비로소 보다 뚜렷하게 독립한 재산적 권리로서의 성질을 가지게 된다. 이와 같이 당사자의 협의 또는 가정법원의 심판에 의하여 구체적인 지급청구권으로서 성립하기 전에는 과거의 양육비에 관한 권리는 양육자가 그 권리를 행사할 수 있는 재산권에 해당한다고 할 수 없고, 따라서 이에 대하여는 소멸시효가 진행할 여지가 없다고 보아야 한다.[1] 즉 과거의 양육비청구권의 소멸시효의 기산점은 당사자의 합의나 가정법원의 심판에 의하여 그 내용이 확정될 때이다.

(2) 시기부권리

권리가 이미 발생하였어도 당사자의 합의나 법률로 그 권리의 행사가 유예되는 경우가 있다. 이를 시기부권리라고 하는데 이러한 권리는 기한이 도래한 때에 비로소 권리를 행사할 수 있고 그때부터 소멸시효의 기간이 기산된다.

1) 확정기한부 권리

확정된 기한의 도래가 있는 경우에 비로소 권리의 행사가 가능한 경우 권리는 그 기한이 도래한 때로부터 소멸시효에 걸린다. 이러한 소멸시효기간의 기산점은 상대방이 동시이행의 항변권 등을 주장하여 이행지체에 빠지지 않는 경우에도 마찬가지로 적용된다. 예를 들

1) 대결 2011. 7. 29. 2008스67.

어 점포의 임대차 청약을 하면서 청약금을 지급하고 점포에 입주하여 점유하였으나 임대차계약의 체결이 거절된 경우 점포임대차 청약금반환채권이 점포명도의무와 동시이행 관계에 있다 하더라도 청약금반환의무자는 청약자로부터 점포명도의무의 이행제공을 받을 때까지 청약금의 지급을 거절할 수 있는데 지나지 아니하므로 청약금반환채권은 청약에 대한 거절이 확정된 때 이후부터 소멸시효가 진행한다.[1] 마찬가지로 부동산에 대한 매매대금 채권이 소유권이전등기청구권과 동시이행의 관계에 있다고 할지라도 매도인은 매매대금의 지급기일 이후 언제라도 그 대금의 지급을 청구할 수 있는 것이며, 다만 매수인은 매도인으로부터 그 이전등기에 관한 이행의 제공을 받기까지 그 지급을 거절할 수 있는데 지나지 아니하므로 매매대금 청구권은 그 지급기일 이후 시효의 진행에 걸린다.[2]

2) 불확정기한부권리

기한의 도래가 불확정한 사실의 성부에 의존하는 경우 불확정한 사실의 성부가 확정된 때에 권리는 행사 가능하고 따라서 소멸시효도 진행한다. 다만 권리자는 불확정한 사실의 성부를 모르는 경우도 있을 수 있다. 이 경우에도 원칙적으로 사실적 장애에 해당하여 시효의 진행을 막지 못한다. 반면 채무의 변제기는 채무자가 기한의 도래를 안 때에 도래한다(제387조).

---

1) 대판 1993. 12. 14., 93다27314.
2) 대판 1991. 3. 22., 90다9797.

3) 기한을 정하지 않은 권리

기한을 정하지 않은 권리는 그 권리를 언제든지 행사할 수 있으므로 그 권리가 발생한 때에 소멸시효가 기산된다. 법률행위가 무효인 때에는 급부가 이루어진 때에, 취소된 때에 부당이득반환청구권의 소멸시효가 기산된다. 채무불이행으로 인한 손해배상채권은 채무불이행이 된 때에 기산한다.[1] 따라서 매매로 인한 부동산소유권이전채무가 이행불능됨으로써 매수인이 매도인에 대하여 갖게 되는 손해배상채권은 그 부동산소유권의 이전채무가 이행불능된 때에 발생하는 것이고 그 계약체결일에 생기는 것은 아니므로 위 손해배상채권의 소멸시효는 계약체결일이 아닌 소유권이전채무가 이행불능된 때부터 진행한다.[2] 마찬가지로 대상청구권은 특별한 사정이 없으면 매매 목적물의 수용 또는 국유화로 인하여 매도인의 소유권이전등기의무가 이행불능되었을 때 매수인이 그 권리를 행사할 수 있다고 보아야 할 것이다. 다만 국유화가 된 사유의 특수성과 법규의 미비 등으로 그 보상금의 지급을 구할 수 있는 방법이나 절차가 없다가 상당한 기간이 지난 뒤에야 보상금청구의 방법과 절차가 마련된 경우라면, 대상청구권자로서는 그 보상금청구의 방법이 마련되기 전에는 대상청구권을 행사하는 것이 불가능하였던 것이고, 따라서 이러한 경우에는 보상금을 청구할 수 있는 방법이 마련된 시점부터 대상청구권에 대한 소멸시효가 진행한다.[3]

---

1) 대판 1995. 6. 30., 94다54269. 하지만 이러한 판례의 태도는 손해배상채권이 본래의 채권과 본질에 있어서 동일하다고 보는 입장에 스스로 모순이 되는 견해이다. 두 채권이 동일하다고 보는 판례(대판 2018. 2. 28., 2016다45779)의 입장에서는 본래의 채권을 행사할 수 있는 때로부터 손해배상채권도 시효로 소멸한다고 보아야 하기 때문이다(김증한/김학동, 민법총칙, 1995, 521면 참조).

2) 대판 1990. 11. 9., 90다카22513.

3) 대판 2002. 2. 8., 99다23901.

반면 기한을 정하지 않은 권리는 그 권리를 행사한 때에 비로소 이행지체에 빠지게 된다. 따라서 부당이득반환청구권의 행사로 인한 이행지체는 그 권리를 행사한 때에 발생한다.[1]

4) 최고나 해지통고 후 일정한 기간의 경과로 청구가 가능한 경우

반환시기의 약정이 없는 소비대차의 경우 대주는 상당한 기간을 정하여 반환을 최고하여야 한다(제603조 제2항). 임대차기간의 약정이 없는 때에 당사자는 언제든지 계약을 해지할 수 있지만, 토지나 건물 기타 공작물에 대하여는 임대인이 해지를 통고한 경우에는 6월, 임차인이 해지를 통고한 경우에는 1월, 동산에 대하여는 5일이 지난 후에 해지의 효력이 발생한다(제635조). 이러한 경우에 그 청구권의 소멸시효도 유예된 기간이 경과하여 실제로 청구가 가능한 시기부터 기산된다.

(3) 불법행위로 인한 손해배상채권

불법행위로 인한 손해배상의 청구권은 피해자나 그 법정대리인이 그 손해 및 가해자를 안 날로부터 3년간 이를 행사하지 아니하면 시효로 인하여 소멸한다(제766조 제1항). 여기서 '손해'란 위법한 행위로 인한 손해 발생의 사실을, 그리고 '가해자'란 손해배상청구의 상대방을 의미하고, 또한 '안 날'이란 피해자나 그 법정대리인이 위 손해 및 가해자를 현실적이고도 구체적으로 인식하는 것을 뜻한다. 권리자인 피해자의 이와 같은 주관적 용태, 즉 손해를 안 시기는 시효의 이익을 주장하는 자에게 입증책임이 있다.[2] 피해자가 '그 손해 및 가

1) 대판 2010. 1. 28., 2009다24187.
2) 대판 1982. 3. 9., 81다977.

해자를 안 날'은 손해의 발생, 위법한 가해행위의 존재, 가해행위와 손해의 발생 사이에 상당인과관계가 있다는 사실 등 불법행위의 요건사실에 대하여 현실적이고도 구체적으로 인식하였을 때이다.[1]

민법 제766조 제2항에 의한 소멸시효의 기산점이 되는 '불법행위를 한 날'이란 가해행위가 있었던 날이 아니라 현실적으로 손해의 결과가 발생한 날을 의미하지만, 그 손해의 결과발생이 현실적인 것으로 되었다면 그 소멸시효는 피해자가 손해의 결과 발생을 알았거나 예상할 수 있는가 여부에 관계없이 가해행위로 인한 손해가 현실적인 것으로 되었다고 볼 수 있는 때로부터 진행한다.[2]

불법행위로 인한 손해배상채권은 이행기가 불법행위가 있은 때로부터 있는 기한 없는 채무이다. 따라서 불법행위 시부터 이행지체에 빠지게 되며, 불법행위자는 불법행위 시부터 갚는 날까지 지연이자를 지급하여야 한다.[3]

(4) 기한이익상실의 특약이 있는 경우의 채권

기한이익상실의 특약은 그 내용에 의하여 일정한 사유가 발생하면 채권자의 청구 등을 요함이 없이 당연히 기한의 이익이 상실되어 이행기가 도래하는 것으로 하는 것(정지조건부 기한이익상실의 특약)과 일정한 사유가 발생한 후 채권자의 통지나 청구 등 채권자의 의사행위를 기다려 비로소 이행기가 도래하는 것으로 하는 것(형성권적 기한이익상실의 특약)의 두 가지로 대별 할 수 있다. 대법원은 기한이익상실의 특약이 위의 양지 중 어느 것에 해당하느냐는 당사자의 의

1) 대판 2010. 5. 27., 2010다7577.
2) 대판 2005. 5. 13., 2004다71881.
3) 대판 2010. 7. 22., 2010다18829.

사해석의 문제이지만 일반적으로 기한이익상실의 특약이 채권자를 위하여 둔 것인 점에 비추어 명백히 정지조건부 기한이익상실의 특약이라고 볼 만한 특별한 사정이 없는 이상 형성권적 기한이익상실의 특약으로 추정한다.[1)]

정지조건부 기한이익상실의 특약이 있는 경우 정지조건이 성취되면 기한의 이익은 곧바로 상실되므로 할부금채무의 1회의 불이행이 있게 되면 그 불이행으로 나머지 할부금 전액의 채권에 대한 소멸시효가 진행한다. 반면 형성권적 기한이익상실의 특약이 있는 경우에는 그 특약은 채권자의 이익을 위한 것으로서 기한이익의 상실 사유가 발생하였다고 하더라도 채권자가 나머지 전액을 일시에 청구할 것인가 또는 종래대로 할부변제를 청구할 것인가를 자유로이 선택할 수 있으므로, 이와 같은 기한이익상실의 특약이 있는 할부채무에 있어서는 1회의 불이행이 있더라도 각 할부금에 대해 그 각 변제기의 도래 시마다 그때부터 순차로 소멸시효가 진행하고 채권자가 특히 잔존 채무 전액의 변제를 구하는 취지의 의사를 표시한 경우에 한하여 전액에 대하여 그때부터 소멸시효가 진행한다.[2)]

(5) 정지조건부권리

조건이 성취한 때로부터 권리를 행사할 수 있게 되고 시효도 진행된다. 보증인의 구상권은 채권자에게 현실적으로 보증채무를 이행한 때에 발생하고 그때부터 소멸시효가 진행한다.[3)] 반면 수탁보증인에 대한 사전구상권은 민법 제442조 제1항 소정의 사유나 약정으로 정

1) 대판 2002. 9. 4., 2002다28340.
2) 대판 1997. 8. 29., 97다12990.
3) 대판 2008. 7. 24., 2007다37530.

한 일정한 사실에 의하여 발생하고 소멸시효도 그때부터 진행한다.[1)]

(6) 부작위 채권

부작위를 목적으로 하는 채권의 소멸시효는 위반행위를 한 때로부터 진행한다(제166조 제2항). 예를 들어 A가 자신의 농지에 그늘이 지지 않도록 하기 위하여 옆 토지의 소유자 B와 15년간 건축을 하지 않기로 합의한 경우 B가 그러한 합의에 위배하여 건축을 하게 되면 A는 그때부터 그 제거를 청구할 권리가 발생하고 또한 소멸시효도 진행된다.

Ⅳ. 소멸시효의 기간

소멸시효의 완성으로 권리가 소멸하기 위하여는 권리의 불행사가 일정 기간 지속되어야 한다. 민법은 소멸시효의 기간을 권리의 성질에 따라 다르게 규정하고 있다.

1. 채권

(1) 통상의 채권

채권은 원칙적으로 10년의 소멸시효기간이 적용된다. 부당이득반환청구권, 매매대금채권, 보증인의 구상채권 등이 보통의 채권으로 통상 10년의 시효로 소멸한다. 반면 상사채권은 5년의 경과로 소멸

1) 대판 1992. 9. 25., 91다37553.

한다(상법 제64조). 다만 상행위로 인한 채권의 소멸시효에 관하여도 다른 법령에 상사시효보다 단기의 시효규정이 있는 때에는 그 규정에 따르는 것이므로(상법 제64조 단서) 채권이 민법의 단기시효에 의하여 소멸되는 것이라면 상사시효에 관한 규정을 적용할 것이 아니라 민법상 단기시효의 규정을 적용하여야 한다.[1]

(2) 3년의 시효에 걸리는 채권

1) 이자, 부양료, 급료, 사용료 그 밖의 1년 이내의 기간으로 정한 금전 또는 물건의 지급을 목적으로 하는 채권

1년 이내의 기간으로 정한 채권이란 1년 이내의 정기에 지급되는 채권을 의미하는 것이고 변제기가 1년 내의 채권이라는 의미가 아니다.[2] 이자채권이라고 하더라도 1년 이내의 정기에 지급하기로 한 것이 아닌 이상 위 규정 소정의 3년의 단기소멸시효에 걸리는 것이 아니다.[3] 1개월 단위로 지급되는 집합건물의 관리비채권이 여기에 해당한다.[4] 정수기 대여계약은 甲 회사가 보유하는 정수기를 그 사용을 원하는 乙 등 불특정 다수를 대상으로 대여하기 위하여 체결한 것으로서 본질이 리스 물건의 취득 자금에 대한 금융 편의 제공이 아니라 리스 물건의 사용 기회 제공에 있는 점, 위 대여계약에서 월 대여료는 甲 회사가 乙에게 제공하는 취득 자금의 금융 편의에 대한 원금의 분할변제와 이자·비용 등의 변제 성격을 가지는 것이 아니라 정수기의 사용 대가인 점 등에 비추어 위 대여계약은 금융리스에 해당한

1) 대판 1966. 6. 28., 66다790.
2) 대판 1980. 2. 12., 79다2169.
3) 대판 1996. 9. 20., 96다25302.
4) 대판 2007. 2. 22., 2005다65821.

다고 볼 수 없으므로, 위 대여계약에 기한 월 대여료 채권은 민법 제163조 제1호에 정한 '사용료 기타 1년 이내의 기간으로 정한 금전의 지급을 목적으로 한 채권'으로서 소멸시효 기간은 3년이다.[1] 은행이 그 영업행위로서 한 대출금에 대한 변제기 이후의 지연손해금은 민법 제163조 제1호 소정의 단기소멸시효 대상인 이자채권도 아니고, 불법행위로 인한 손해배상 채권에 관한 민법 제766조 제1항 소정의 단기소멸시효의 대상도 아니고, 상행위로 인한 채권에 관하여 적용될 5년간의 소멸시효를 규정한 상법 제64조가 적용되어야 한다.[2]

2) 의사, 조산사, 간호사 및 약사의 치료, 근로 및 조제에 관한 채권

민법 제163조 제2호 소정의 '의사의 치료에 관한 채권'에 있어서는, 특약이 없는 한 그 개개의 진료가 종료될 때마다 각각의 당해 진료에 필요한 비용의 이행기가 도래하여 그에 대한 소멸시효가 진행된다고 해석함이 상당하고, 장기간 입원 치료를 받는 경우라 하더라도 다른 특약이 없는 한 입원 치료 중에 환자에 대하여 치료비를 청구함에 아무런 장애가 없으므로 퇴원 시부터 소멸시효가 진행된다고 볼 수는 없다. 따라서 환자가 수술 후 후유증으로 장기간 입원 치료를 받으면서 병원을 상대로 의료과오를 원인으로 한 손해배상청구 소송을 제기하였다 하더라도, 그러한 사정만으로는 환자를 상대로 치료비를 청구하는 데 법률상으로 아무런 장애가 되지 아니하므로 치료비 채권의 소멸시효가 퇴원 시부터 진행한다거나 위 손해배상청구 소송이 종결된 날로부터 진행한다고 볼 수는 없다.[3]

---

1) 대판 2013. 7. 12., 2013다20571.
2) 대판 1979. 11. 13., 79다1453.
3) 대판 2001. 11. 9., 2001다52568.

3) 도급받은 자, 기사, 기타 공사의 설계 또는 감독에 종사하는 자의 공사에 관한 채권

도급을 받은 자의 공사에 관한 채권에서, 그 "채권"이란 도급받은 공사의 공사대금채권뿐만 아니라 그 공사에 부수되는 채권도 포함하는 것이다.[1] 공사대금채권이 시효로 소멸한 경우 도급인이 공사대금을 지급하지 않는다고 하여 약정해제사유가 성립한다고 할 수 없고, 그 계약상 도급인에게 수급인으로 하여금 공사를 이행할 수 있도록 협력하여야 할 의무가 인정된다고 하더라도 이러한 협력의무는 계약에 따른 부수적 내지는 종된 채무로서 민법 제163조 제3호에 정한 '공사에 관한 채무'에 해당하고, 주된 채무인 공사대금채무가 시효로 소멸하였다는 도급인의 주장에는 종된 채무인 위 공사 협력의무의 시효소멸 주장도 들어 있는 것으로 볼 수 있다.[2]

'도급받은 자의 공사에 관한 채권'은 수급인이 도급인에 대하여 갖는 공사에 관한 채권을 말하는 것이므로, 공동수급체 구성원들 상호 간의 정산금 채권 등에 관하여는 위 규정이 적용될 수 없다.[3]

"당사자의 일방이 상대방의 주문에 따라 자기 소유의 재료를 사용하여 만든 물건을 공급하기로 하고 상대방이 대가를 지급하기로 약정하는 이른바 제작물공급계약은 그 제작의 측면에서는 도급의 성질이 있고 공급의 측면에서는 매매의 성질이 있어 대체로 매매와 도급의 성질을 함께 가지고 있으므로, 그 적용 법률은 계약에 의하여 제작 공급하여야 할 물건이 대체물인 경우에는 매매에 관한 규정이 적용되지만, 물건이 특정의 주문자의 수요를 만족시키기 위한 부대체물인 경우에는 당해 물건의 공급과 함께 그 제작이 계약의 주목적이 되어 도급의

1) 대판 1994. 10. 14., 94다17185.
2) 대판 2010. 11. 25., 2010다56685.
3) 대판 2016. 8. 29., 2015다5811.

성질을 띠게 된다."[1]

4) 변호사, 변리사, 공증인, 공인회계사 및 법무사에 대한 직무상 보관한 서류의 반환을 청구하는 채권

5) 변호사, 변리사, 공증인, 공인회계사 및 법무사의 직무에 관한 채권

6) 생산자 및 상인이 판매한 생산물 및 상품의 대가

계속적 물품공급계약에 기하여 발생한 외상대금채권은 특별한 사정이 없으면 개별 거래로 인한 각 외상대금채권이 발생한 때로부터 개별적으로 소멸시효가 진행하고 거래종료일부터 외상대금채권 총액에 대하여 한꺼번에 소멸시효가 기산한다고 할 수 없으며[2], 각 개별 거래 시마다 서로 기왕의 미변제 외상대금에 대하여 확인하거나 확인된 대금의 일부를 변제하는 등의 행위가 없었다면, 새로이 동종 물품을 주문하고 공급받았다는 사실만으로는 기왕의 미변제 채무를 승인한 것으로도 볼 수 없다.[3]

7) 수공업자 및 제조자의 업무에 관한 채권

(3) 1년의 시효에 걸리는 채권

1) 여관, 음식점, 대석, 오락장의 숙박료, 음식료, 대석료, 입장료, 소비물의 대가 및 체당금의 채권

1) 대판 2006. 10. 13., 2004다21862.
2) 대판 1992. 1. 21., 91다10152.
3) 대판 2007. 1. 25., 2006다68940.

2) 의복, 침구, 장구 기타 동산의 사용료의 채권

3) 노역인, 연예인의 임금 및 그에 공급한 물건의 대금채권

노역인은 계약의 상대방과 고용관계에 서지 않으면서 주로 육체적 노동을 제공하는 자를 말한다. 개별적으로 체결한 간병인계약에서의 간병인도 노역인에 해당한다.

> "일정한 채권의 소멸시효기간에 관하여 이를 특별히 1년의 단기로 정하는 민법 제164조는 그 각 호에서 개별적으로 정하여진 채권의 채권자가 그 채권의 발생원인이 된 계약에 기하여 상대방에 대하여 부담하는 반대채무에 대하여는 적용되지 아니한다. 따라서 그 채권의 상대방이 그 계약에 기하여 가지는 반대채권은 원칙으로 돌아가, 다른 특별한 사정이 없는 한 민법 제162조 제1항에서 정하는 10년의 일반소멸시효기간의 적용을 받는다.
> 간병인이 간병인계약상의 의무를 위반함으로써 피간병인이 병실 바닥에 쓰러져 좌측 비구 복합골절 등의 상해를 입는 이 사건 사고가 발생하였으므로 간병인은 손해를 배상할 책임이 있고, 간병료 채권은 노역인의 임금 채권에 해당하여 민법 제164조 제3호에 따라 1년의 단기소멸시효에 걸리더라도 단기소멸시효의 대상이 되는 채권은 노역인의 임금 채권 등에 대하여만 적용될 뿐이지 채무불이행으로 인한 손해배상청구권에는 그 적용이 없다."[1)]

4) 학생 및 수업자의 교육, 의식 및 유숙에 관한 교주, 숙주, 교사의 채권

(4) 판결 등에 의하여 확정된 채권

민법은 판결에 따라 확정된 채권은 단기의 소멸시효에 해당한 것이라도 그 소멸시효는 10년으로 하고 있다(제165조 제1항). 이는 단

1) 대판 2013. 11. 14., 2013다65178.

기소멸시효가 적용되는 채권이라도 판결에 따라 채권의 존재가 확정되면 그 성립이나 소멸에 관한 증거자료의 일실 등으로 인한 다툼의 여지가 없어지고, 법률관계를 조속히 확정할 필요성도 소멸하며, 채권자로 하여금 단기소멸시효 중단을 위해 여러 차례 중단절차를 밟도록 하는 것은 바람직하지 않기 때문이다.[1]

다만 이는 단기의 소멸시효에 걸리는 것이라도 확정판결을 받은 권리의 소멸시효는 10년으로 한다는 뜻일 뿐 10년보다 장기의 소멸시효를 10년으로 단축한다는 의미도 아니고 본래 소멸시효의 대상이 아닌 권리가 확정판결을 받음으로써 10년의 소멸시효에 걸린다는 뜻도 아니다. 따라서 공유물분할청구 소를 제기하여 경매에 의한 매득금의 일정 비율을 분할 취득하라는 판결을 받은 경우, 이 권리는 공유물분할청구권이므로 소멸시효의 대상이 되지 않고 따라서 10년의 시효기간 경과로 인하여 소멸하였다고 볼 수 없다.[2]

단기의 소멸시효에 걸리는 채권이 파산절차에 의하여 확정되거나 재판상의 화해, 조정 기타 판결과 동일한 효력이 있는 것에 의하여 확정된 경우에도 마찬가지로 10년의 시효기간을 갖는다(제165조 제2항).

"확정된 채권은 단기의 소멸시효에 해당한 것이라도 그 소멸시효는 10년으로 한다고 규정하는 것은 당해 판결 등의 당사자 사이에 한하여 발생하는 효력에 관한 것이고 채권자와 주채무자 사이의 판결 등에 의해 채권이 확정되어 그 소멸시효가 10년으로 되었다 할지라도 위 당사자 이외의 채권자와 연대보증인 사이에 있어서는 위 확정판결 등은 그 시효기간에 대하여는 아무런 영향도 없고 채권자의 연대보증인의 연대보증채권의 소멸시효기간은 여전히 종전의 소멸시

1) 대판 2006. 8. 24., 2004다26287.
2) 대판 1981. 3. 24., 80다1888.

효기간에 따른다."[1)]

"주채무자에 대한 확정판결에 의하여 민법 제163조 각 호의 단기소멸시효에 해당하는 주채무의 소멸시효기간이 10년으로 연장된 상태에서 주채무를 보증한 경우에도 특별한 사정이 없는 한 보증채무에 대하여는 민법 제163조 각 호의 단기소멸시효가 적용될 여지가 없고, 성실에 따라 보증인에 대한 채권이 민사채권인 경우에는 10년, 상사채권인 경우에는 5년의 소멸시효기간이 적용된다."[2)]

기한이 도래하지 않은 채권과 같이 판결 확정 당시에 변제기가 도래하지 아니한 채권은 기한이 도래한 때로부터 단기의 시효로 소멸한다(제165조 제3항).

2. 소유권을 제외한 재산권

소유권을 제외한 재산권, 특히 물권은 20년의 경과로 소멸한다. 통설은 담보물권의 경우 부종성으로 인하여 담보물권이 소멸하지 않는 것으로 보나 최소한 물상보증인의 보호를 위하여서는 담보물권도 20년의 시효로 소멸하는 것으로 보는 것이 타당하다.

다만 유치권이 성립된 부동산의 매수인은 피담보채권의 소멸시효가 완성되면 시효로 인하여 채무가 소멸되는 결과 직접적인 이익을 받는 자에 해당하므로 소멸시효의 완성을 원용할 수 있는 지위에 있다고 할 것이나, 매수인은 유치권자에게 채무자의 채무와는 별개의 독립된 채무를 부담하는 것이 아니라 단지 채무자의 채무를 변제할 책임을 부담하는 점 등에 비추어 보면, 유치권의 피담보채권의 소멸시효기간이 확정판결 등에 의하여 10년으로 연장된 경우 매수인은 그 채권의 소멸시효기간이 연장된 효과를 부정하고 종전의 단기소멸

1) 대판 1986. 11. 25., 86다카1569.

2) 대판 2014. 6. 12., 2011다76105.

시효기간을 원용할 수는 없다.[1)]

V. 소멸시효의 중단

1. 의의

소멸시효는 권리의 불행사가 일정 기간 지속되는 경우에 그 권리를 소멸시키는 제도이다. 따라서 권리의 행사가 있게 되거나 이에 상응할 만한 상황이 있게 되면 소멸시효는 그 요건을 충족하지 못하게 된다. 이럴 경우 소멸시효기간 중의 권리는 소멸의 위기에서 벗어나게 되는 것이다. 여기서 권리 불행사의 상황을 중단시킬 수 있는 경우가 무엇인지의 문제 즉, 소멸시효의 중단 사유가 무엇인지의 문제와 그 사유로 소멸시효가 중단된 권리에는 어떠한 변화가 있는지의 문제가 발생한다.

2. 소멸시효 중단 사유

소멸시효의 중단을 가져오는 권리의 행사로 민법은 (1) 청구, (2) 압류, 가압류, 가처분, (3) 승인의 세 가지를 인정한다.

(1) 청구

청구란 권리의 내용을 주장하는 것을 말한다. 청구는 시효중단과 관련하여 재판상 청구와 재판 외의 청구로 구별된다.

1) 대판 2009. 9. 24., 2009다39530.

1) 재판상 청구

a. 권리자가 재판을 통하여 자신의 권리를 주장함으로써 영속된 사실 상태를 해소하고 권리 위에서 잠자는 자가 아님을 보여주게 되므로 민법은 이를 시효중단 사유로서 인정한다. 재판상 청구에는 소멸시효 대상인 권리 자체의 이행청구나 확인청구를 하는 경우뿐만 아니라, 권리가 발생한 기본적 법률관계를 기초로 하여 소의 형식으로 주장하는 경우에도 인정된다. 따라서 형성의 소도 해당되며 본소가 아니라 반소에 의하는 경우도 시효는 중단된다. 근저당권설정약정에 근거한 근저당권설정등기청구권의 행사는 그 피담보채권이 될 금전채권의 실현을 목적으로 하는 것으로서, 근저당권설정등기청구의 소에는 그 피담보채권이 될 채권의 존재에 관한 주장이 당연히 포함되어 있는 것이므로 근저당권설정등기청구의 소의 제기는 그 피담보채권의 재판상의 청구에 준하는 것으로서 피담보채권에 대한 소멸시효 중단의 효력을 생기게 한다.[1)]

b. 시효의 이익을 받는 자가 원고가 되어 소를 제기한 데 대하여 피고로서 응소하여 그 소송에서 적극적으로 권리를 주장하고 그것이 받아들여진 경우에도 시효는 중단되며, 나아가 응소행위를 한 피고에 대하여 패소판결이 확정되었더라도 그 판결에 재심사유가 있음을 이유로 재심청구를 하여 권리를 주장하고 그것이 받아들여진 경우도 취득시효의 중단사유가 되는 재판상의 청구에 준하는 것으로 보아야 한다.[2)]

응소행위가 민법상 시효중단사유로서의 재판상 청구에 준하는 행위로 인정되려면 의무 있는 자가 제기한 소송에서 권리자가 의무 있

1) 대판 2004. 2. 13., 2002다7213.
2) 대판 1997. 11. 11., 96다28196.

는 자를 상대로 응소하여야 할 것이므로, 담보가등기가 설정된 후에 그 목적 부동산의 소유권을 취득한 제3취득자나 물상보증인 등 시효를 원용할 수 있는 지위에 있으나 직접 의무를 부담하지 아니하는 자가 제기한 소송에서의 응소행위는 권리자의 의무자에 대한 재판상 청구에 준하는 행위에 해당한다고 볼 수 없다.[1]

甲이 자신의 차량을 운전하던 중 갓길에 주차된 乙 주식회사 소유의 차량을 충돌하여 상해를 입었는데, 甲 차량의 보험자인 丙 주식회사가 甲에게 보험금을 지급한 후 乙 회사를 상대로 구상금청구의 소를 제기하였고 甲이 丙 회사 측 보조참가인으로 참가하여 乙 회사의 과실 존부 등에 관하여 적극적으로 다투었다면 甲의 손해배상청구권의 소멸시효는 위 보조참가로 중단되었다.[2]

c. 채권양도로 채권은 대항요건의 구비 여부와 관계없이 동일성을 잃지 않고 양도인으로부터 양수인에게 이전되며, 채무자를 상대로 재판상의 청구를 한 채권의 양수인을 '권리 위에 잠자는 자'라고 할 수 없는 점 등에 비추어 보면, 비록 대항요건을 갖추지 못하여 채무자에게 대항하지 못한다고 하더라도 채권의 양수인이 채무자를 상대로 재판상의 청구를 하였다면 이는 소멸시효 중단사유인 재판상의 청구에 해당한다고 보아야 한다.[3]

d. 시효중단 사유인 재판상 청구를 기판력이 미치는 범위와 일치하여 고찰할 필요는 없다. 따라서 매매를 원인으로 한 건축주명의변경이행청구의 소를 제기하여 그 명의변경절차를 이행하라는 내용의

1) 대판 2007. 1. 11., 2006다33364.
2) 대판 2014. 4. 24., 2012다105314.
3) 대판 2005. 11. 10., 2005다41818.

판결이 확정되면, 그 기판력은 그 소송물이었던 건축주명의변경청구권의 존부에만 미치고 소송물이 되어 있지 않은 소유권이전등기청구권에까지 미치지 않지만 소유권이전등기청구권이 발생한 기본적 법률관계에 해당하는 매매계약을 기초로 하여 건축주명의변경을 구하는 소라면 소멸시효를 중단시키는 재판상 청구에 포함되는 것으로 보아야 한다.[1]

e. 한 개의 채권 중 일부에 관하여만 판결을 구한다는 취지를 명백히 하여 소송을 제기한 경우에는 소제기에 의한 소멸시효중단의 효력이 그 일부에 관하여만 발생하고, 나머지 부분에는 발생하지 않지만 비록 그중 일부만을 청구한 경우에도 그 취지로 보아 채권 전부에 관하여 판결을 구하는 것으로 해석된다면 그 청구액을 소송물인 채권의 전부로 보아야 하고, 이러한 경우에는 그 채권의 동일성의 범위 내에서 그 전부에 관하여 시효중단의 효력이 발생한다.[2] 예를 들어 손해배상채권에 대한 소멸시효기간이 경과하기 전에 이 소를 제기하면서 앞으로 시행될 법원의 손해액 감정결과에 따라 청구금액을 확장할 뜻을 소장에 명백히 기재한 경우, 시효기간이 경과한 후에 비로소 청구금액을 확장하는 청구취지 및 원인 변경신청서를 제출하였다고 하더라도 소장 제출 당시부터 손해배상채권 전부 및 그에 대한 법정 지연손해금 전부에 대하여도 판결을 구하였던 것으로 볼 것이므로 시효중단의 효력도 소장에 기재된 지연손해금청구권뿐만 아니라 손해배상채권 전부에 대한 지연손해금청구권 전부에 대하여 발생한 것으로 볼 것이다.[3]

1) 대판 2011. 7. 14., 2011다19737.
2) 대판 1992. 4. 10., 91다43695.
3) 대판 2001. 9. 28., 99다72521.

f. 채권의 지급을 확보하기 위하여 어음이나 수표가 수수된 경우, 이러한 어음이나 수표는 원인채권의 지급수단으로 수수된 것이며 따라서 어음채권 등의 행사는 원인채권을 실현하기 위한 것이므로 채권자가 어음채권에 기하여 청구를 하는 경우에는 원인채권의 소멸시효를 중단시키는 효력이 있다.[1] 하지만 이미 시효로 소멸한 어음채권을 행사하는 경우에는 원인채권의 실현을 위한 적법한 권리행사로 볼 수 없다.[2]

원인채권에 관하여 소를 제기한 것만으로는 그 할인된 어음상의 채권 그 자체를 행사한 것으로 볼 수 없어 이는 어음채권에 관한 소멸시효 중단사유인 재판상 청구에 해당하지 않는다.[3] 만기는 기재되어 있으나 지급지, 지급을 받을 자 등과 같은 어음요건이 백지인 약속어음의 소지인이 그 백지 부분을 보충하지 않은 상태에서 어음금을 청구하는 것은 어음상의 청구권에 관하여 잠자는 자가 아님을 객관적으로 표명한 것이라고 할 수 있고 그 청구로써 어음상의 청구권에 관한 소멸시효는 중단된다고 할 것이다. 이 경우 백지에 대한 보충권은 그 행사에 의하여 어음상의 청구권을 완성시키는 것에 불과하여 그 보충권이 어음상의 청구권과 별개로 독립하여 시효에 의하여 소멸한다고 볼 것은 아니므로 어음상의 청구권이 시효중단에 의하여 소멸하지 않고 존속하고 있는 한 이를 행사할 수 있다.[4]

---

1) 대판 1961. 11. 9., 4293민상748.

2) 대판 2007. 9. 20., 2006다68902.

3) 대판 1994. 12. 2., 93다59922. "원고는 1992. 8. 6. 이 사건 소를 제기할 때에는 약속어음금 청구는 하지 아니한 채 그 원인채권이라는 대여금 청구만 하였다가 당심에 이르러서의 1993. 5. 10.자 준비서면에서 약속어음금 청구를 추가하여 신택직으로 구하고 있으므로 이는 위 약속어음의 지급기일인 1991. 12. 17.로부터 1년이 경과한 후의 일이어서 원고의 피고에 대한 소구권은 시효로 소멸하였다."

4) 대판(전) 2010. 5. 20., 2009다48312.

g. 형사소송은 국가에 대하여 피고인의 형벌을 구하는 내용이므로 소멸시효의 중단사유에 해당하지 않으나 피해자가 소송촉진등에 관한특례법 제25조의 배상청구를 하게 되면 범죄행위로 발생한 손해배상채권의 시효(제166조)도 중단이 된다.[1]

h. 위법한 행정처분의 취소, 변경을 구하는 행정소송은 사권을 행사하는 것으로 볼 수 없으므로 일반적으로 사권에 대한 시효중단사유가 되지 못한다. 다만 오납한 조세에 대한 부당이득반환청구권을 실현하기 위한 수단이 되는 과세처분의 취소 또는 무효확인을 구하는 소는 그 소송물이 객관적인 조세채무의 존부확인으로서 실질적으로 민사소송인 채무부존재확인의 소와 유사할 뿐 아니라, 과세처분의 유효 여부는 그 과세처분으로 납부한 조세에 대한 환급청구권의 존부와 표리관계에 있어 실질적으로 동일 당사자인 조세부과권자와 납세의무자 사이의 양면적 법률관계라고 볼 수 있으므로, 위와 같은 경우에는 과세처분의 취소 또는 무효확인청구의 소가 비록 행정소송이라고 할지라도 조세환급을 구하는 부당이득반환청구권의 소멸시효중단사유인 재판상 청구에 해당한다고 볼 수 있다.[2]

i. 채권자대위권 행사의 효과는 채무자에게 귀속되는 것이므로 채권자대위소송의 제기로 인한 소멸시효 중단의 효과 역시 채무자에게 생긴다.[3] 반면 채권자가 수익자 등을 상대로 채권자취소소송을 제기하는 경우에는 그 소송의 효력이 채무자와 수익자와의 사이에 영향을 미치지 않으므로 시효중단의 효력이 채무자에게 발생하지 않

1) 대판 1999. 3. 12., 98다18124.
2) 대판(전) 1992. 3. 31., 91다32053.
3) 대판 2011. 10. 13., 2010다80930.

는다.

"채권자 甲이 채무자 乙을 대위하여 丙을 상대로 부동산에 관하여 부당이득반환을 원인으로 한 소유권이전등기절차 이행을 구하는 소를 제기하였다가 피보전권리가 인정되지 않는다는 이유로 소각하 판결을 선고받아 확정되었고, 그로부터 3개월 남짓 경과한 후에 다른 채권자 丁이 乙을 대위하여 丙을 상대로 같은 내용의 소를 제기하였다가 丙과 사이에 피보전권리가 존재하지 않는다는 취지의 조정이 성립되었는데, 또 다른 채권자인 戊가 조정 성립일로부터 10여 일이 경과한 후에 乙을 대위하여 丙을 상대로 같은 내용의 소를 다시 제기하였다면 채무자 乙의 丙에 대한 위 부동산에 관한 부당이득반환을 원인으로 한 소유권이전등기청구권의 소멸시효는 甲, 丁, 戊의 순차적인 채권자대위소송에 따라 최초의 재판상 청구인 甲의 채권자대위소송 제기로 중단된다."[1]

j. 시효중단의 효력이 발생하는 시기는 소를 제기한 때(민소법 제265조), 응소의 경우에는 피고가 법원에서 자신의 권리를 적극적으로 주장한 때이다.

k. 재판상의 청구는 소송의 각하, 기각 또는 취하의 경우에는 시효중단의 효력이 없다(제170조 제1항). 다만 그 후 6월 내에 재판상의 청구, 파산절차참가, 압류 또는 가압류, 가처분을 한 때에는 시효는 최초의 재판상 청구로 인하여 중단된 것으로 본다(제170조 제2항).

"채권양도 후 대항요건이 구비되기 전의 양도인은 채무자에 대한 관계에서는 여전히 채권자의 지위에 있으므로 채무자를 상대로 시효중단의 효력이 있는 재판상의 청구를 할 수 있고, 이 경우 양도인이 제기한 소송 중에 채무자가 채권양도의 효력을 인정하는 등의 사정으로 인하여 양도인의 청구가 기각됨으로써

1) 대판 2011. 10. 13., 2010다80930.

민법 제170조 제1항에 의하여 시효중단의 효과가 소멸된다고 하더라도, 양도인의 청구가 당초부터 무권리자에 의한 청구로 되는 것은 아니므로, 양수인이 그로부터 6월 내에 채무자를 상대로 재판상의 청구 등을 하였다면, 민법 제169조 및 제170조 제2항에 의하여 양도인의 최초의 재판상 청구로 인하여 시효가 중단된다."[1]

2) 파산절차에의 참가

파산절차에의 참가란 파산재단의 배당에 참여하기 위하여 채권자가 자신의 채권을 신고하는 것을 말한다(채무자 회생 및 파산에 관한 법률(이하 파산법) 제447조). 파산법은 파산절차에의 참가뿐만 아니라 회생절차의 참가나 개인회생절차참가도 동일하게 시효의 중단사유로 인정한다(파산법 제32조). 파산절차참가는 채권자가 이를 취소하거나 그 청구가 각하된 때에는 시효중단의 효력이 없다(제171조). 강제집행절차에서 배당요구를 하는 경우 및 파산절차를 신청하는 경우에도 당연히 소멸시효중단의 사유에 해당한다.

3) 지급명령

지급명령이란 금전 그 밖에 대체물이나 유가증권의 일정한 수량의 지급을 목적으로 하는 청구에 대하여 법원이 보통의 소송절차에 의하지 않은 간이, 신속절차에 의하여 이행을 명령하는 제도이다(민소법 제462조). 지급명령이 확정되거나 이의신청 등에 의해 소송으로 이행된 경우 지급명령신청이 이루어진 때에 시효가 중단된다. 민법은 채권자가 법정기간 내에 가집행신청을 하지 아니함으로 인하여 그 효력을 잃은 때에는 시효중단의 효력이 없다(제172조)고 하고 있으나

1) 대판 2009. 2. 12., 2008두20109.

민사소송법이 지급명령신청에 따른 가집행신청제도를 삭제하여 가집행신청이 없더라도 지급명령은 시효중단의 효력이 유지된다.

4) 화해를 위한 소환과 임의출석

법원에 제소전 화해를 신청하면(민소법 제385조) 소멸시효는 중단된다. 하지만 화해신청을 받은 법원이 기일을 정하여 상대방에 소환을 통지하였으나 상대방이 출석하지 아니한 경우, 또는 화해가 성립되지 아니한 때에는 1월 내에 소를 제기하지 아니하면 시효중단의 효력이 없다(제173조 제1문). 임의출석의 경우에 화해가 성립하지 아니한 때에도 마찬가지이다(제173조 제2문). 즉 분쟁의 당사자 쌍방이 임의로 법원에 출석하여 변론하는 경우(소액사건심판법 제5조)에도 화해가 성립하지 않았고, 그 후 1월 내에 소를 제기하지 않으면 시효중단의 효력이 발생하지 않는다.

5) 최고

최고는 채권자가 채무자에 대하여 재판 외에서 채무의 이행을 청구하는 것을 말한다. 이러한 최고는 특별한 방식이 요구되지 않는다.

> "채권자가 확정판결에 기한 채권의 실현을 위하여 채무자의 제3채무자에 대한 채권에 관하여 압류 및 추심명령을 받아 그 결정이 제3채무자에게 송달이 되었다면 거기에 소멸시효 중단사유인 최고로서의 효력이 인정된다."[1)]
> "재판상의 청구는 그 소송이 취하된 경우에는 그로부터 6월 내에 다시 재판상의 청구를 하지 않는 한 시효중단의 효력이 없고 다만 재판 외의 최고의 효력만 있다."[2)]

1) 대판 2003. 5. 13., 2003다16238.
2) 대판 1987. 12. 22., 87다카2337.

"권리자인 피고가 응소하여 권리를 주장하였으나 그 소가 각하되거나 취하되는 등의 사유로 본안에서 그 권리 주장에 관한 판단 없이 소송이 종료된 경우에도 민법 제170조 제2항을 유추적용하여 그때부터 6월 이내에 재판상의 청구 등 다른 시효중단 조치를 취하면 응소 시에 소급하여 시효중단의 효력이 인정된다."[1)]

"소송고지의 요건이 갖추어진 경우에 그 소송고지서에 고지자가 피고지자에 대하여 채무의 이행을 청구하는 의사가 표명되어 있으면 민법 제174조에 정한 시효중단사유로서의 최고의 효력이 인정된다."[2)]

"시효중단제도는 제도의 취지에 비추어 볼 때 기산점이나 만료점을 원권리자를 위하여 너그럽게 해석하는 것이 바람직하고, 소송고지에 의한 최고는 보통의 최고와는 달리 법원의 행위를 통하여 이루어지는 것이므로 만일 법원이 소송고지서의 송달사무를 우연한 사정으로 지체하는 바람에 소송고지서의 송달 전에 시효가 완성된다면 고지자가 예상치 못한 불이익을 입게 된다는 점 등을 고려하면, 소송고지에 의한 최고의 경우에는 민사소송법 제265조를 유추 적용하여 당사자가 소송고지서를 법원에 제출한 때에 시효중단의 효력이 발생한다."[3)]

최고는 6월 내에 재판상의 청구, 파산절차참가, 화해를 위한 소환, 임의출석, 압류 또는 가압류, 가처분을 하지 아니하면 시효중단의 효력이 없다(제174조).

"최고에 대하여 채무이행을 최고받은 채무자가 그 이행의무의 존부 등에 대하여 조사를 해 볼 필요가 있다는 이유로 채권자에 대하여 그 이행의 유예를 구한 경우에는 채권자가 그 회답을 받을 때까지는 최고의 효력이 계속된다고 보아야 하고 따라서 최고 후 6월의 기간은 채권자가 채무자로부터 회답을 받은 때로부터 기산되는 것이라고 해석하여야 한다."[4)]

"최고를 여러 번 거듭하다가 재판상청구 등을 한 경우에 시효중단의 효력은 항

1) 대판 2019. 3. 14., 2018두56435.
2) 대판 2009. 7. 9., 2009다14340.
3) 대판 2015. 5. 14., 2014다16494.
4) 대판 1995. 5. 12., 94다24336.

상 최초의 최고시에 발생하는 것이 아니라 재판상청구 등을 한 시점을 기준으로 하여 이로부터 소급하여 6월이내에 한 최고시에 발생한다."[1]

"저당권으로서 첫 경매개시결정등기 전에 등기되었고 매각으로 소멸하는 것을 가진 채권자가 다른 채권자의 신청에 의하여 개시된 경매절차에서 채권신고를 하였다고 하더라도 그 채권신고에 채무자에 대하여 채무의 이행을 청구하는 의사가 직접적으로 표명되어 있다고 보기 어렵고 채무자에 대한 통지 절차도 구비되어 있지 않으므로 별도로 소멸시효 중단 사유인 최고의 효력은 인정되지 않고, 경매신청이 취하된 후 6월 내에 위와 같은 채권신고를 한 채권자가 소제기 등의 재판상의 청구를 하였다고 하더라도 민법 제170조 제2항에 의하여 소멸시효 중단의 효력이 유지된다고 할 수 없다."[2]

(2) 압류, 가압류, 가처분

1) 의의

압류란 금전채권을 실현하는 강제집행개시절차로 물건이나 기타 권리의 처분을 금지하여 교환가치를 확보하는 것을 말한다. 예를 들어 법원은 부동산에 대한 강제경매개시결정을 하면서 동시에 압류를 등기하여야 하며(민집법 제83조), 유체동산의 압류는 집행관이 그 물건을 점유함으로써 이루어진다(민집법 제189조 제1항). 가압류는 금전채권의 실현을 보전하기 위하여 사전에 채무자의 재산을 동결시키는 절차이고, 가처분은 금전 이외의 물건이나 권리를 대상으로 하는 청구권을 확보하기 위하여 사전에 그 대상의 처분을 금지하는 절차이다. 이러한 절차에 의하여 소멸시효는 중단된다. 부동산경매절차에서 집행력 있는 채무명의 정본을 가진 채권자가 하는 배당요구는 민법 제168조 제2호의 압류에 준하는 것으로서 배당요구에 관련된 채

1) 대판 1983. 7. 12., 83다카437.

2) 대판 2010. 9. 9., 2010다28031.

권에 관하여 소멸시효를 중단하는 효력이 생긴다.[1] 하지만 압류, 가압류 및 가처분이 권리자의 청구에 의하여 또는 법률의 규정에 따르지 아니함으로 인하여 취소된 때에는 시효중단의 효력이 없다(제175조).

"채권자가 채무자의 제3채무자에 대한 채권을 압류 또는 가압류한 경우에 채무자에 대한 채권자의 채권에 관하여 시효중단의 효력이 생긴다고 할 것이나, 압류 또는 가압류된 채무자의 제3채무자에 대한 채권에 대하여는 민법 제168조 제2호 소정의 소멸시효 중단사유에 준하는 확정적인 시효중단의 효력이 생긴다고 할 수 없다."[2]

"저당권으로서 첫 경매개시결정등기 전에 등기되었고 매각으로 소멸하는 것을 가진 채권자는 담보권을 실행하기 위한 경매신청을 할 수 있을뿐더러 다른 채권자의 신청에 의하여 개시된 경매절차에서 배당요구를 하지 않아도 당연히 배당에 참가할 수 있는데, 이러한 채권자가 채권의 유무, 그 원인 및 액수를 법원에 신고하여 권리를 행사하였다면 그 채권신고는 민법 제168조 제2호의 압류에 준하는 것으로서 신고된 채권에 관하여 소멸시효를 중단하는 효력이 생긴다. 그러나 경매신청이 취하되면 특별한 사정이 없는 한 압류로 인한 소멸시효 중단의 효력이 소멸하는 것과 마찬가지로 위와 같이 첫 경매개시결정등기 전에 등기되었고 매각으로 소멸하는 저당권을 가진 채권자의 채권신고로 인한 소멸시효 중단의 효력도 소멸한다."[3]

"사망한 사람을 피신청인으로 한 가압류신청은 부적법하고 그 신청에 따른 가압류결정이 내려졌다고 하여도 그 결정은 당연 무효로서 그 효력이 상속인에게 미치지 않으며, 이러한 당연 무효의 가압류는 민법 제168조 제1호에 정한 소멸시효의 중단사유에 해당하지 않는다."[4]

1) 대판 2002. 2. 26., 2000다25484.
2) 대판 2003. 5. 13., 2003다16238.
3) 대판 2010. 9. 9., 2010다28031.
4) 대판 2006. 8. 24., 2004다26287.

2) 제3자에 대한 압류 등

압류, 가압류 및 가처분은 시효의 이익을 받은 자에 대하여 하지 아니한 때에는 이를 그에게 통지한 후가 아니면 시효중단의 효력이 없다(제176조). 채권자가 물상보증인이나, 저당부동산의 제3취득자에 대하여 그 피담보채권의 실행으로서 임의경매를 신청하여 경매법원이 경매개시결정을 하고 경매절차의 이해관계인인 채무자에게 그 결정이 송달된 경우에는 시효의 이익을 받은 채무자는 민법 제176조에 의하여 당해 피담보채권의 소멸시효 중단의 효과를 받는다고 보아야 한다.[1)]

3) 재판상 청구와의 관계

압류나 가압류 등은 반드시 재판상 청구를 전제로 하지 않으며 판결이 있더라도 재판확정 후에 다시 시효가 진행하므로, 이를 별도의 시효중단사유로 인정하고 있다.

> "민법 제168조에서 가압류와 재판상의 청구를 별도의 시효중단사유로 규정하고 있는데 비추어 보면, 가압류의 피보전채권에 관하여 본안의 승소판결이 확정되었다고 하더라도 가압류에 의한 시효중단의 효력이 이에 흡수되어 소멸된다고 할 수 없다."[2)]
> "민법 제169조는 '시효의 중단은 당사자 및 그 승계인 간에만 효력이 있다.'고 규정하고 있고, 한편 민법 제440조는 '주채무자에 대한 시효의 중단은 보증인에 대하여 그 효력이 있다.'라고 규정하고 있는바, 민법 제440조는 민법 제169조의 예외 규정으로서 이는 채권자 보호 내지 채권담보의 확보를 위하여 주채무자에 대한 시효중단의 사유가 발생하였을 때는 그 보증인에 대한 별도의 중단조치가 이루어지지 아니하여도 동시에 시효중단의 효력이 생기도록 한 것이고, 그

1) 대판 1990. 6. 26., 89다카32606.
2) 대판 2000. 4. 25., 2000다11102.

시효중단사유가 압류, 가압류 및 가처분이라고 하더라도 이를 보증인에게 통지하여야 비로소 시효중단의 효력이 발생하는 것은 아니다."[1]

(3) 승인

1) 의의

승인이란 시효이익을 받을 당사자인 채무자가 그 시효의 완성으로 권리를 상실하게 될 자 또는 그 대리인에 대하여 그 권리가 존재함을 인식하고 있다는 뜻을 표시하는 것을 말한다.

승인은 권리의 소멸시효가 개시된 이후 그 완성 전에 하여야 한다. 따라서 장래의 채무에 대한 승인을 미리 하더라도 효력이 없어서, 예를 들어 진료계약을 체결하면서 "입원료 기타 제요금이 체납될 시는 병원의 법적 조치에 대하여 아무런 이의를 하지 않겠다"고 약정하였다 하더라도, 이로써 그 당시 아직 발생하지도 않은 치료비 채무의 존재를 미리 승인하였다 볼 수 없다.[2] 소멸시효가 완성된 후의 채무의 승인은 처분행위로서 시효이익의 포기로 추정된다.[3]

승인의 방법은 아무런 형식을 요구하지 아니하고, 명시적인 경우뿐만이 아니라 묵시적으로도 인정된다.[4] 묵시적인 승인의 표시는 적어도 채무자가 그 채무의 존재 및 액수에 대하여 인식하고 있음을 전제로 하여 그 표시의 상대방으로 하여금 채무자가 그 채무를 인식하고 있음을 그 표시를 통해 추단하게 할 수 있는 방법으로 행해져야 할 것이다.[5] 채무지급의 유예를 요구하는 경우나 채무를 위한 담

---

1) 대판 2005. 10. 27., 2005다3555.
2) 대판 2001. 11. 9., 2001다52568.
3) 대판 1967. 2. 7., 66다2173.
4) 대판 1992. 4. 14., 92다947.
5) 대판 2005. 2. 17., 2004다59959.

보를 제공하는 경우, 면책적 채무인수의 경우[1]에 채무승인이 인정된다.

> "동일 당사자 간의 계속적인 금전거래로 인하여 수개의 금전채무가 있는 경우에 채무의 일부 변제는 채무의 일부로서 변제한 이상 그 채무전부에 관하여 시효중단의 효력을 발생하는 것으로 보아야 하고 동일 당사자 간에 계속적인 거래관계로 인하여 수개의 금전채무가 있는 경우에 채무자가 전채무액을 변제하기에 부족한 금액을 채무의 일부로 변제한 때에는 특별한 사정이 없는 한 기존의 수개의 채무전부에 대하여 승인을 하고 변제한 것으로 보는 것이 상당하다."[2]
>
> 반면 "그 채무가 별개로 성립되어 독립성을 갖고 있는 경우에는 일률적으로 그렇게만 해석할 수는 없을 것이고, 특히 채무자가 가압류 목적물에 대한 가압류를 해제받을 목적으로 피보전채권을 변제하는 경우에는 특별한 사정이 없는 한 피보전채권으로 적시되지 아니한 별개의 채무에 대하여서까지 승인을 한 것이라고 볼 수는 없을 것이다."[3]
>
> "채무자가 채권자에게 부동산에 관한 근저당권을 설정하고 그 부동산을 인도하여 준 다음 피담보채권에 대한 이자 또는 지연손해금의 지급에 갈음하여 채권자로 하여금 그 부동산을 사용수익할 수 있도록 한 경우라면, 채권자가 그 부동산을 사용, 수익하는 동안에는 채무자가 계속하여 이자 또는 지연손해금을 채권자에게 변제하고 있는 것으로 볼 수 있으므로, 피담보채권의 소멸시효가 중단된다고 보아야 한다."[4]
>
> "계속적 공급계약에서 각 개별 거래 시마다 서로 기왕의 미변제 외상대금에 대하여 확인하거나 확인된 대금의 일부를 변제하는 등의 행위가 없었다면, 새로이 동종 물품을 주문하고 공급받았다는 사실만으로는 기왕의 미변제 채무를 승인한 것으로 볼 수 없다."[5]

1) 대판 1999. 7. 9., 99다12376.
2) 대판 1980. 5. 13., 78다1790.
3) 대판 1993. 10. 26., 93다14936는 시효이익의 포기에 관한 사항이지만 승인의 경우에도 마찬가지로 보아야 할 것이다.
4) 대판 2014. 5. 16., 2012다20604.
5) 대판 2007. 1. 25., 2006다68940.

2) 승인할 수 있는 자

시효중단의 효력있는 승인에는 상대방의 권리에 관한 처분의 능력이나 권한이 있을 것을 요하지 아니한다(제177조). 승인은 권리의 존재를 인정하는 것이지 그 자체가 처분에 해당하지 않기 때문이다. 따라서 본인의 재산에 대한 관리의 권한이 있는 재산관리인이나 대리인이 승인을 하는 것도 효력이 있다. 반면 자신의 재산에 대한 관리능력이나 권한이 없는 제한능력자의 승인은 효력이 없다.

3) 승인의 상대방

승인의 상대방은 소멸시효의 완성으로 권리를 상실하게 되는 자 또는 그 대리인에게 하여야 한다. 따라서 검사가 피의자를 심문하여 작성한 피의자심문조사에 채무를 승인하는 의사가 표시되어 있다고 하더라도 소멸시효를 중단시킬 승인이 있다고 할 수 없다.[1] 승인으로 인한 시효중단의 효력은 그 승인의 통지가 상대방에게 도달하는 때에 발생한다.[2] 소멸시효의 중단사유로서 채무자에 의한 채무승인이 있었다는 사실은 이를 주장하는 채권자 측에서 입증하여야 한다.[3]

3. 소멸시효 중단의 효과

(1) 시효기간의 불산입

시효가 중단된 때에는 중단의 때까지 경과한 시효기간은 산입하지 아니한다(제178조).

1) 대판 1999. 3. 12., 98다18124.
2) 대판 1995. 9. 29., 95다30178.
3) 대판 2005. 2. 17., 2004다59959.

(2) 새로운 소멸시효의 진행

소멸시효는 중단사유에 의하여 중단되면 그 중단사유가 종료한 때로부터 새로이 진행한다(제178조 제1항). 재판상의 청구로 인하여 중단한 시효는 재판이 확정된 때로부터 새로이 진행한다(제178조 제2항).

압류나 가압류, 가처분으로 중단된 때에는 이들 절차가 끝났을 때부터 다시 시효가 진행한다.

> "민법 제168조에서 가압류를 시효중단사유로 정하고 있는 것은 가압류에 의하여 채권자가 권리를 행사하였다고 할 수 있기 때문인바, 가압류에 의한 집행보전의 효력이 존속하는 동안은 가압류채권자에 의한 권리행사가 계속되고 있다고 보아야 하므로 가압류에 의한 시효중단의 효력은 가압류의 집행보전의 효력이 존속하는 동안은 계속된다."[1)]
>
> "가압류로 인한 시효중단의 시기는 가압류를 법원에 신청한 때이다. 그러나 유체동산에 대한 가압류 집행절차에 착수하지 않은 경우에는 시효중단 효력이 없고, 집행절차를 개시하였으나 가압류할 동산이 없기 때문에 집행불능이 된 경우에는 집행절차가 종료된 때로부터 시효가 새로이 진행된다."[2)]
>
> "법률의 규정에 따른 적법한 가압류가 있었으나 제소기간의 도과로 인하여 가압류가 취소된 경우, 민법 제175조에 정한 소멸시효 중단의 효력이 없는 경우에 해당하지 않아, 가압류에 의한 시효중단의 효력이 계속된다. 채권의 소멸시효는 가압류로 인하여 중단되었다가 제소기간의 도과로 가압류가 취소된 때로부터 다시 진행된다."[3)]

승인으로 소멸시효가 중단된 때는 승인이 상대방에게 도달한 때로부터 시효가 진행된다.

---

1) 대판 2006. 7. 27., 2006다32781.
2) 대판 2011. 5. 13., 2011다10044.
3) 대판 2011. 1. 13., 2010다88019.

(3) 시효중단의 효력범위

시효의 중단은 당사자 및 그 승계인 간에만 효력이 있다(제169조). 다만 어느 연대채무자에 대한 이행청구는 다른 연대채무자에게도 효력이 있다(제416조). 주채무자에 대한 시효의 중단은 보증인에게도 미친다(제440조). 따라서 주채무자에 대한 재판상청구나 가압류, 승인[1]의 경우 보증채무의 시효도 중단된다. 반면 보증인에 대한 시효중단의 효력은 주채무자에게 영향을 미치지 않는다.[2]

Ⅵ. 소멸시효의 정지

1. 의의

소멸시효의 정지란 소멸시효의 완성에 즈음하여 권리자가 시효를 중단시키기 어려운 경우 시효기간의 진행을 일시적으로 정지시키는 것을 말한다. 소멸시효가 정지된 후에 정지 사유가 소멸하게 되면 시효는 나머지 기간의 도과로 완성한다.

2. 시효정지의 사유

(1) 제한능력자의 시효정지

소멸시효의 기간만료 전 6개월 내에 제한능력자에게 법정대리인이 없는 경우에는 그가 능력자가 되거나 법정대리인이 취임한 때부터

1) 대판 1992. 7. 28., 91다35816.
2) 대판 2012. 1. 12., 2011다78606.

6개월 내에는 시효가 완성되지 아니한다(제179조).

(2) 재산관리자에 대한 제한능력자의 권리와 부부 사이의 권리에 대한 시효정지

재산을 관리하는 아버지, 어머니 또는 후견인에 대한 제한능력자의 권리는 그가 능력자가 되거나 후임 법정대리인이 취임한 때부터 6개월 내에는 소멸시효가 완성되지 아니한다(제180조 제1항). 부부 중 한쪽이 다른 쪽에 대하여 가지는 권리는 혼인관계가 종료된 때부터 6개월 내에는 소멸시효가 완성되지 아니한다(제180조 제2항).

(3) 상속재산에 관한 권리와 시효정지

상속재산에 속한 권리나 상속재산에 대한 권리는 상속인의 확정, 관리인의 선임 또는 파산선고가 있는 때로부터 6월 내에는 소멸시효가 완성하지 아니한다(제181조).

(4) 천재 기타 사변과 시효정지

천재 기타 사변으로 인하여 소멸시효를 중단할 수 없을 때는 그 사유가 종료한 때로부터 1월 내에는 시효가 완성하지 아니한다(제182조).

Ⅶ. 소멸시효완성의 효과

1. 의의

소멸시효기간 동안에 권리의 불행사가 지속되어 소멸시효기간이 완성될 경우 그 구체적인 효과에 대하여 민법은 원칙적인 규정을 두지 않고 있다. 다만 민법 제369조는 "채권이 시효의 완성 기타 사유로 인하여 소멸한 때"라고 하고 있고, 판례에 의하여 단기소멸시효로 인정되는 불법행위로 인한 손해배상청구권이 "시효로 인하여 소멸한다"(제766조)라고 규정하여 마치 권리가 소멸하는 것과 같이 규정하고 있다. 여기서 소멸시효완성의 효과에 대하여 의견이 나누어진다.

먼저 절대적 소멸설은 소멸시효의 완성으로 권리가 소멸한다고 보는 견해이다. 반면 상대적 소멸설은 소멸시효의 완성으로 권리가 당연히 소멸하는 것은 아니고 시효의 이익을 받을 자가 권리의 소멸을 주장할 수 있을 뿐이라는 입장이다. 대법원은 원칙적으로 절대적 소멸설을 따르고 있다.[1] 무엇보다 민법은 시효이익을 포기할 수 있는 것으로 규정하는데(제184조), 절대적 소멸설과 같이 시효의 완성으로 권리가 완전하게 소멸한다고 하면 이를 설명할 수가 없게 된다. 또한 권리가 절대적으로 소멸한다고 하면 누구나 그 권리의 소멸을 주장할 수 있어야 하나 절대적 소멸설을 취하는 대법원[2]은 소멸시효를 주장할 수 있는 자를 권리의 소멸로 직접적인 이익을 받는 자에 한정하고 있다. 그러나 이는 논리적으로 타당하지 않고 오히려 시효이익을 직접적으로 받는 자에게 소멸시효를 주장할 수 있는 항변권이 발생한다고 보는 것이 맞다. 시효의 완성으로 권리의 소멸을 주장하는

1) 대판 1966. 1. 31., 65다2445.
2) 대판 2007. 11. 29., 2007다54849.

권리, 즉 영구적 항변권이 발생한다고 보는 상대적 소멸설이 타당한 이유이다.

2. 소멸시효완성의 효력의 범위

(1) 소급효

소멸시효는 그 기산일에 소급하여 효력이 생긴다(제167조). 따라서 이자부 채무라고 하더라도 기산일 이후의 이자를 지급할 필요가 없게 된다. 다만 이미 지급한 이자에 대하여는 소멸시효의 항변권으로서 대항하지 못한다. 항변권은 지급을 거절하는 권리에 불과하기 때문이다. 시효로 인하여 소멸하는 채권이 소멸시효가 완성되기 전에 상계할 수 있었던 것이면 채권자는 시효가 완성된 후라도 그 채권을 자동채권으로 하여 상계할 수 있다(제495조).

(2) 종된 권리

주된 권리의 소멸시효가 완성한 때에는 종속된 권리에 그 효력이 미친다(제183조). 예를 들어 이자채권은 원본채권에 대하여 종된 권리이므로 원본채권이 시효로 소멸하면 기본적 이자채권은 물론 지분적 이자채권도 소멸한다.

"이자 또는 지연손해금은 주된 채권인 원본의 존재를 전제로 그에 대응하여 일정한 비율로 발생하는 종된 권리인데, 하나의 금전채권의 원금 중 일부가 변제된 후 나머지 원금에 대하여 소멸시효가 완성된 경우, 가분채권인 금전채권의 성질상 변제로 소멸한 원금 부분과 소멸시효 완성으로 소멸한 원금 부분을 구분하는 것이 가능하고, 이 경우 원금에 종속된 권리인 이자 또는 지연손해금 역시 변제로 소멸한 원금 부분에서 발생한 것과 시효완성으로 소멸된 원금 부분에서 발생한 것으로 구분하는 것이 가능하므로, 소멸시효 완성의 효력은 소멸시효가 완성된 원금 부분으로부터 그 완성 전에 발생한 이자 또는 지연손해금에는 미치나, 변제로 소멸한 원금 부분으로부터 그 변제 전에 발생한 이자 또는 지연손해금에는 미치지 않는다."[1]

(3) 항변권자

소멸시효의 항변을 할 수 있는 사람은 시효의 이익을 직접적으로 받는 자이다. 기본적으로 채무자가 여기에 해당되나, 채무자가 아니더라도 시효소멸로 직접 이익을 받는 자라고 인정되면 소멸시효의 항변권을 행사할 수 있다.

대표적으로 부종성에 따라 주채무의 소멸로 이익을 얻는 보증인과 물상보증인[2] 및 담보가등기가 된 부동산을 취득한 제3자 등은 주채무의 소멸시효를 직접 주장할 수 있다.[3] 연대채무자는 어느 연대채무자에 대하여 소멸시효가 완성한 때에는 그 부담부분에 한하여 다른 연대채무자도 의무를 면한다(제421조).

사해행위취소소송의 상대방이 된 사해행위의 수익자는 사해행위가 취소되면 사해행위에 의하여 얻은 이익을 상실하고 사해행위취소권을 행사하는 채권자의 채권이 소멸하면 그와 같은 이익의 상실을 면하는 지위에 있으므로, 그 채권의 소멸로 직접 이익을 받는 자에 해당하는 것으로 보아야 한다.[4] 반면에 채권자대위소송에서의 제3채무자는 채무자가 채권자에 대하여 가지는 항변으로 대항할 수 없고[5], 채무자에 대한 일반 채권자는 자기의 채권을 보전하기 위하여

1) 대판 2008. 3. 14., 2006다2940.
2) 대판 2007. 1. 11., 2006다33364.
3) 대판 1995. 7. 11., 95다12446.
4) 대판 2007. 11. 29., 2007다54849.
5) 대판 2004. 2. 12., 2001다10151.

필요한 한도 내에서 채무자를 대위하여 소멸시효 주장을 할 수 있을 뿐 채권자의 지위에서 독자적으로 소멸시효의 주장을 할 수 없다.[1]

3. 소멸시효이익의 포기

(1) 의의

소멸시효이익의 포기란 소멸시효의 완성으로 얻게 되는 이익을 포기하여 소멸시효의 항변권을 행사하지 않겠다는 의사표시를 말한다. 이러한 의사표시는 반드시 명시적일 필요는 없으며 묵시적으로도 가능하다. 소멸시효가 완성된 채무의 일부를 변제[2]하거나 기한의 유예를 요청하는 경우[3]에 묵시적인 포기의 의사표시가 있는 것으로 볼 수 있다.

민법은 소멸시효의 이익은 미리 포기하지 못하는 것으로 하고 있다(제184조 제1항). 소멸시효제도는 사실 상태의 존중이라는 법적안정성을 위한 제도에 해당하여 당사자의 의사에 의해 적용이 배제되지 못하는 강행규정이다. 다만 소멸시효의 기간을 법률행위로 단축하거나 경감하는 것은 가능하다. 채무자에게 이익이 되기 때문이다. 반면 이를 배제, 연장 또는 가중할 수는 없다(제184조 제2항).

(2) 소멸시효이익 포기의 요건

소멸시효의 이익은 소멸시효가 완성된 후에 그 이익의 처분권자에 의하여 시효완성의 사실을 알고서 포기하여야 한다.

---

1) 대판 1997. 12. 26., 97다22676.
2) 대판 1993. 10. 26., 93다14936.
3) 대판 1965. 12. 28., 65다2133.

1) 처분권자의 포기

시효이익의 포기는 승인과 달리 처분권자에 의한 포기가 있어야 한다. 시효이익을 받을 당사자와 그 대리인에 한정된다. 그 밖의 제3자는 채무자의 시효이익을 포기하시 못한다.[1] 소멸시효가 완성된 경우 채무자에 대한 일반채권자는 채권자의 지위에서 독자적으로 소멸시효의 주장을 할 수는 없지만 자기의 채권을 보전하기 위하여 필요한 한도 내에서 채무자를 대위하여 소멸시효 주장을 할 수 있으므로 채무자가 배당절차에서 이의를 제기하지 아니하였다고 하더라도 채무자의 다른 채권자가 이의를 제기하고 채무자를 대위하여 소멸시효 완성의 주장을 원용하였다면, 시효의 이익을 묵시적으로 포기한 것으로 볼 수 없다.[2]

2) 채무소멸사실에 대한 인식

소멸시효의 이익을 포기하는 자는 포기 당시에 채무가 소멸시효의 완성으로 소멸하였다는 사실을 인식하고 있어야 한다. 다만 판례는 "시효완성 후에 채무를 승인을 한 때에는 시효완성의 사실을 알고 그 이익을 포기한 것이라고 추정할 수 있다"는 입장이다.[3] 따라서 甲의 乙에 대한 대여금채무의 시효기간이 도과하였으나, 甲이 乙의 甲에 대한 채권을 丙에게 양도한다는 내용의 채권양도서에 입회인으로 서명날인까지 하였다면 甲은 소멸시효완성 후에 乙에 대한 채무를 승인한 것이고, 시효완성 후 채무를 승인한 채무자는 시효완성의 사실을 알고 그 이익을 포기한 것이라 추정할 수 있다.[4]

---

1) 대판 1998. 2. 27., 97다53366.
2) 대판 2017. 7. 11., 2014다32458.
3) 대판 1967. 2. 7., 66다2173.
4) 대판 1992. 5. 22., 92다4796.

(3) 소멸시효이익 포기의 효과

소멸시효의 이익을 포기하게 되면 이익의 완성으로 인한 항변권을 행사하지 못한다. 시효이익을 포기하게 되면 포기한 때로부터 소멸시효가 다시 진행한다.[1)]

1) 이익포기에 따른 효력의 인적 범위

소멸시효이익의 포기는 상대적인 효력을 가질 뿐이다. 따라서 시효이익을 포기한 사람을 제외한 자에게는 효력이 미치지 않는다. 예를 들어 채무자가 시효소멸의 이익을 포기하더라도 보증인이나 물상보증인은 여전히 주채무의 소멸시효를 원용할 수 있다.[2)] 나아가 주채무의 소멸시효 완성으로 보증채무가 소멸된 상태에서 보증인이 보증채무를 이행하거나 승인한 경우, 보증인이 주채무의 시효소멸을 이유로 보증채무의 소멸을 주장할 수 있다.[3)] 반면 소멸시효 이익의 포기 당시에는 권리의 소멸로 직접 이익을 받을 수 있는 이해관계를 맺은 적이 없다가 나중에 시효이익을 이미 포기한 자와의 법률관계를 통하여 비로소 시효이익을 원용할 이해관계를 형성한 자는 이미 이루어진 시효이익 포기의 효력을 부정할 수 없다. 따라서 소멸시효가 완성한 대여금채무를 위하여 채무자의 부동산에 저당권을 설정한 후에 그 부동산을 양수한 자는 소멸시효완성을 원용하지 못한다.[4)]

---

1) 대판 2009. 7. 9., 2009다14340.
2) 대판 1991. 1. 29., 89다카1114.
3) 대판 2012. 7. 12., 2010다51192.
4) 대판 2015. 6. 11., 2015다200227.

2) 이익포기에 따른 효력의 물적 범위

채무자가 소멸시효 완성 후 채무를 일부 변제한 때에는 그 액수에 대하여 다툼이 없는 한 그 채무 전체를 묵시적으로 승인한 것으로 보아야 하고[1], 이 경우 시효완성의 사실을 알고 그 이익을 포기한 것으로 추정되므로[2], 소멸시효가 완성된 채무를 피담보채무로 하는 근저당권이 실행되어 채무자 소유의 부동산이 경락되고 그 대금이 배당되어 채무의 일부 변제에 충당될 때까지 채무자가 아무런 이의를 제기하지 아니하였다면, 경매절차의 진행을 채무자가 알지 못하였다는 등 다른 특별한 사정이 없는 한, 채무자는 시효완성의 사실을 알고 그 채무를 묵시적으로 승인하여 시효의 이익을 포기한 것으로 보아야 한다.[3]

> "원금채무에 관하여는 소멸시효가 완성되지 아니하였으나 이자채무에 관하여는 소멸시효가 완성된 상태에서 채무자가 채무를 일부 변제한 때에는 액수에 관하여 다툼이 없는 한 원금채무에 관하여 묵시적으로 승인하는 한편 이자채무에 관하여 시효완성의 사실을 알고 그 이익을 포기한 것으로 추정되며, 채무자의 변제가 채무 전체를 소멸시키지 못하고 당사자가 변제에 충당할 채무를 지정하지 아니한 때에는 민법 제479조, 제477조에 따른 법정변제충당의 순서에 따라 충당되어야 한다."[4]

동일 당사자 간에 계속적인 거래로 인하여 같은 종류를 목적으로 하는 수 개의 채권관계가 성립되었을 때 채무자가 특정채무를 지정하지 아니하고 그 일부의 변제를 한 때에도 다른 특별한 사정이 없다

1) 대판 1993. 10. 26., 93다14936.
2) 대판 1967. 2. 7., 66다2173.
3) 대판 2001. 6. 12., 2001다3580.
4) 대판 2013. 5. 23., 2013다12464.

면 잔존 채무에 대하여도 승인을 한 것으로 보아 시효중단이나 포기의 효력을 인정할 수 있을 것이나, 그 채무가 별개로 성립되어 독립성을 갖고 있는 경우에는 일률적으로 그렇게만 해석할 수는 없을 것이고, 특히 채무자가 가압류 목적물에 대한 가압류를 해제받을 목적으로 피보전채권을 변제하는 경우에는 특별한 사정이 없으면 피보전채권으로 적시되지 아니한 별개의 채무에 대하여서까지 소멸시효의 이익을 포기한 것이라고 볼 수는 없을 것이다.[1] 채무자가 근저당권설정등기를 말소하기 위하여 피담보채무를 변제하는 경우에도 피담보채무가 아닌 별개의 채무에 대하여서까지 채무를 승인하거나 소멸시효의 이익을 포기한 것이라고 볼 수는 없다.[2]

1) 대판 1993. 10. 26., 93다14936.
2) 대판 2014. 1. 23., 2013다64793.

색인

ㅅ

ㅇ

ㅈ

ㅊ

ㅌ

ㅍ

ㅎ

참고문헌

고상룡, 민법총칙, 제3판, 법문사, 2003.

곽윤직/김재형, 민법총칙, 제9판, 박영사, 2016.

김기선, 한국민법총칙, 제3개정증보판, 법문사, 1985.

김상용, 민법총칙, 전정판, 화산미디어, 2009.

김용한, 민법총칙론, 재전정판, 박영사, 1993.

김증한/김학동, 제9판, 박영사, 2001.

백태승, 민법총칙, 제5판, 집현재, 2011.

송덕수, 민법총칙, 개정판 5판, 박영사, 2020.

이영준, 민법총칙, 개정증보판, 박영사, 2007.

이은영, 민법총칙, 제5판 박영사, 2009.

민법총칙

초판 인쇄	2021년 2월 22일
초판 발행	2021년 2월 28일
지은이	박희호, 심우영
발행인	윤성우 Director, University Knowledge Press
편집장	신선호 Executive Knowledge Contents Creator
도서편집	이근영 Contents Creator
	장혜정 Contents Creator
디자인	우승민 Designer
재무관리	조아라 Managing Creator
전자책·사전	장혜린 Contents Creator
발행처	한국외국어대학교 지식출판콘텐츠원
	02450 서울특별시 동대문구 이문로 107
	전화 02)2173-2493~7
	FAX 02)2173-3363
	홈페이지 http://press.hufs.ac.kr
	전자우편 press@hufs.ac.kr
	출판등록 제6-6호(1969. 4. 30)
인쇄·제본	K프린텍 053)313-3673

ISBN 979-11-5901-854-1 [93360]　　　정가: 21,000원

* 잘못된 책은 교환하여 드립니다.

HUiNE 은 한국외국어대학교출판부의 어학도서, 사회과학도서, 지역학 도서 Sub Brand이다. 한국외대의 영문명인 HUFS, 현명한 국제전문가 양성(International+Intelligent)의 의미를 담고 있으며, 휴인(携引)의 뜻인 '이끌다, 끌고 나가다'라는 의미처럼 출판계를 이끄는 리더로서, 혁신의 이미지를 담고 있다.